基督教文化研究丛书

主编 何光沪 高师宁

四编 第 **8** 册

西洋图像的中式转译：
十六十七世纪中国基督教图像研究

董 丽 慧 著

花木兰文化事业有限公司

国家图书馆出版品预行编目资料

西洋图像的中式转译：十六十七世纪中国基督教图像研究／董
丽慧 著 —— 初版 —— 新北市：花木兰文化事业有限公司，2018
〔民107〕
目 6+258 面；19×26 公分
（基督教文化研究丛书 四编 第 8 册）
ISBN 978-986-485-487-5（精装）
1. 基督教史 2. 中国
240.8 107011614

ISBN-978-986-485-487-5

9 789864 854875

基督教文化研究丛书
四编 第八册 ISBN：978-986-485-487-5

西洋图像的中式转译：
十六十七世纪中国基督教图像研究

作 者 董丽慧
主 编 何光沪 高师宁
执行主编 张 欣
企 划 北京师范大学基督教文艺研究中心
总 编 辑 杜洁祥
副总编辑 杨嘉乐
编 辑 许郁翎、王筑 美术编辑 陈逸婷
出 版 花木兰文化事业有限公司
发 行 人 高小娟
联络地址 台湾 235 新北市中和区中安街七二号十三楼
电话：02-2923-1455 ／ 传真：02-2923-1452
网 址 http://www.huamulan.tw 信箱 hml810518@gmail.com
印 刷 普罗文化出版广告事业
初 版 2018 年 9 月
全书字数 2215548 字
定 价 四编 9 册（精装）台币 18,000 元

西洋图像的中式转译：
十六十七世纪中国基督教图像研究

董丽慧　著

作者简介

董丽慧，艺术史学者，2002～2013年就读于清华大学美术学院，获艺术史博士学位，2008～2017年就读于美国匹兹堡大学，获艺术史博士学位，现为北京大学艺术学院博雅博士后，研究方向为中西方美术交流、中国现当代艺术及理论、视觉文化与艺术史方法论等。

提　要

本书通过对明清之际在中国出现的基督教图像（包括《程氏墨苑》、《诵念珠规程》、《天主降生出像经解》、《进呈书像》等基督教插图出版物以及署名唐寅的《中国风圣母子》卷轴画）的个案研究，力图还原16、17世纪基督教图像跨文化传播、转译和重构的历史语境，梳理明清之际基督教美术和工艺美术在中国的本土化进程，探讨其在中国视觉文化建构过程中产生的影响，从而，将16、17世纪中国基督教美术和工艺美术史这一边缘研究纳入中国美术史的研究领域，同时，以新艺术史的研究视角，探索在审美叙事外，中国特色艺术技法和风格的形成及转变的深层历史原因，考察全球化语境下中西方文化艺术交流中存在的相关问题，以及视觉图像在跨文化交流中发挥的重要作用。

全书分9章，除第1章绪论外，第2章介绍研究对象之历史背景；第3章考证16世纪在中国制作和展示的基督教图像，是为文字史料钩沉；第4～7章则探讨17世纪基督教图像（主要是基督教出版物）在非宗教领域（第4章）和宗教领域（第5～7章）的传播，主要是图像史料的个案研究；第8章专题研究16、17世纪中国圣母形象的形成及其影响；第9章为结语及作者关于中西方交流、西洋图像融入中国文化的一些想法。

"城隍庙市，月朔望，念五日，东弼教坊，西逮庙墀庑，列肆三里……外夷贡者，有乌斯藏佛，有西洋耶稣像，有番帧，有倭扇，有蒿巴刺碗。"

"邸左建天主堂，堂制狭长，上如覆幔，旁绮疏，藻绘诡异，其国藻也。供耶酥像其上，画像也，望之如塑，貌三十许人。左手把混天仪，右叉指若方论说次，所指说者。须眉竖者如怒，扬者如喜，耳隆其轮，目容有矖，口容有声，中国画绘事所不及。所具香灯盖帏，修洁异状。右圣母堂，母貌少女，手一儿，耶酥也。衣非缝制，自顶被体，供具如左。"

——【明】刘侗、于奕正，《帝京景物略》（1635年）

"基督教文化研究丛书"总序

何光沪 高师宁

基督教产生两千年来，对西方文化以至世界文化产生了广泛深远的影响——包括政治、社会、家庭在内的人生所有方面，包括文学、史学、哲学在内的所有人文学科，包括人类学、社会学、经济学在内的所有社会科学，包括音乐、美术、建筑在内的所有艺术门类……最宽广意义上的"文化"的一切领域，概莫能外。

一般公认，从基督教成为国教或从加洛林文艺复兴开始，直到启蒙运动或工业革命为止，欧洲的文化是彻头彻尾、彻里彻外地基督教化的，所以它被称为"基督教文化"，正如中东、南亚和东亚的文化被分别称为"伊斯兰文化"、"印度教文化"和"儒教文化"一样——当然，这些说法细究之下也有问题，例如这些文化的兴衰期限、外来因素和内部多元性等等，或许需要重估。但是，现代学者更应注意到的是，欧洲之外所有人类的生活方式，即文化，都与基督教的传入和影响，发生了或多或少、或深或浅、或直接或间接，或片面或全面的关系或联系，甚至因它而或急或缓、或大或小、或表面或深刻地发生了转变或转型。

考虑到这些，现代学术的所谓"基督教文化"研究，就不会限于对"基督教化的"或"基督教性质的"文化的研究，而还要研究全世界各时期各种文化或文化形式与基督教的关系了。这当然是一个多姿多彩的、引人入胜的、万花筒似的研究领域。而且，它也必然需要多种多样的角度和多学科的方法。

在中国，远自唐初景教传入，便有了文辞古奥的"大秦景教流行中国碑颂并序"，以及值得研究的"敦煌景教文献"；元朝的"也里可温"问题，催生了民国初期陈垣等人的史学杰作；明末清初的耶稣会士与儒生的交往对话，带来了中西文化交流的丰硕成果；十九世纪初开始的新教传教和文化活动，更造成了中国社会、政治、文化、教育诸方面、全方位、至今不息的千古巨变……所有这些，为中国（和外国）学者进行上述意义的"基督教文化研究"提供了极其丰富、取之不竭的主题和材料。而这种研究，又必定会对中国在各方面的发展，提供重大的参考价值。

就中国大陆而言，这种研究自 1949 年基本中断，至 1980 年代开始复苏。也许因为积压愈久，爆发愈烈，封闭越久，兴致越高，所以到 1990 年代，以其学者在学术界所占比重之小，资源之匮乏、条件之艰难而言，这一研究的成长之快、成果之多、影响之大、领域之广，堪称奇迹。

然而，作为所谓条件艰难之一例，但却是关键的一例，即发表和出版不易的结果，大量的研究成果，经作者辛苦劳作完成之后，却被束之高阁，与读者不得相见。这是令作者抱恨终天、令读者扼腕叹息的事情，当然也是汉语学界以及中国和华语世界的巨大损失！再举一个意义不小的例子来说，由于出版限制而成果难见天日，一些博士研究生由于在答辩前无法满足学校要求出版的规定而毕业受阻，一些年轻教师由于同样原因而晋升无路，最后的结果是有关学术界因为这些新生力量的改行转业，后继乏人而蒙受损失！

因此，借着花木兰出版社甘为学术奉献的牺牲精神，我们现在推出这套采用多学科方法研究此一主题的"基督教文化研究丛书"，不但是要尽力把这个世界最大宗教对人类文化的巨大影响以及二者关联的方方面面呈现给读者，把中国学者在这些方面研究成果的参考价值贡献给读者，更是要尽力把世纪之交几十年中淹没无闻的学者著作，尤其是年轻世代的学者著作对汉语学术此一领域的贡献展现出来，让世人从这些被发掘出来的矿石之中，得以欣赏它们放射的多彩光辉！

2015 年 2 月 25 日
于香港道风山

目

次

第1章 绪 论

1.1 关于"图像"

　　本书的研究对象是明清之际（16、17 世纪）的中国基督教（Christian）图像[1]。本书所论及"基督教图像"是指受基督教信仰影响、为基督教宗教信仰服务、表达基督教信仰、或与基督教传播有关的图像。笔者从传播和生产主体的角度，大致将这些图像分为两类：第一类是与外国传教士有关的图像；第二类是中国人制作的基督教图像。

　　第一类图像主要包括：1. 传教士入华携带的、以及在中国生产的宗教图像，前者如赠予中国皇帝的基督教圣像和西文插图书籍，后者如传教士在中国教堂中绘制的基督教图像，以及在中国出版的基督教插图书籍等，这些图

1 　基督教（Christianity）主要包括公教（Catholicism）、新教（Protestantism）和东正教（Eastern Orthodoxy）三大教派，鉴于东正教在华信徒直到 19 世纪中期仍以俄裔为主，在华人中影响不大，故东正教不在本书的讨论范畴内。但是，当今中国学界多倾向于将 19 世纪初传入中国大陆的新教（Protestantism）译为"基督教"，并延续晚明以来的传统，将公教（Catholicism）译为"天主教"，这样的翻译就造成了"基督教"一词在中国使用的歧义："基督教"一词既是"Christianity"的翻译，也是"Protestantism"的翻译。因此，在这里有必要澄清本书对"基督教"一词的使用：本书所指"基督教"对应的英文翻译是"Christianity"，在 1807 年新教传入之前，本书所用的"基督教（Christianity）"一词与"天主教（Catholicism）"一词重合；而在 1807 年马礼逊（Robert Morrison）来华传入新教之后，本书所用的"基督教（Christianity）"既包括基督教"新教（Protestantism）"也包括"天主教（Catholicism）"。

像主要用于展示、赠送、分发、纪念，其目的在于传播基督教教义或辅助宗教仪式；2. 传教士入华携带的、以及传教士在中国制作的非宗教题材图像，前者如传教士带来的欧洲君主肖像、风景油画、风俗版画等，后者如中国宫廷中传教士画师绘制的人物画、风景画、以及传教士在中国绘制的科技图像、地图等，这些图像虽然与宗教题材无直接关系，但其制作主体是传教士，目的还是为传教服务。

第二类图像主要包括：1. 中国人基于宗教信仰制作的基督教图像，如中国基督徒画家制作的宗教图像、女性信众制作的宗教题材刺绣等；2. 中国人出于非宗教目的而制作的基督教图像，如为实现商业目的而做的用于内销或外销的基督教版画及雕刻等。

总的来说，这些"图像"既包括为基督教文本绘制的插图，也包括传教士带来的圣像画、以及信众有感而发、或因商业利益等非宗教原因而制作的表达基督教信仰的绘画、工艺美术品等。可以看到，本书所论及的上述第一类图像似与美术史子领域之"传教士美术"的研究对象有重合之处，但其不同之处也是显见的：一方面，以往学界对"传教士美术"的研究多侧重于 18 世纪以后的宫廷画师，如郎世宁（Giuseppe Castiglione）、艾启蒙（Ignatuis Sickeltart）、王致诚（Jean-Denis Attiret）等人的绘画作品，这些均不在本书讨论的 16、17 世纪这一时限之内；另一方面，本书使用"图像"而非"美术"一词，也是着意于打破"美术史"或"艺术史"所指涉的所谓高雅、架上、纯艺术等人为划分的艺术媒介限制、以及"精英艺术"和"民间工艺美术"的区分。

具体的说，本书使用 "图像"一词（而非基督教"绘画"、"美术"或"艺术"）主要基于以下几个方面的考虑：

首先，就传教士本身而言，一方面，他们绘制的图像在当时文人士大夫看来大多"笔法全无"、"不入画品"（邹，2009）[144]，加之传教士画家多不重视书法等因素，以当时的艺术标准只能算作画匠而非艺术家；另一方面，除绘画之外，传教士还制作地图和科技图像等具有实用功能的图像，这类图像也很难被归入传统"美术"的研究范畴。

其次，对于基督徒而言，基督教图像已经远远超越了"审美"的范畴，它们是信仰的象征：一方面，传教士相信圣像可以为他们的传教赋予神力，比如16、17 世纪耶稣会士在世界各地大量复制相传为圣徒路加依据亲眼所见之圣母子而作的圣像，耶稣会士相信这幅并非出自凡人之手的"奇迹之画"（miraculous image），会为他们在全世界的传教提供同样"奇迹的力量"（miraculous power）[（Bailey,1999）[8-9,89]，（2003）[406]]。而基督教图像在传播基督教教义方面也的确发挥了相当重要的作用，无论是普通民众还是文人士大夫，都常常因宗教图像的吸引而对基督教产生兴趣；另一方面，在基督徒眼中，圣像画就如同圣像本身一样是神圣不可侵犯的，比如在禁教时期，无数教徒誓死也不愿"踏绘"，以捍卫基督教图像的圣洁。

此外，成本低廉的基督教印刷品更是方便了教义的传播，但我们很难用"艺术"或"美术"一词将这些廉价且"不入画品"的图像从他们传播和产生影响的语境中剥离出来，而单纯欣赏他们的艺术技巧，比如，早在 17 世纪初期，基督教图像就已经在北京城隍庙会上作为具有异国情调的商品出售了（刘侗 等，2001）[242]，这种图像的传播途径和影响范围也与宫廷洋画师制作的"传教士美术"作品大相径庭。

可见，本书并非将基督教图像看做传统意义上"美术"的一个分支，而是试图将这些如今被收藏在各大"美术馆"、被当做"艺术品"交易的"图像"还原到其原有语境中去。

1.2 关于"16、17 世纪"

本书之所以选取"16、17 世纪"这一时间段，一方面考虑到学界对 18 世纪以来"传教士美术"的研究已经成为"显学"，相形之下，对 16、17 世纪基督教图像和"传教士美术"的研究则显得相对薄弱，而如果再将 18 世纪基督教图像纳入，恐不是本书的篇幅可以承担的。另一方面，更重要的是，本书对"16、17 世纪"的选取主要基于对近代中西方文化交流史和基督教在华发展史的考察。

基督教在中国的发展经历了漫长的历史，如果说佛教传入中国，对古代中西方文化交流起到了至关重要的作用，那么，近代基督教入华，则对近代、乃至现当代中西方文化的交流产生了不容忽视的影响。学界普遍认为，基督教在中国曾经历了四次大规模传播[2]：第一次是 7、8 世纪景教（Nestorianism）

---

2 这一分期可追溯到 1927 年陈垣的演讲记录稿《基督教入华史》，以及我国第一部基督教通史著作《中国基督教史纲》（王治心，青年协会书局，1940 年初版），至今仍被普遍沿用。

在唐朝的流行[3]；第二次是 13、14 世纪被统称为"也里可温教（Erkeun/Arkaim）"的基督教各派一度在蒙元王朝盛行[4]；第三次是 16、17 世纪来自罗马教廷的传教士将基督教公教（Catholicism, 时译"天主教"）传入中国，尤其是随着利玛窦（Matteo Ricci）等耶稣会士"文化适应"策略的展开，基督教开始以"儒服华语"的方式、在西方先进科学技术的新包装下，进入中国主流的文人官僚文化圈，此外，除了倾向于走上层路线的耶稣会（Jesuits）外，多明我会（Dominicans）、方济各会（Franciscans）、奥古斯丁会（Augustinians）以及 17 世纪后期入华的巴黎外方传教会（Missions étrangères de Paris）等传教团体也秉承不同传教方式，在中国大地上影响着不同区域和不同阶层的中国民众；第四次是始自 19 世纪初的基督教新教入华[5]，以及 19 世纪末、20 世纪初在不平等条约保护下，基督教获得在华合法传播的权益[6]。

可以看到，基督教在中国第一、二次大规模传播的主体都以"胡人"为主，而将基督教视为"异族"之"异教"，也是基督教在中国遭受"会昌灭佛"牵连、被新建立起来的明王朝禁止的一个共同原因。到了基督教在中国的第三次传播阶段，随着新航路的开辟和大航海时代的到来，16 世纪以来，葡萄

3　1623 年在西安附近出土的"大秦景教流行中国碑"记录了大秦传教士阿罗本自唐贞观九年（635 年）在中国觐见太宗皇帝，从此景教获准在华传播，至唐建中二年（781 年）景教一直得到皇家的大力支持，乃至"景寺"广布、"景众"繁多。然而，随着 845 年唐武宗"会昌灭佛"，景教和其他少数民族宗教连同佛教一并遭到禁灭，至 878 年黄巢围剿广州，屠杀十二万包括景教在内的异教徒，从此这些"异教"大规模退出中原舞台，但仍在西北等地的少数民族中流传。

4　"也里可温"是唐代传入的景教和元朝由方济各会士传入的天主教公教的统称，据陈垣考据，为蒙古语"敬拜耶和华者"之音译。元至元三十年（1293 年），罗马教廷派来的方济各会传教士孟高维诺（Giovanni di Monte Corvino, 1246-1328）在大都觐见元世祖忽必烈，并获准传教，孟高维诺在大都传教三十余年，之后，罗马教廷不断派传教士进入中国觐见皇帝并传播教义，直到 1368 年明军攻陷大都，禁止"胡服、胡语、胡姓"等包括宗教在内的一切与汉族以外其他民族相关的风俗习惯，加之东西交通受阻，教皇派至中国的主教屡屡失踪，基督教在中国的第二次传播再次中断。

5　英国伦敦会教士马礼逊于 1807 年至 1834 年间在澳门及广东沿海传教，被视为在中国传播新教的第一人。虽然马礼逊在华活动始终受到清廷禁教的限制，只能止步于广东以南，但这些工作为基督教在中国的传播打下了基础，影响了 19 世纪中叶以来基督教在中国大陆主流社会的传播。

6　1842 年《南京条约》的签订，传教士获得在华居留的合法地位；1858 年《天津条约》规定传教自由、保护传教士及信徒的权益。

牙和西班牙两大"保教权"支持下的传教士开始尝试进入中国大陆，1583 年罗明坚（Michele Ruggieri）和利玛窦获准入华被看做是"中国传教基础成立"的一年（裴化行，1936）[217]，利玛窦入华也被认为是"西洋美术之入中土"的开始（向达，2009）[396]。

　　虽然传教并没有得到官方文件的直接认可，且期间教案不绝，但明末清初基督教在华传教成果显著。基督教文化艺术逐渐开始在文人士大夫、学者官僚、皇亲贵戚等上层社会中产生重要影响，其中最直接的例证就是徐光启、李之藻、杨廷筠等有影响力的文人士大夫皈依、保护和传播基督教，以及此后南明永历朝皇太后、皇后与皇子、满清亲王家族及女眷的纷纷入教（图1.1）。甚至即便没有受洗皈依，在家中供奉"圣母像"等基督教图像也成为一些士人高官的日常选择（萧若瑟，1932）[127]。民众中受洗入教人数也不断增多，即便是在禁教期，在一些地区（如闽东地区），基督教的影响也已根深蒂固。到1651 年，被教会接受的中国人数可能达到 15 万人之多（邓恩，2003）[298][7]（图1.2）。到 1700 年，入华传教士人数突破 120 人，达到 16 世纪以来的顶峰。

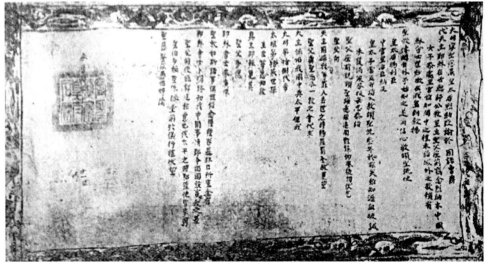

图 1.1　南明永历王皇太后（教名烈纳）致教宗英诺森十世书（佐伯好郎，1943）[347]

　　然而，18 世纪初，罗马教廷下达禁止"祭祖祀孔"等"中国礼仪"的谕令，在中国的传教活动受到影响，到 1708 年，入华传教士人数骤减至 80 余人，此后更无超越（Standaert, 2001）[302]。根据钟鸣旦提供的数据，中国信徒

　　7　但是钟鸣旦提供的数据与之不同（到 1648 年约为 7 万人）（Standaert, 2001）[382-383]。

数量也在 1695-1701 年间达到 20 万人，为明清之际中国基督徒人数的顶峰，之后呈下降之势[8]。虽然康熙皇帝一直对基督教采取比较宽容的政策，但在与罗马教廷的多次交涉失败后，终于在康熙五十九年（1720）下令全面禁止西洋人在中国传教，至雍正二年（1724）以来禁教更加严格，丧失了合法身份的基督教失去了大规模公开传播的可能和影响力[9]，这一局面直到 1842 年在一系列不平等条约中才得以改变[10]。据燕鼎思（Joseph Jennes）《基督教中国教理讲授史》，从 16 世纪后期的"草创时期（1583-1614）"开始，基督教在中国经历了"发展时期（1623-1664）"和传教工作全盛的"康熙时代（1669-1723）"，18 世纪初期开始，基督教在中国转入"全面教难时期（1724-1844）"，直至 19 世纪以后传教士第四次大规模入华。

史实表明，明清之际传教士入华的第三次高潮，不仅开启了中国基督教历史的新篇章，这一时期也被看作是近代东西方文化交流、"西学东渐"、"西画东渐"的开端和重要转折点。而就整体国力和经济发展水平而言，此前中国国力居于世界首位，此后却逐渐日薄西山，直到 19 世纪被动挨打。同时，16、17 世纪也是著名的"李约瑟难题"提出的分界点：此前中国的科技成就领先于世界，而此后近代科学和科技革命并没有产生在中国。虽然"李约瑟难题"的前提条件和标准建立在欧洲的科技发展观之上，它所研究的对象也限于科技发展史，但它的确揭示了一种视"明清之际"为进步和落后分界点的普遍观点。这一普遍观点固然存在很多问题，但至少能够说明这一时期作为

8　直到 1740 年缩减为 12 万秘密信徒，自 1740 年开始，中国信徒人数有逐年增长之势，到 19 世纪初期终于再次超过 20 万人，迎来了基督教传入中国的第四次高潮（Standaert, 2001）[384]。

9　然而，即便是在禁教时期，基督教仍在中国各地秘密传播。基督教的密传一方面使基督教信仰得以在中国大地上延续，比如，在西洋人的活动严格受限的情况下，一批中国传教士成长起来，据统计，到 19 世纪初期，在中国的秘密传教士人数不足百人，其中三分之二都是中国人；而另一方面，秘密传教也为基督教自身的传播发展带来了一系列问题，比如，民间多有将密传的基督教与白莲教等秘密组织混同，强化了中国民间将基督教视为邪教和神秘恐怖组织的印象（Standaert, 2001）[303]。

10　必须承认，19 世纪中期的基督教入华与 16 世纪中期都不可避免地与殖民扩张同行，但是，不同的是，随着中国国力的衰落，19 世纪中期以来，一系列"不平等条约"的签署，使再次合法入华的基督教失去了 16、17 世纪与中华文明在平和的语境中进行"平等"对话的可能，中国人对"洋人"、"洋教"的仇视与国恨家仇联系起来，虽然此后随着中西文化交流的深入，中国人对基督教有了新的认识，但这种"不平等"的语境，还是影响着 20 世纪以来基督教在中国的传播。

一个重要历史节点对此后中国社会发展走向的影响。而从另一个方面来看，在漫长的一个多世纪中，传教士历经艰难在中国播种的西方文化艺术的种子，似乎并没有对中国主流艺术的发展产生什么重大的影响，它们一直都只是一种"奇技淫巧"，而不是什么高雅的"艺术"，这一现象的产生的确值得我们思考，正如学者袁宝林（1995）[37]指出的，"传教士们这种巨大的热情所换得的微薄成绩所构成的强烈反差促使我们对这有趣的艺术史现象作更深入的反思"。基于此，本书选择 16、17 中国基督教图像为研究对象，既是对近代东西方文化艺术第一次碰撞过程中，西来的基督教文化艺术如何适应和影响中国传统文化艺术的考察，也是对基督教文化艺术如何影响此后数百年间中国文化的探讨。

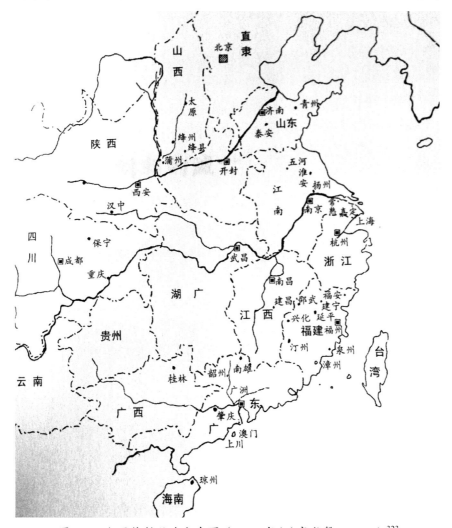

图 1.2　全国传教驻地分布图（1640 年）（高龙鞶，2009）[323]

1.3 关于本书

具体而言，目前已知的明末清初基督教图像由图像资料和文字描述资料两部分组成。其中，文字描述资料主要来自于正史史料、明清小说杂记、传教士书信、笔记和账簿、以及其他宣教、反教出版物，这些文献资料包括对教堂及其陈设的描绘、对基督教艺术品、工艺美术品和传教士画家的描述及品评、以及对图像数量、价格的记录等。

除文献资料中描述的图像外，图像实物资料主要包括明末清初的基督教版画，以及存世的 16、17 世纪基督教绘画和手工艺品。这些流传至今的图像资料是本书个案研究和图像分析的重点，它们包括：《程氏墨苑》中的基督教版画；《诵念珠规程》、《天主降生出像经解》、《进呈书像》等由传教士主持编辑出版的木刻插图书；《不得已》、《射猪斩羊图》等反教图书、宣传画中收录的基督教图像；芝加哥费尔德博物馆藏《中国风圣母子》卷轴画；署名"董其昌"的圣徒像册页；明清之际中国制作的基督教题材牙雕、瓷塑等手工艺制品；扬州出土的基督教墓碑；受《程氏墨苑》西洋建筑图影响的《婆罗髓墨》图；《观音菩萨慈容五十三现》和《历代神仙通鉴》中的耶稣像等。但是，对这些实物的使用也存在一些困难：一方面，这些图像实物往往流散于世界各地，难以搜集和尽数统计，因此本书选取的图像实物，大都是刊登在公开出版物上、具有代表性的作品；另一方面，流传至今的图像实物在其断代、作者、用途等相关问题上也常常存有异议，在学术研究上对这些实物的使用需要格外谨慎，因此对这些异议的考辨也是本书个案研究中需要澄清的问题之一。

在研究方法上，本书受到视觉文化研究、新艺术史、新文化史等领域相关研究方法的启发。具体到方法论上，本书主要运用的是图像学和阐释学的方法，以明末清初基督教图像在中国的传播和发展为主线，以个案研究的方式，从图像产生的背景、图像的基本信息考证、图像的传播方式和影响等多方面加以剖析，力图还原基督教图像在 16、17 世纪制作、传播和接受的历史语境，并从多角度考察中国基督教图像的"本土化"这一文化现象，一方面试图为基督教艺术在中国的研究提供新的切入方式和可能性，另一方面，通过对近代中西交流史上基督教图像的输入与传播的考察，试图探讨东西方文化艺术交流的可能性及交流过程中产生的问题。

首先，本书将阐释明末清初基督教图像的中国式演变，并通过与西方图像原型、中国佛道图像等相关对比，探究基督教图像在中国的接受及其社会意义。就本书所考察的基督教图像而言，以往美术史的写作往往将"传教士美术"边缘化、窄化、量化、平面化、同质化，最终"传教士美术"被塑造成了历史因果关系中的一个链条，要么成了纯粹样式的历史，要么成了著名传教士画家的作品编年史，正如福柯（2003）[12] 所言，"活生生的、脆弱的、颤抖的'历史'漏过去了"。本书则试图通过个案研究的方式，对历史细节和图像语境加以考察和描述，重新回归被宏大叙事遮蔽的历史语境，还原其丰富性和多种可能性，即福柯（2003）[8] 所谓"为了使事件的连续性显现出来而可能被回避、被抑制、被消除的东西"。而这种"回避"和"消除"在宗教图像的研究中尤其显著，最直接的例子就是对图像的过度审美化及对其宗教语境的无视。

其次，本书不仅在题目上用"基督教图像"一词代替传统的"基督教艺术"，在论述过程中，也尽力避免"高雅文化"和"大众文化"、"架上艺术"和"民间工艺美术"等二元对立的区分方法，力图避免只关注上层社会的高雅艺术和宫廷帝王将相赞助的艺术，而将目光投向市民日常生活。对基督教图像印刷品，本书着重强调其"可复制图像"的身份，将此类图像的传播放在市民社会的背景下，作为当时通俗文化的一种加以研究，并着重考虑图像的媒介属性及其作为一种传播"物"的物质属性，比如，着眼于基督教图像作为礼物、商品、广告图像等在中国社会中的流通和使用方式等。在这里，图像的意义不再局限于审美范畴，而是通过基督教图像在中国的不断挪用、在历史中不断赋予其新的"语境"（context），而将其纳入新的历史叙事之中。

最后，在还原图像历史语境及多元叙事的个案研究中，本书使用的方法是从探究历史中的"看"与"被看"的关系出发，追问的问题包括"看什么、怎么看、被谁看、什么时候、在哪儿看、为什么看"等。对于"看"的研究可谓视觉文化研究的一个焦点，从对视觉中心主义的反思出发，"看"与"被看"的关系取代了以往单一角度对主体的书写（吴琼，2005）[10]。除了对"看"的行为本身的权力分析外，"看"的场所变化也改变着"被看"图像的语境，从而影响到图像的传播和接受，比如西方教堂中展示的圣像在传入中国后，有的就被刻绘成可供把玩的小型图像，在这样的语境转换中，中国人对于这些基督教图像"看"的方式和场所、时间都发生了变化，正是经由这些变化，

"本土化"的西洋图像产生了。这些语境的转换既是中西文化交流以及彼此误读的一部分，也深深影响着中西交流的进程，然而在以往的研究中往往未予以充分考量。因此，本书在对中国基督教图像的研究中，格外关注这些视觉行为及其历史语境的转换。

总的来说，本书研究的出发点就是打破关于艺术史线性、平面化、单一、纯化的研究模式，跳出所谓"艺术"的羁绊，通过多维度的考察，还原近代基督教"艺术"初入中国时的历史语境，重构其原本应有的、但往往被宏大叙事所简化、遮蔽的丰富内涵，试图为中西方文化艺术交流的研究提出新的角度和可能性。

实际上，关于明清基督教艺术的研究，早在 20 世纪早期就已有专著及论文出版，比较重要的出版物有：劳弗（Berthold Laufer）《中国耶教艺术》（Christian art in China）[11]；伯希和（Paul Pelliot）《利玛窦时代传入中国的欧洲绘画和版刻》（"La peinture et la gravure européennes en Chine au temps de Mathieu Ricci", 1921）和《17、18 世纪欧洲对中国艺术的影响》（*Les influences européennes sur l'art chinois au XVIIe et au XVIIIe siècle*, 1927）；向达《明清之际中国美术所受西洋之影响》（1930）[12]；德礼贤（Pasquale M. d'Elia）《1583-1640 中国基督教艺术的起源》（*Le origini dell'arte cristiana cinese, 1583-1640.* 1939）；马约翰（John E. McCall）《远东早期耶稣会艺术》（Early Jesuit Art in the Far East）系列论文 5 篇，论述了日本和中国等远东地区的耶稣会艺术史，其中第 4 篇论述了 1635 年前中国和澳门的耶稣会艺术（1948）；方豪，《中西交流史》（收入《现代国民基本知识丛书》第一辑，1952-1954 年由台湾中华文化出版事业社出版），其中下册第四编第九章专讲受西方影响之"图画"。

这些早期出版物为中国基督教艺术研究奠定了基础，但仍不可避免存在一些问题。比如，劳弗的文章虽题为"中国耶教艺术"，但其论述基本建立在他本人搜集到的藏品基础之上，伯希和、德礼贤和马约翰的著述也都侧重于"利玛窦时代"及晚明基督教美术、耶稣会艺术史的研究，未能对基督教艺

---

11 此书原为作者 1910 年在柏林发表的德文论文 *"Mitteilungen des Seminars fuer Orientalische Sprachen"*. Yahrgang XIII. Erste Abteilung, Ostasiatische Studien. 1910，1939 年在北京以英文单行本的形式出版。

12 原载《东方杂志》1930 年第 27 卷第 1 号第 19-38 页，其中第二部分为"明清之际之西洋教士与西洋美术"。

术在中国的发展进行系统论述；向达和方豪都是研究中西交流的大家，其侧重点也在于通过对"西画东渐"美术史料的挖掘来补充中西文化交流史，对图像的解读并不是重点。

近年来，国内对中国基督教艺术的研究也逐渐展开，在基督教艺术史方面陆续有专著问世：莫小也《17-18 世纪传教士与西画东渐》（2002）实为国内研究 17 世纪传教士绘画的第一本专著；顾卫民《基督宗教艺术在华发展史》（2005）和《近代中国基督宗教艺术发展史》（2006）可合称为国内研究中国基督教艺术唯一的通史性著作；褚潇白《圣像的修辞：耶稣基督形象在明清民间社会的变迁》（2011）一书以符号人类学为主要研究方法，探讨明清基督教和反教图像中耶稣形象的呈现形态及其人类学意识，其对方法论的重视，为中国基督教艺术史的研究注入了新的可能性。除专著外，还有相关论文陆续问世，比如，暨南大学中国文化史籍研究所汤开建和叶农等人的论文[（汤，2001），（叶，2004），（汤开建 等，2005）]，均从文献古籍中的文字资料出发，注重挖掘和整理中国基督教艺术史料。

国内艺术史领域对"传教士美术"与"西画东渐"的研究起步更早，其中比较重要的论文和译文有：戎克《万历、乾隆期间西方美术的输入》（1959）；袁宝林《潜变中的中国绘画：关于明清之际西画传入对中国画坛的影响》（1995）；小野忠重《利玛窦与明末版画》（1999）。此外，研究中西方美术交流的通史性著作中，往往也会对"传教士美术"和"西画东渐"有所论述[13]。

20 世纪中后期以来，国外关于明清之际中国基督教美术研究的主要著述有：英国艺术史家苏立文（Michael Sullivan）的论文《明末清初欧洲对中国绘画可能产生的影响》（"Some Possible Sources of European Influence on Late Ming and Early Ch'ing Painting", 1970），以及在此基础上发展而成的专著《东西方美术的交流》（*The Meeting of Eastern and Western Art*, 1989），后者的中译本于 1998 年面世，其第二章第一节"17 世纪西方美术对于中国的影响"中的史料和观点至今仍被反复引用。美国艺术史学者高居翰（James Cahill）也赞同苏立文关于西洋美术影响明清艺术的观点，其著作《气势撼人：十七

---

13 比如，王镛主编《中外美术交流史》（1998），其中第五章第一节"欧洲传教士与西洋绘画的传入"；【日】关卫《西方美术东渐史》（2002），第九章"由葡萄牙船传播于日本的欧洲艺术"，其中提到对西洋美术传入中国产生影响的日本耶稣会画院和画师尼古拉神父；李超《中国早期油画史》（2004），其序篇和上篇对"明清之际西画东渐"和"泰西之法"等都有论述。

世纪中国绘画中的自然与风格》(*The Compelling Image: Nature and Style in Seventeenth Century Chinese Painting*, 1982)和《山外山：晚明绘画（1570-1644）》(*The Distant Moutains: Chinese Painting of the Late Ming Dynasty*, 1982)中都有对传教士影响的论述，这些著作的中译本也在近年逐一问世。

近年来，加拿大艺术史学者盖文·贝利（Gauvin Alexander Bailey）出版《1542-1773 亚洲和拉丁美洲的耶稣会艺术》(*Art on the Jesuit missions in Asia and Latin America, 1542-1773*, 1999)一书，其中第四章论述了从 1581 年利玛窦入华到 1773 年"礼仪之争"两百多年间耶稣会艺术在华发展和传播的过程，之后贝利又发表数篇关于耶稣基督图像的文章对其专著进行了一些补充[(Bailey, 2003),(2005a),(2005b)]，尤其值得注意的是，贝利除了讨论基督教绘画、版画、建筑之外，还将其所研究的中国基督教图像扩展至刺绣、象牙制品等工艺美术媒材之上，丰富了中国基督教艺术的图像材料。

比利时汉学家钟鸣旦（Nicolas Standaert）等人编著的《中国基督教手册》(*Handbook of Christianity in China: Volume One（635-1800）*, 2001)，其中明清部分第四章第三节为"艺术、工艺和语言"，其第一部分即是对 17 世纪在华基督教出版物及绘画的概述。在论文《文艺复兴文化在 17 世纪中国的传播》(*The Transmission of Renaissance Culture in Seventeenth-Century China*. 2003)和专著《献给中国皇帝的〈耶稣生平〉插图书：〈进呈书像〉的历史》(*An Illustrated Life of Christ Presented to the Chinese Emperor: The History of Jincheng shuxiang （1640）*, 2007)中，钟鸣旦对中西方文化交流"语境"转换的重视，对笔者启发尤深。

就国内出版物而言，与早期著述相比，国内近年来对中国基督教艺术的研究更为系统、材料更为丰富；而与国内研究状况相比，国外对明清之际中国基督教艺术的研究则更注重原始资料图文的研究和出版，在研究方法方面也较为多元化（比如不仅从文化交流的角度研究明清基督教图像的，还有从神学和基督教教义层面、以及从传教士的宗教体验入手展开研究）。

前人贡献之多毋庸赘言，在这里更需要指出存在的问题：第一，有些论文和专著在援引的图文资料上还存在疏漏，在对前人材料的引证上，时陷"人云亦云"之误；第二，进入 21 世纪后，将这些专著放在艺术史研究的同领域里看，其研究方法也略显陈旧，有些著作尚缺乏明确的方法论意识，以所谓"中立"的方法进行研究，反而容易落入某种"宏大叙事"的俗套；第三，对中国基督教美术的研究，尚游离在中国美术史研究的边缘，既未能还原基督教美术在中国发展的鲜活的历史语境，也未能深入探究基督教美术与中国美术史进程、中西文化艺术交流的密切联系及重要影响；第四，目前关于"中国基督教美术"或者说"传教士美术"的研究，大多尚未能对明清入华的各修会加以细致区分，对基督教入华的宗教和历史背景考虑不足，对图像的宗教语境、社会历史背景、制作和传播群体及接受对象的研究也多有忽视；第五，特别是美术史领域的研究，往往偏重图像的审美价值，或者其表面显示的西洋技法及其影响，未能充分将其放在各修会冲突及"礼仪之争"的大环境下，深入剖析这些图像可能的形成原因及其对中国文化发展进程的参与；第六，与历史研究领域对中国基督教艺术文献资料的文字考据相比，美术史研究领域对中国基督教艺术图像的阐释还做得不够，仍缺乏从多个层面、深入地进行图像"语境"的还原和"图像学"意义上的多维度阐释；第七，目前尚没有以"16、17 世纪中国基督教图像"为研究对象的专著问世，而这段18 世纪"传教士美术"的"史前史"，无论在基督教历史，还是中西交流史，乃至中国近代化的成形与"现代性"诸问题的研究中，都是一个不可省略的历史节点。

概括而言，本书的写作目的首先在于梳理16、17 世纪基督教美术和工艺美术在中国的发展脉络，将之纳入中国美术史的研究中来，同时，在这一梳理过程中，探讨基督教文化艺术在中国的发展、演变及其影响。这一影响不仅是直观视觉上的，也是文化观念上的，比如，本书所关注的时间节点，也正是"现代性"问题在中国兴起的时间。加拿大学者贝利（Bailey, 1999）[4-5]称，"由于主要的研究资料来自于传教士及其支持者的著作，因此，直到最近，历史学家们仍然偏袒这些欧洲人，往往把（非欧洲的）本土组织看作是耶稣会工作的一个消极沉默的背景。然而，传教士们所激发的艺术却给我们讲述着不同的故事，这些艺术是复原当地居民失去的声音的关键。"在谈到印刷术源自中国这一"众所周知以至于几乎无需重复"的事实时，英国学者柯律格（2011）[28-31]"吃惊的"发现，"在几乎所有关于科技对早期现代欧洲的影响的讨论中，否认这一事实背后含义的持续存在，反复出现"。柯律格（2011）[31-32]运用霍米·巴巴（Homi K. Bhabha）"顺从的知识"的后殖民主义理论指出，对"印刷革命"在中国的忽略是为了捍卫欧洲文化的中心地位而有意为之的，这样就可以将非西方国家天然的排斥在"现代性"时空以外。而事实上，"在中国，数百年以来，一个高度商业化的印刷和出版工业已能把文本和图像进行机械复制并在整个帝国境内的读者群中广泛传播，该读者群可以用身份、教育程度和性别来区分，其复杂性我们尚知甚少。”然而，这样的工作，我们所做尚少。因此，本书以对明清之际中国基督教艺术“本土化”建构的研究为切入点，试图探讨西方文化艺术及新的观看方式对中国美术史的影响，而丰富中国美术史本身就是对中国文化传统这一在某种程度上业已断裂的历史文脉之重现。

其次，本书还注重采用新的研究方法，重审晚明以来的中国美术史以及中国传统文化的发展进程。自上世纪 80 年代以来，“新艺术史”的研究方法就已经在欧美学界站稳脚跟，这种方法论资源来自于马克思主义、女性主义、心理分析学、符号学与结构主义理论，它摒弃了以往艺术史研究专注于图像本身的分析，而将社会问题和对边缘群体的关注纳入以往“中立”、“无价值观”的艺术史研究中去，这一研究方法的兴起与文化研究基本同步（哈里斯，2010）[7]。虽则我们自不必唯欧美马首是瞻，毕竟中国艺术史的研究方法尚存有无价宝库等待学者们的不倦探索，然而，回看以往对中国基督教艺术史的研究，事实却的确是少见自觉运用新的研究方法的著述，很多还都停留在对所谓“中立”、“无生命”的艺术史的线性叙述中。研究方法论的缺失导致的一个直接后果就是无法将我们的研究成果与国际学术界对接，在事实上为这个新的全球化时代的东西方交流设置了障碍。正是基于对新的研究方法的使用，本书力图打破传统艺术史潜在的“高雅艺术”与“大众文化”的区分，将装裱精当的绘画与印刷复制的插图、工艺美术品一并纳入研究对象的范畴，关注的不是这些图像的“审美价值”，而更多的是这些视觉图像对文化的影响。在对基督教绘画及其接受对象的研究中，本书也有意识地将对受众身份、阶级、性别、民族问题的思考贯穿其中。

此外，对晚明以来基督教艺术“本土化”研究的意义不仅在于对历史的梳理和重审，还在于在当今“全球化”语境下，对中国文化发展脉络的再认识和对当代中西文化交流的再理解。历史不是可以一以概之、单一线性的“宏大叙事”，不是摆在神坛上不可触碰的绝对存在，更不是已逝的冰冷死物一件。面对历史，我们不是旁观者，而是反思者、建构者和创造者。虽然克罗齐（Benedetto Croce）著名的“一切历史都是当代史”的论断备受质疑，但这句话至少提示我们，对于历史的书写不能失去当代语境。克罗齐以“历史”和

"编年史"来分别指向"活的当代史（活人）"和"死的过去史（死尸）"，在克罗齐（1986）[8]看来，"历史是活的编年史，编年史是死的历史；历史是当前的历史，编年史是过去的历史；历史主要是一种思想活动、编年史主要是一种意志活动。一切历史当其不再是思想而只是用抽象的字句记录下来时，它就变成了编年史，尽管那些字句一度是具体的和有表现力的。"而在笔者看来，对明末清初基督教图像的考察，正是将"死的编年史"注入当代价值，复活为"活的历史"的一次有意义的尝试。随着新航路的开辟和基督教的扩张，16、17 世纪实现了人类历史上的首次"全球化"（Globalization）[14]，那么，对这次国际性文化艺术交流的反思和重审，在很大程度上也有助于对当今"全球化"所面临的类似问题的思考。早已有学者指出，"十六、十七世纪传教活动所要面对的文化难题在某种意义上类似于基督教在与当代中国的文化碰撞中所面对的种种难题"（柯毅霖，1999）[3]从这个意义上说，考察这一时期的基督教图像，对溯源中西方文化交流及其发展走向，乃至对今天的持续影响是十分必要的。

最后，当代艺术"全球化"与"本土化"的问题已经成为当代艺术理论探讨的焦点之一，如果说当代艺术之"当代性"是全球经济、社会、政治、文化发展不平衡而造就的同一世界、不同时空中的差异与"多元化"（Smith，2008）[8-9]，那么，在这个意义上，明末清初基督教艺术的本土化过程则给我们以启发：如何在"全球化"的趋势下保持"本土化"特色，如何将"本土化"艺术传统融入"全球化"的普世价值之中，如何思考本土艺术在"全球化"和"本土化"之间的位置，如何在"全球化"进程加速的今天理解和避免屈辱历史的重演。尤其是，西方基督教艺术进入中国后，受中国传统文化、政治体制和宗教观念的影响，在与各种利益集团的博弈中，随明末清初商品经济的发展，经过多重语境转换，产生了具有"中国特色"的基督教图像，这一文化传播、转译与交融的历程，是研究中西方文化艺术交流脉络中不可或缺的一个重要节点，对理解当下正在中国发生和发展的文化艺术现象具有历史和现实双重意义。

---

14 马克思关于"世界市场"和"世界历史"的理论被认为最早对"全球化"的阐述。马克思（1959）[29-30]认为，正是 15 世纪新航路开辟以来，人类历史开始向"世界历史"转变，人类历史上的首个"世界市场"也应运而生。

　　本书共有 9 章，其中又可以分为六个部分：除第 1 章绪论、第 2 章背景概述和第 9 章结论三个部分外；本书主体第 3-8 章又可分成三个部分：第 3 章是对 16 世纪基督教图像的论述，第 4-7 章是对 17 世纪基督教图像（主要是插图出版物）的论述，第 8 章是对 16、17 世纪中国圣母形象的专题研究。

　　第 1 章为绪论章：介绍本书研究对象、研究方法、相关领域研究综述，以及研究意义和创新点。

　　第 2 章介绍研究对象之历史背景：首先概述中世纪传教士在沟通东西文化艺术方面做出的努力，以及在此背景下，中西文明相互之间的影响；其次介绍了在基督教扩张精神鼓舞下，大航海时代的到来及西葡两国以传教（"保教权"）为名对全球势力范围的划分，其中主要介绍西葡两国进入远东的不同途径及各自入华传教"跳板"的建立；第三部分除介绍 16、17 世纪基督教入华的历史分期外，提出所谓"传教士"并非一个匀质整体，对基督教内部各利益集团的细分，是为研究基督教艺术的一个重要背景，小结部分即对各修会利益冲突的综述；最后，提出所谓"基督教美术"，也并非纯粹审美意义上的美术作品，而是对不同受众有着不同意义，在不同领域（比如商业领域、宗教领域），也有不同的传播方式。

　　第 3 章主要以关于 16 世纪中国基督教图像的文字材料为基础，考证 16 世纪已在中国制作和展示的基督教图像，借此将明清之际基督教艺术影响中国的时间向前推进。以往关于"基督教美术"或"西画东渐"的研究，多从 16 世纪 80 年代，即"利玛窦时代"开始，这与留存至今的 16 世纪基督教图像实物的匮乏有关。但正因如此，传教士书信和回忆录等基督教史料中，关于 16 世纪基督教图像入华并向中国人展示的文字记述，则显得尤为珍贵。因此，本章是为对这些基督教美术史史料按照年代顺序、分专题展开的论述，其中对传教士书信中多次提到的几幅基督教图像来源、内容、传播过程及中国人的接受进行考据。最后得出结论，16 世纪的基督教图像是中国早期现代社会及其视觉文化方式建构过程中不可或缺的一个重要组成部分。

　　第 4 章以《程氏墨苑》中的 4 幅基督教图像为个案，研究 17 世纪基督教图像在商业领域的传播模式及其影响。首先，在前人研究的基础上，强调前 3 幅基督教图像并非利玛窦亲赠程氏，此一问题最早由学者林丽江在 1998 年的博士论文中提出（Lin, 1998），但至今学界对《程氏墨苑》基督教图像的研究，仍延续将"宝像三座"与利玛窦的抉择联系起来的传统。在推翻立论前提的基础上，本章第二部分即是对前 3 幅图像（由中国商人、画师和雕工共同完成图像的选取和摹刻）和文字（由利玛窦撰写）改编的分别论述。在第三部分对《程氏墨苑》第 4 幅图像的研究中，笔者重点考察此图经历的数次跨文化、跨地域的语境转换，此外，笔者注意到，此图虽实为"圣母子"，却由利氏命名为"天主"，那么，结合文献中关于耶稣会早期对基督教图像的使用，笔者将之与利玛窦的传教策略联系起来。小结部分是对《程氏墨苑》中基督教图像在商业领域传播及其可能对《婆罗髓墨》等佛教图像产生影响之概述。

第 5、6 章分别以《诵念珠规程》和《出像经解》为个案，探讨 17 世纪中国基督教图像在宗教领域的本土化过程及其影响。其中，首先概述明清之际入华的西文插图书籍及其影响，并介绍了这两部著作主要参考的西文铜版画原本《福音故事图像》及其刻印者（安特卫普"普朗登工作室"）。

第 5 章在对《诵念珠规程》的个案研究中，首先考证其出版者（罗儒望）、出版地（南京）、出版时间和背景（南京教难），并结合基督教在华传教史料，考察其出版者对图像使用的一贯态度，这些都是影响《诵念珠规程》的出版及改编的历史"语境"。第二部分，笔者从《诵念珠规程》一书选材的角度，提出其与《玫瑰经》的内在联系，并结合《玫瑰经》在欧洲成形和传播的历史，以及罗儒望出版此书时面临的传教问题，将《诵念珠规程》的出版与耶稣会早期传教策略联系起来。第三部分，对《诵念珠规程》的改编进行图像阐释，重点考察其"本土化"的过程及图像表征。小结部分是对《诵念珠规程》的"本土化"改编及其成因的综述。

第 6 章以《天主降生出像经解》（简称《出像经解》）为个案，考察 17 世纪 30 年代，随国内传教形势的变化，以艾儒略为代表的耶稣会成员在传教策略上的调整，以及对基督教图像"本土化"进程的影响。首先概述艾儒略生平及其对基督教图像的使用，包括《口铎日抄》中关于 28 幅基督教图像的文字描述、以及关于福建教堂风格及装饰图像的考察等。第二部分介绍了此时入华的托钵修会、其对基督教图像的不同使用策略以及托钵修会与耶稣会在图像使用上的冲突。第三部分，结合钟鸣旦和台湾学者潘凤娟对《天主降生言行纪略》文字和叙事的研究，提出《出像经解》的选题（《基督生平》）、出版者（艾儒略）、出版地（福建）、出版时间和背景（福建教难）与《出像经解》文字改编之间的联系。第四部分通过对《出像经解》图像的阐释，提出《出像经解》图像"西化"的"本土化"改编方式，其中对"苦难"的中国式弱化实为中西文化交流过程中跨语境"误读"的显例。小结部分结合上述历史和传教语境，提出《出像经解》图像因素及技法的"西化"成因和影响。

第 7 章以 17 世纪欧洲皇室赠予中国皇帝的羊皮卷绘本及其在中国的本土化转译为个案，探讨 17 世纪基督教图像跨文化传播、本土化再造和中西方误解的产生过程及其影响。比利时汉学家钟鸣旦通过对大量拉丁文、德文等基督教历史文献、书信、手抄本的考察，对《进呈书像》做过专题研究，并提出研究跨文化、跨语境传播过程的重要性（Standaert, 2007）。但国内囿于对《进呈书像》研究资料的缺乏，目前关于传教士美术和基督教艺术的专著中，对《进呈书像》着墨甚少。本章在钟鸣旦的研究成果上，结合基督教入华传教史和汤若望的传教经历，试图还原 17 世纪欧洲皇室礼物在中国的传播和接受情况，同时，提出将《出像经解》的出版与汤若望的传教策略联系起来看待，并提出其中国式"妖魔化"的"本土化"图像，甚至一直影响到 19 世纪中后期中国人对基督教和西洋文化的认知。

第 8 章以署名唐寅的《中国风圣母子》为个案，专题研究 16、17 世纪中国圣母形象的形成及其影响。首先介绍这幅卷轴画收藏和进入芝加哥菲尔德美术馆的历史背景，并提出本章要讨论的问题。第二部分是对圣母形象（文字、图像）传入中国的历史溯源，其中，提出圣母图像在中国有文献记载的首次展示当为"大秦景教流行中国碑"所记之 635 年，而根据夏鼐等学者的考古发现，现存最早的中国圣母像实物为扬州出土的元代墓碑，根据这些史料，以及胡天龙神父等的研究，提出《中国风圣母子》作者、成画年代和传承的另一种可能（唐寅或更早时代的中国画家绘于 16 世纪早期或更早、受元代方济各会影响、禁教期密传），最后，总结上述几章中晚明圣母画像在中国的传播。第三部分，采用普遍对《中国风圣母子》断代和传承的观点（晚明、受耶稣会影响），首先从图像上分析《中国风圣母子》对拜占庭风格原本（Salus Populi Romani）的"本土化"改编，继而在于君方等学者的研究基础上，结合晚明市场上流行的圣母子瓷塑、牙雕，强调圣母子图像对送子观音像产生影响的可能性。

第 9 章结论，对中国基督教图像本土化进程及其模式进行概括，并提出对相关问题的思考。首先概述基督教图像及随之而来的西方视觉文化方式，对中国上层社会和底层民众视觉文化建构的影响；在第二部分中，笔者概括了基督教图像在中国"本土化"进程的四种"转译"模式；第三部分是对基督教图像"本土化""失败"的分析及思考，提出其失败的根本原因之一，就是中西方文化对"苦难"精神的不同理解。最后一部分结合 16、17 世纪"全球化"语境下中国昔日的辉煌及背后隐藏的问题，提出在今日"全球化"背景下，面对类似问题应当采取的态度，其中，看似不受语言文字限制的"图像"，实则在"全球化"交流中，经由不断"去语境化"和"语境"重构的过程，往往发挥着更为重要、却常常被忽视的作用。

第2章 16、17世纪基督教图像入华的历史背景

2.1 中世纪传教士入华与欧洲人对东方的向往

早在公元前后的古希腊罗马时代，欧洲人的著述中就有关于一个盛产丝绸的国度"赛里斯"（Seres）的记载，然而这些只言片语基本都来自于商旅的传闻和猜测，欧洲人对这个东方国度缺乏整体而确凿的了解。直到13世纪，当蒙古帝国的铁蹄踏到维也纳，正忙于组织十字军与伊斯兰世界"圣战"的欧洲诸国，才意识到这个东方异教国家的威胁[1]。然而，此前关于中国的理想化描述和离奇的想象无法使欧洲人真正了解他们所面对的劲敌。在这种情况下，一方面为了获得关于蒙古帝国的情报，另一方面也为了向更远的东方传播福音，在宗教精神的鼓舞下，传教士克服种种困难，踏上沟通中西的道路，从此改变了中西交通的历史（图2.1）。

13世纪教皇权威在西欧达到顶峰（毕尔麦尔，2010）[224-264]，教廷派出由两个新兴宗派方济各会（1209-）和多明我会（1215-）传教士组成的多个使团前往蒙古[2]，其中，方济各会士约翰·柏朗嘉宾（John of Plano Carpini）回国

1　向达（2002）[25]称，"即说欧洲之近代复兴，受此次西征的震撼，而醒其一向的迷梦，也无不可。"

2　在这些使团中，对这一时期基督教东传影响比较大的是方济各会士，关于多明我会士的记录多为失败之行，但多明我会士在此期间对中西方交流所作出的贡献往往被忽视，在这里有必要一提：比如，多明我会士阿塞林（或译为昂塞姆、阿思凌 Ascelin）于1247年抵达蒙古人在里海之西的营地，但由于拒绝行臣服之礼，而

后向教廷提交了一份报告[3]，除详细介绍了蒙古人的军事城防外，这份报告首次向欧洲人描述了富庶的契丹（北中国金国统治区）。尽管同为异教徒，与"野蛮"的蒙古人相比，那些"爱戴基督徒，经常大量施舍"的中国北方居民给柏朗嘉宾留下了良好的印象[4]（柏朗嘉宾 等 1985）[29. 48-49. 129]。

图 2.1　方济各会士柏朗嘉宾（左）、鲁布鲁克（中）和鄂多立克（右）的中国之行（向达，2012）[29. 31. 34]

当柏朗嘉宾等使团陆续回到欧洲，关于蒙古王公和一部分蒙古人信奉基督的故事就在人们口中传开。实际上，中世纪欧洲一直流传着关于长老约翰（Prester John）的故事，他们相信在东方存在一个强有力的基督教君主，欧洲人希望与这位约翰王合作共同打击穆斯林势力。听说蒙古钦察汗国王子撒里答信奉基督教后，在法国国王路易九世的资助下，方济各会士威廉·鲁布鲁

遭到粗暴对待。阿塞林虽然没能完成任务，还差点被蒙古人处死，但他的出使促使蒙古大汗向西方派出了使节。尽管这些使节实际上向西方人传达了错误的信息，但这些鼓舞人心的消息促使法国国王路易九世此后不断向蒙古派出使节。1249 年，路易九世又派出了多明我会士安德鲁（或译为隆如美 Andrew of Longjumean）率领的豪华使团，携带众多礼物出使蒙古。使团到达中国时，定宗已去世，虽然传教士们受到了蒙古摄政皇后兀立海迷失（Ogul-Gaimish）的欢迎，但这次出使显然被皇后利用了。基督徒们带来的精美礼物被当作臣服的证据，用来向其他属国炫耀蒙古对法国的征服，女王的回信中也向基督教国家提出了"警告"，还声称"长老约翰起而反对我们……已被我们杀死"[（道森，1983）[12-15]，（柏朗嘉宾 等 1985）[194]]。

3　约翰·柏朗嘉宾又译为普兰诺·卡尔平尼，于 1245 年 6 月偕同另两位同会修士从法国里昂启程，1246 年 7 月到达和林拜谒定宗，至 1247 年初返回里昂。向达（2002）[29] 称柏朗嘉宾一行是"欧洲人到中国第一次有文献可稽的"。

4　柏朗嘉宾还说这些异教徒契丹人"敬重和崇拜我们的《圣经》"，但柏朗嘉宾所说的《圣经》可能是汉文《佛经》。

克（William of Rubruck）身负"秘密使命"于 1253-1255 年间出使蒙古，虽然到达哈剌和林（今蒙古境内）得到蒙哥汗的接见，但其传教计划遭到拒绝。回国后，鲁布鲁克向法国国王路易九世提交了关于蒙古的报告，生动地记述了在蒙古的所见所闻。这份报告出版后，被称为"整个游记文学中最生动、最动人的游记之一，甚至比他同时代的马可波罗或十九世纪的胡克和加贝特等人的游记更为直接和令人信服"（道森，1983）[17]。报告中多次提到在蒙古遇到的基督教徒、聂斯托利派和契丹教士，鲁布鲁克还将中国北方（当时的契丹）描述成神秘而富饶之地（道森，1983）[254]。更令欧洲人欣喜的是，这些富裕的"大契丹人"也并非不可归化的偶像崇拜者，比如，契丹有十五个城镇中居住着聂斯托里教徒，宏伟的西安城里也设有教区。

虽然柏朗嘉宾和鲁布鲁克等人未能成功劝服蒙古大汗支持基督教，1294 年到达汗八里（今北京）的方济各会士孟高维诺（Giovanni da Montecorvino）成功地获得了元世祖忽必烈的传教许可，并在 1307 年被教皇任命为汗八里总主教。从此，直到元朝末年，基督教在中国繁荣了 60 年，被称为基督教在中国传播的第二次高潮。至此，基督教终于在中国得到了合法地位，欧洲人眼中的中国也不再是令人害怕的异教国家。西方传教士和东方使臣们携带着书信和礼物，在亚欧大陆以及阿拉伯海、印度洋和南海上穿梭不绝。

期间，关于西方艺术和工艺美术品传入中国的记载屡见不鲜，比如，1249 年多明我会士安德鲁（Andrew of Longjumean 又译隆如美）率领的使团中，就携有一座绣有基督教神迹的深红色幕账（道森，1983）[15]；甚至在蒙哥汗宫室不远处还住着一位亚美尼亚传教士，在他的住宅顶上立着醒目的十字架，住宅里装饰有美观的祭坛和金缕刺绣的圣像（柏朗嘉宾 等 1985）[261]；孟高维诺不仅在离皇宫很近的地方建立了教堂，还曾绘制 6 幅关于圣经故事的基督教"圣画"，其上注有拉丁、波斯和畏兀儿鹘文字（向达，2012）[33]。这些都是中世纪西方艺术和工艺美术品传到东方的实例。除文字记载外，还有很多实物遗留至今，比如，在泉州和扬州等地出土的大量元代基督教遗迹，其中多有雕刻精良的基督教图像（图 8.2）。

通过陆路与海路双管齐下的交流，中国艺术对中世纪欧洲也产生了不容忽视的影响[5]。传教士从中国带回了欧洲人喜爱的丝绸、瓷器、金银器等贵重

5　中国艺术对欧洲基督教艺术的影响，最早由美国艺术评论家贝伦森（Bernard Berenson）在 20 世纪初提出（艾田蒲，2008）[89-90]。

的礼物，蒙古织金锦（Nasij 又译"纳石失"）在乔托（Giotto di Bondone）、马尔蒂尼（Simone Martini）等艺术家的画笔下熠熠生辉。与此同时，大量便于携带的中国卷轴画作为礼物、旅行纪念品或宗教献祭品，被带回欧洲，这些中国画在罗马、佛罗伦萨、锡耶纳等地的艺术家手中传阅，促使中世纪绘画风格在 13 世纪末产生了一个"突然的转折"（Arnold, 1999）[120-122]。法国学者波西纳（1935）称，"只有中国艺术可视为意大利 14 世纪画派的新的艺术表现的主要渊源"（艾田蒲，2008）[92]。中国人的形象屡屡出现在乔托等人的宗教作品中，有时，这些中国人被描绘成三博士的随行人员，见证着耶稣基督的诞生，有时，中国人的形象又混在人群中，见证着圣徒的殉难。显然，欧洲人已经自然而然地将中国人纳入到基督教世界中，中国人"成为意大利人和基督徒的正常的天地中的成员"（艾田蒲，2008）[94]，而宋元绘画对山石风景的描绘，也在乔托绘画中得见一斑（Arnold, 1999）[123]。此外，除了欧洲基督教绘画中显而易见的中国图像和符号，中国风景画和禅宗绘画对于和谐自然的追求、以有形空间寓无形之境的中国道家和佛家精髓，也深刻影响了 14 世纪欧洲基督教绘画"对超自然力量的表现"，法国学者艾田蒲（2008）[97-98]指出，"在意大利风景画中渗透的中国艺术风格比在一个蒙古人的肖像中可能要深刻得多"。可以说，13 世纪末、14 世纪初欧洲文艺复兴运动的萌芽，与传教士历尽艰险、沟通东西方的努力有着密切的联系，而这样的努力，又与基督教信仰和宗教热情密不可分。

中世纪传教士笔下所描绘的对基督教"通融"的中国居民和中国富裕的国土，不仅激起了更多欧洲传教士向中国传播福音的渴望，更激发了欧洲商人对中国的向往。元世祖忽必烈曾要求教皇派传教士和科学家 100 人来华，因途遇战乱，教皇派来的多明我教士只得中途返回，相传只有意大利商人马可·波罗（Marco Polo）父子最终来到中国（王治心，2007）[46]。1296 年，《马可·波罗行纪》在欧洲问世，记载了 1271-1295 年间马可·波罗的中国见闻。尽管这本书的真伪仍存在争议，但这本书在此后几个世纪产生了重要的影响。它第一次全面地向欧洲人介绍了中国的人文地理和风俗文化，并且，与之前短暂出使蒙古帝国、且足迹止于中原之外的欧洲人不同，在中国居留数十年的马可·波罗亲自来到了传说中的北中国"契丹"，还提到在山西平阳府附近曾有一座宫殿，殿内装饰有各位国王的彩色画像，是为此一时期欧洲人著作中一则值得注意的中国美术史料（2001）[265]。据这本书称，马可·波罗还亲身游历了有许多"富裕之大商贾"和"工商繁盛之富庶大城"的南中国"蛮子国"。马可·波罗在书中描述了他在中国各大城市的所见所闻，其宽阔的街道、壮丽的宫室、发达的工商业、充足的税收等都令欧洲人垂涎。此后，14 世纪初方济各会士鄂多立克（Odorico da Pordenone）的游记用更夸张的语言描述了他所见到的富庶的东方大国。这位 1322-1328 年间在中国旅行的意大利修士，在广州见到了比整个意大利都多的船只，在杭州见到了"最大和最高贵的城市"和"最好的通商地"，整部游记中充满了"极其不可思议"、"世界上最好和最美的地方"之类的赞叹（柏朗嘉宾 等 1985）[69]。

14 世纪 60 年代，随着蒙元王朝的覆灭和明朝的建立，基督教信仰与"胡服、胡语、胡姓"等一切非汉族宗教文化和风俗习惯均被禁止，基督教在华的合法地位也以 1362 年泉州最后一位主教殉教、1369 年基督教徒被驱逐出京而告终（道森，1983）[29]。而此时的欧洲，在诸国内讧和阿拉伯穆斯林的打击下，十字军东征（1096-1291）彻底宣告失败，教皇权威正不断遭到西欧诸国王权的挑战。在不同利益国家的支持下，14 世纪末到 15 世纪初，教会分裂达 40 年（1378-1417），与此同时，黑死病也在欧亚大陆上疯狂蔓延，中世纪时代进入尾声。15 世纪初，虽然郑和下西洋（1405-1433）曾到达波斯湾和非洲东部索马里，但他本人是伊斯兰教徒，未能与基督教产生有效沟通。1453 年穆罕默德二世（Fatih Sultan Mehmet）率军攻占君士坦丁堡，东罗马帝国的最后一位皇帝战死，从此，奥斯曼帝国（Ottoman Empire）的穆斯林切断了基督徒与东方国家的交通要道，并不断从陆路和海路向西亚和地中海地区扩张，到 15 世纪末，中西交通的陆上要道以及由埃及通往红海的海路均被穆斯林切断，伊斯兰国家迎来了它最为辉煌的时代。此时，东方的大明王朝在永乐皇帝（1403-1424）之后，改变了对外扩张的政策，禁止居民赴海外贸易，虽然福建和广东一带仍有走私船舶定期往来于东南亚诸国，但到 15 世纪末，已经不再有中国船只到达马六甲以西了[（博克塞，1984）[92]、（博克塞，1988）[290]]。由于交通阻断，整个 14 至 15 世纪，尽管教皇曾不断向中国派遣教士和主教，但都因交通阻断而无法到任[6]（王治心，2007）[49]。基督教东传随着罗马教廷的衰落、伊斯兰国家的崛起和明王朝的海禁政策而中断了。

---

6 1370 年以后，大量派遣到中国的教士失踪，其中 1475 年派遣的最后一个主教被土耳其人监禁，因此这些被派往中国的传教士和主教大都有名无实，没有到达中国。

在东西交通不畅的时代，中世纪欧洲传教士和商人留下的关于中国的记载，成为欧洲人了解东方唯一可靠的信息来源。当薄伽丘和乔叟等欧洲文豪需要描述这世上最无与伦比的财富与艺术时，他们都不约而同地想到了东方的"契丹"。神秘富庶的异教东方及其精美绝伦的艺术品，在中世纪文学家的笔下被一遍遍地传颂，她始终吸引着渴求黄金的商人和渴望遍布福音的教士。只待条件成熟、新的交通重新开辟的时候，一批一批的商贾和传教士将像他们的前人一样，怀着各自笃定的目的或信仰，不顾艰难险阻地踏上东方之旅。

2.2 "大航海时代"的到来与基督教的扩张

1453 年奥斯曼土耳其灭东罗马帝国，这一年通常被看作中世纪的结束。到 16 世纪初，文艺复兴运动已经遍及西欧诸国，标志着世界近代史的开端。同时，经过长达 7 个世纪与阿拉伯伊斯兰教徒的征战，西班牙和葡萄牙人终于在 1492 年统一了伊比利亚半岛。这一"光复运动"的胜利，大大鼓舞了基督徒征服世界上其他异教徒的斗志。从中世纪经院哲学中发展出来的自然主义倾向，为基督教的地理扩张提供了思想基础。"基督教的扩张特性"与商品经济发展、商路受阻、国家统一和科技发展等因素，共同推动了地理大发现时代的到来（裴培 等，1990）[91]。葡萄牙学者雅依梅·科尔特桑（1997）[1311] 指出，"在15、16 世纪，葡萄牙人的扩张与其说是国家组织发展的要求，倒不如说是适应了世界主义的一系列要求，适应了基督教几个世纪前在理论上制定出的理想计划的要求。"至此，15 世纪末、16 世纪初，雄心勃勃的伊比利亚人，利用其海上地理优势，开启了人类历史的新篇章，地理大发现与大航海的时代到来了。

1492 年 8 月，在西班牙国王的资助下，向往着《马可·波罗行纪》中遍布黄金之国的哥伦布（Christopher Columbus），带着给中国和印度皇帝的国书，雄心勃勃地踏上了他的"远东之行"[7] [（波罗，2001）[2]，（向达，2012）[36]，（赫德逊，1995）[141]]。经过两个月多月的航行，哥伦布终于在 1492 年 10 月登上了他所认定的"印度"——美洲新大陆。面对潜在的利益，葡萄牙人企图动用武力从西班牙人手中争夺这块新大陆。为解决殖民纷争，1494 年 9 月 7 日，在教皇的调停下，西班牙和葡萄牙签署了《托尔德西里亚斯条约》（Treaty of Tordesillas），将除欧洲以外的世界其他地区划分为各自的势力范

---

7 哥伦布遗物中就有拉丁文译本《马可·波罗行纪》一册，当时欧洲人的著作中称中国为"契丹"，给中国皇帝的国书题赠为"契丹大汗"。

围。根据条约规定的"教皇子午线",线以西的北美洲和南美洲归西班牙所有
[8],线以东的非洲和亚洲归葡萄牙所有。此时,欧洲正值 16 世纪中期的"宗教
改革"运动中,教皇的权威受到了动摇,而西班牙和葡萄牙两大殖民帝国在
海外的扩张,则使教廷看到了向更广大地区传播福音、扩张"反宗教改革"
势力范围的希望。

根据《托尔德西里亚斯条约》,在各自的势力范围内(图 2.2),西葡两国
享有独立的航海、占领和经商等权利,但同时也要履行传播福音的责任,这
就意味着葡萄牙人拥有了远东"保教权"。所谓"保教权",简而言之,就是
教廷授予世俗政府保护基督教传播的权力,是世俗政府以资助宗教传播等义
务为代价换取的特权(Standaert, 2001)[287]。早在 1418 年,教皇马丁五世(Otto
di Colonna, Martin V)就授予了葡萄牙海外扩张的一系列特权(The Catholic
Univeristy of America, 2002, Vol.10)[976]。在葡萄牙王室的资助下,达伽马(Vasco
da Gama)1498 年绕过好望角到达印度,从此,通往亚洲的航线打开了。

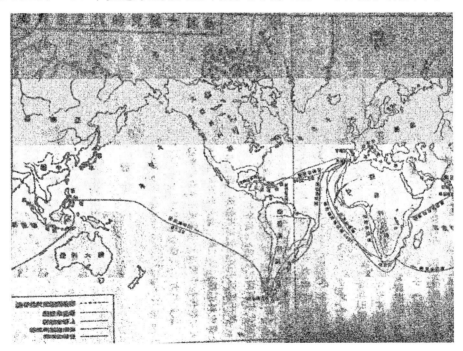

图 2.2　新航路的开辟和葡西划分世界的不同路径,中线为分割两国"保教权"
　　　　的"教皇子午线"(向达,2012)[40]

8　但是,1500 年葡萄牙航海家卡布拉尔(Pedro Cabral)发现了位于"教皇子午线"
　　以东的巴西,从此,巴西归属为葡萄牙的势力范围。

2.2.1 葡萄牙保教权的扩张及其在远东的据点

在与穆斯林的战斗中，葡萄牙人终于在 1510 年占领了印度果阿，并实际控制了阿拉伯海，开始向沟通印度洋和太平洋的要港马六甲进军。自永乐三年（1405 年）以来，马六甲苏丹王朝（Sultanate of Malacca 1402-1511）就成为中国的纳贡国，同时也是中国"出海的港口"，中国商船一般只航行到此，由阿拉伯人载着货物向印度洋航行（赫德逊，1995）[173-176]。在葡马战争中，中国商人因不满马六甲苏丹任意征税，与葡萄牙人秘密联络，表示愿意提供军事帮助，而在中葡早期关系中，宗教因素就起到了一定的作用[9][（赫德逊，1995）[173-176]，（博克塞，1984）[93]]。作为中国的属国，逃亡的穆斯林曾向中国皇帝求援，但中国皇帝只是"敕责佛郎机，令还其故土"，并未实际派兵援助（明史·满剌加）。

1511 年，葡萄牙人攻占了远东这座"最主要的贸易中心"，这一事件也成为东南亚历史上的重要转折[10]。对于葡萄牙人而言，占领马六甲的动机除了赶走阿拉伯商人、垄断远东贸易外，扼住印度洋到中国南海的交通要道，更关乎基督教的胜利。葡萄牙军官从未放弃使用宗教理由鼓动士兵："把摩尔人赶出这个国家，把穆罕默德教派之火扑灭使它今后永远不再重燃，这是为我们的主尽了大力"（赫德逊，1995）[176-177]。葡人占领马六甲后，以走私等贸易活动，打破了远东的"朝贡"体系，从 16 世纪到 18 世纪初，参与并建构了一个"以中国为中心的国际贸易体系"（Deng, 1997）[283]。教皇列奥十世（Giovanni di Lorenzo de' Medici, Leo X）在 1514 年将亚洲的保教权也授予了葡萄牙。

早在 1513 或 1514 年间，就有葡萄牙人从马六甲来到广东沿海经商。1517年，使臣皮雷斯（Tome Pires）曾随一支葡萄牙舰队，准备沿广州北上觐见中国皇帝。1521 年初，葡萄牙人终于通过贿赂等手段，打通了正德皇帝（1506-1521 在位）宠臣江彬的门路，获准入朝面圣。但是，同年，正德皇帝驾崩，葡萄牙人不懂得国丧期间禁止一切对外贸易的"中国规矩"，双方关系恶化，而嘉靖皇帝继位后，江彬等人的失势，也使葡萄牙人失掉了他们在中国的政治后盾。

---

9 虽然葡萄牙人为防止利益均分，以保护中国人为名拒绝了援助的要求，但并没有伤害中国和非伊斯兰商船。

10 葡人占领马六甲之后，被赶到苏门答腊等地的穆斯林与马六甲展开了贸易竞争，刺激了东南亚贸易的发展。不仅如此，基督教的扩张，反而刺激了伊斯兰教在东南亚地区加速发展，这些都对东南亚历史产生了深远的影响（施，2007）[61]。

值得一提的是，无独有偶，这次关于"中国规矩"的冲突，以及因统治者更替而使西方人陷入中国政治漩涡等问题，实为 16-18 世纪中外关系史的预演，尤其在 17 世纪的数次大规模教难、以及 18 世纪初期的"全面禁教"中体现出来。

与此同时，另一支前来接应皮雷斯的葡萄牙舰队同中国官府产生冲突，盘踞屯门岛（Tamao），在当地劫掠商旅、贩卖人口，于 1521 年引发了中葡之间的第一次武装冲突，史称"屯门之役"。这次冲突的结果是，葡萄牙人被驱逐出境，使臣皮雷斯死于狱中[11]。次年，中葡又在广东香山西草湾发生冲突，葡人损失惨重，葡萄牙国王在中国沿海建立扩张基地的计划落空了（黄庆华，2006）[123-124]。此后数十年间，虽然一直未得官方许可，面对巨大的利润，葡萄牙人仍想尽方法与中国人进行贸易往来，除暗中潜入广州互市外，他们还活跃在福建漳州和浙江宁波等地。葡萄牙人还充分利用中日贸易断绝之机，通过中日转口贸易获利，以至于后来澳门舰队总队长一职成为炙手可热的差事（夏伯嘉，2012）[59]。最迟到 16 世纪 40 年代，"无所忌"的葡萄牙人已经与中国海盗和日本倭寇屡屡合作，骚扰中国沿海，并与中国官府发生多次武装冲突（万明，2011）[55]。这些葡萄牙人被描述为"侵夺邻邦、扰乱内地"、"掠小儿为食"的残忍恶徒（明史·满剌加），对"佛郎机人"的这种印象也深深影响了此后主张禁教的人士对待基督教的态度。

然而，彼此间敌视的态度并不能概况中葡早期关系的全部。一方面，在商业利益刺激下，沿海中国居民多有参与走私活动，有时还得到富人和官僚的支持（Deng, 1997）[270]，在这些走私活动中，中国人与欧洲人有了更为直接的交流与合作。比如，在"屯门之役"中，葡萄牙舰队中就混有一位马六甲华侨，此人信奉基督教，教名为佩德罗（Pedro）。他趁乱从葡人军队中逃回中国，被发现后，由于懂得西洋火炮、帆船制造技术，被官府任用，这个中国基督徒可能就是将佛郎机铸炮技术带入中国的人（黄庆华，2006）[120-121]。而根据葡萄牙人平托（Fernao Mendes Pinto）的记载，1548 年，在浙江水军捣毁中、日、葡三国海盗盘踞的双屿港之战中，有 12000 名基督徒被杀，其中葡萄牙人仅 800 人；而在浪白澳的战斗中，又有 1200 名基督徒战死，其中葡人仅为 100 人（章文钦，1999）[37]。那么，在这 12300 名非葡萄牙基督徒中，即

---

11 学界对"屯门岛"所在地尚存争议：一般认为葡人最早到达之地为香港屯门岛，但汤开建教授认为，葡人所说"Tamao"应指上川岛西北之大澳，中葡最早接触的地方是上、下川岛（汤开建，1999[3-22]；黄庆华，2006[118-119]；博克塞，1988[291-292]）。

便日本教徒占到大半，即便平托有夸张之嫌，想必当时也已有一定数量的中国基督徒存在了。

另一方面，并非所有葡萄牙人都赞同其同胞的"胡作非为"，因为这种"挑起事端"的行为最终是对贸易不利的[（万明，2011）[57]，（博克塞，1990）[132]]。一些对中国怀有善意的欧洲人，在与中国人的交流中，即使没有肩负传教的使命，也时常会不失时机的介绍自己的宗教和文化。1549 年，数十名葡萄牙人在中国被俘，其中就包括侥幸逃脱后写下《中国报道》（1561）的伯来拉（Galeote Pereira），在报告中，他提到曾在狱中传教，且很受中国人的欢迎（博克塞，1990）[10]。1556 年在中国南部游历的多明我会士克路士（Gaspar da Cruz）也在他的《中国志》（1570）中写道，当他有机会上街布道时，总会有许多中国人围拢过来，"他们乐于倾听，而且提出他们怀疑的问题，表达得很巧妙。因对我的答复感到满意，他们说我告诉他们的话很对"（博克塞，1990）[153]，克路士认为这些中国百姓很有成为基督徒的资质。可见，至迟到 16 世纪中期，已经有传教士进入中国，并在中国的街道上向百姓传播基督教、且引起中国人的好奇了。但是，克路士并未提及"布道"过程中对基督教图像的使用情况。

尽管已有传教士进入中国，直到 16 世纪中叶，合法入华传教和通商的关系仍未建立起来。葡萄牙人只能在上川岛、浪白澳等广东沿海岛屿暂时休息。1552 年 12 月 2 日，"远东传教之父"耶稣会士圣方济各·沙勿略（Francois Xavier）满心遗憾地逝世于距离中国大陆仅 30 海里的上川岛（圣·约翰岛 Saint John's Island），这位终身致力于亚洲传教事业、渴望以中国作为传教基地的圣徒在死前感叹到，"磐石呀！磐石呀！什么时候可以裂开呢"[12][（利玛窦 等，2010）[128]，（王治心，2007）[55]]（图 2.3）。就在不久以后，磐石果然开始松动了，利玛窦（2010）[127] 称，正是沙勿略的"死亡和葬礼导致了传教的最后成功"。1554 年，葡萄牙少校苏萨与广东官员达成协议，允许葡人进入广州互市[13]（博克塞，1990）[131-132]。汤开建（2001）[123] 认为这一年就应当有传教士进入广州，很可能就携带有基督教图像，只是并无任何资料记录。继承沙勿略在远东传教事业的耶稣会印度省会长巴雷托（Belchior Nunez Barreto）于 1555 年到达上川岛，并多次进入广州进行传教活动[（阜，2010）[74]，（谢和耐 等，

---

12 1549 年，沙勿略到达日本传教，在日本，他深感东亚文化受中国之影响，认为中国一旦接受基督教，日本必起而追随，因此坚信在东亚文化圈的传教，要从中国开始。

13 但不称之以葡萄牙人（"佛郎机人"），而称"番人"，以便与之前的坏名声划清界限。也有一说称此口头协议应当是在 1552 年底至 1553 年初达成的（黄庆华，2006）[146]。

2011）[34]。值得注意的是，1556 年冬，多明我修士克路士曾在广州停留数周，而据其报告称，在这之前，就已经有耶稣会士到过广州了。

图 2.3　"远东传教之父"耶稣会圣方济各·沙勿略像，现藏日本
神户市博物馆（河野纯德，1994）[pl.1]

1553-1554 年间[14]，在进入广州互市的同时，通过贿赂地方官吏[15]，葡萄

14　一说 1557 年葡人才得到广东当局批准居留澳门[（黄启臣，1999）[31]，（张天泽，1988）[70-80]]。

15　关于"贿赂"说尚存争议：西方著作多认为"助剿海盗，得赐澳门"。而葡萄牙人能够获准居留澳门的另一个因素可能是：16 世纪中期，"出于贪财之心"，葡萄牙人表现得十分顺从，他们不仅协助明朝军队平定叛乱、镇压海盗，还接受了包括叩头礼在内的所有中国官方礼节，这是西班牙人和后来的英国人没有做到的[（夏伯嘉 2012）[59]，（黄庆华，2006）[153]，（戴裔煊，1987）[3-12]]。

牙人获准在一个有 "一尊叫做阿妈（Ama）的偶像"（利玛窦 等，2010）[140] 的岛屿上居留经商，虔诚的葡萄牙教徒称之为 "上帝之名在中国的定居地"（Watson，1984）[36]，这个供奉着异教偶像的岛屿使基督徒看到了向中国内地传播福音的希望。

1557 年葡萄牙人获准在澳门修建永久性房屋，从此，葡萄牙商人和传教士终于获得了一块他们在远东的 "集结地、中转港和根据地"（博克塞，1991）[102]。随着葡萄牙人的到来，澳门快速发展起来，葡萄牙人大兴土木，还修建了他们生活中必不可少的教堂（图 2.4）。葡萄牙保教权支持的耶稣会是最早进入澳门传教的修会。1553-1557 年间，澳门基督教会创始人耶稣会士冈萨雷斯（Gregorio Gonzalez 又译 "公撒莱士"）和巴莱多（Melchior Nunez Barreto）等人相继进入澳门传教，冈萨雷斯最初和几名中国教徒住在 "用稻草搭盖的教堂里"，传教成果显著，冈萨雷斯称，"我能很清楚地懂透中国人的心理，开始为他们领洗"，到 1565 年，澳门教徒已达 5000 名以上（章文钦，1999）[37]。1575 年，教皇批准澳门设立主教区，耶稣会士贾耐劳（Melchior Carneiro）任第一任主教。澳门教区上属印度果阿教区管辖，下辖包括中国、日本在内的远东教务，由葡萄牙国王负责提供教堂装饰、衣饰、书籍、金银器等宗教用品，是耶稣会在远东的大本营，此时，耶稣会在日本的传教事业是澳门教区工作的重点[（利玛窦 等，2010）[128]，（龙思泰，1997）[176]]。

图 2.4　始建于 1572 年的澳门圣保罗大教堂（大三巴）（高龙鞶，2009）[442]

在传教初期，传教士要求皈依者讲葡语、取葡萄牙名和姓、穿葡萄牙服装，生活方式完全葡化。葡萄牙化的传教方式不仅给基督教在澳门当地华人中的传播设置了障碍，也使入华传教之门迟迟不能敞开（徐宗泽，2010a）[169]。正是因为不懂中文，1579 年 7 名方济各会士从澳门进入广州后，被一个来自澳门的中国基督徒骗取了传教经费，还被驱逐出境[（章文钦，1999）[37]，（裴化行，1936）[166]]。而这一切，都将在 16 世纪 80 年代发生变化。

1578 年，被称为"中国耶稣会传教之父"的耶稣会远东观察员范礼安（Alessandro Valignano）抵达澳门，打算经由此地进入日本。与在"光复运动"中成功地将穆斯林赶出伊比利亚半岛、又刚刚兼并了葡萄牙的西班牙人相比，当时意大利人的"民族主义"尚没有那么严重（邓恩，2003）[6]。在澳门停留的十个月期间，这个意大利耶稣会士认识到，"人们不难相信，一个聪明的、有成就的、献身于艺术研究的民族，是可以被说服同意让一些同样以学识和品德而出名的外国人来到他们中间居住的，特别是假如他们的客人精通中国语言和文字的话"（利玛窦 等，2010）[142]。范礼安力主改变此前入教须行葡人习俗的传教方式，还专门为澳门的中国教徒设立教堂，并且要求果阿主教选派教士到澳门来，为进入中国做准备[（章文钦，1999）[39]，（裴化行，1936）[194]，（徐宗泽，2010a）[170]，（利玛窦，1986）[430]]。事实上，早在十多年前（1565 年 11 月），由于协助镇压围攻广州城的叛军有功，葡萄牙人就曾受到了中国官方的礼遇，尤其是教义中关于"禁止杀人和偷盗的说法"得到中国官员的赞同，但最终还是以耶稣会士不懂中文为由，拒绝了传教士入华传教的请求（夏伯嘉，2012）[65]。这些错失的机会，更使范礼安等耶稣会士明白学习中文的重要性。

1579 年，在范礼安的安排下，36 岁的意大利耶稣会士罗明坚（Michele Ruggieri）来到澳门，向一位中国画师学习中文，并在 1579-1583 年期间多次进入广州和当时两广总督驻地肇庆府，积极发展同中国官员的"友谊"[（王治心，2007）[61]，（谢和耐 等，2011）[36]，（利玛窦，1986）[435]]。1583 年 5 月罗明坚等人离开肇庆府的时候，"万人欢送，颇极一时之盛"（裴化行，1936）[205]。半年后（1583 年 9 月 10 日），罗明坚和利玛窦终于获准定居肇庆，并以其对中国文化的"适应"策略掀开了基督教在中国传播的新篇章[16]（谢和耐 等，

---

16 1583 年 1 月，利玛窦和罗明坚上书两广总督，承诺"完全与本国脱离关系，自己情愿列入中国子民之数；承认改着僧众服装"，到 1583 年 2 月 10 日，二人已经是"秃头、剃发、身穿道袍，完全改变了原来的式样……为引导中国得到基多的利益，把自己变成一个中国人民"（裴化行，1936）[209, 211-2]。

2011）[35-37]。虽然，西班牙保教权支持的方济各会士、奥斯丁会士和多明我会士分别于 1579 年、1586 年和 1587 年抵达澳门（张泽洪，2004）[129]，然而早在 1585 年，耶稣会就与教皇格雷高里十三世（Gregory ⅩⅢ）订立密约，将中国作为其传教专属区（黄一农，2006）[8]。直到 1632 年以前，葡萄牙人赞助的耶稣会是在中国产生影响的唯一传教团体[（Standaert, 2001）[301]，（谢和耐等，2011）[309]]。

2.2.2 西班牙保教权的扩张及其在远东的据点

在葡萄牙经营远东的同时，分到美洲大陆的西班牙人终于发现他们得到的地盘并非真正的印度和中国，《马可·波罗行纪》中令人垂涎的远东，激励着他们急需开辟一条绕过美洲、直达亚洲大陆的航线，1519-1522 年，西班牙王室支持的麦哲伦（Fernando de Magallanes）团队横跨太平洋的环球航行实现了这一目的。此后数十年间，西班牙人与葡萄牙人在东南亚的海岛和海面上，战争不断[17]。16 世纪 40 年代，西班牙人在墨西哥和秘鲁发现大量银矿，这些财富为西班牙人继续向远东扩张提供了保障。1565 年，西班牙远征军从墨西哥出发，违背"教皇子午线"所划定的势力范围，入侵了一座东南亚岛国，这座岛国早在 1542 年，就被西班牙人以菲利普王子之名命名为"菲律宾"。然而，西班牙人占领宿务岛之后发现，该岛既没有值钱的香料也没有什么黄金，西班牙人不仅不能直接从菲律宾获利，还要依靠在南美洲殖民地获得的财富供给菲律宾，使菲律宾成为名副其实的"美洲的女儿"[（博克塞，1988）[309-310]，（施，2001）[42]，（赫德逊，1995）[229]]。那么，西班牙之所以仍不顾违背国际条约、损失经济利益的代价攻占菲律宾，则主要是出于将菲律宾作为进入远东的根据地的考虑。尤其是马尼拉的地理位置优越，与中国的贸易往来十分密切[18]。1571 年，西班牙人征服了马尼拉，以马尼拉为其亚洲贸易总

---

17 由于 1494 年《托尔德西亚斯条约》规定的"教皇子午线"只在大西洋上划了一条界线，当证明地球是圆的之后，葡西两国对这条子午线在地球另一面对应线的划分又产生了冲突。1529 年，两国重新签订了《萨拉戈萨条约》（Treaty of Saragossa），葡萄牙以向西班牙赔款为代价，保住了亚洲的地盘，但葡西之间争夺东南亚地盘的战争并未停歇。

18 马尼拉到中国福建只需 8 到 10 天航程，与中国贸易往来历史悠久。据当时的西班牙人观察，"每年有十二艘至十五艘船行走于福建各口岸与马尼拉之间进行贸易"。西班牙远征军司令黎牙实比称："（马尼拉便于与）日本、中国、爪哇、婆罗洲、马鲁古群岛以及新几内亚进行贸易，人们可以在短时间内航抵其中的任何一地。"（博克塞，1988[311-313]）。

部，作为进入中国的"垫脚石"（施，2001）[42]。从此，"中国——马尼拉——墨西哥——马德里"的国际航线贯通了，从中国出口的丝绸和瓷器，除运往其他亚洲国家外，另一条最主要的供应线路就是"马尼拉——美洲"贸易。

在征服南美洲和亚洲的过程中，作为基督教信徒的西班牙人，十分注重宗教信仰的传播，这不仅为他们的商业贸易提供方便，也是其海外扩张的重要目的之一。在 1565 年西班牙入侵菲律宾的首次远征中，就有 5 名奥古斯丁会士随行。占领菲律宾之后，在西班牙王室的资助下，更多欧洲传教士进入菲律宾。这些传教士主要来自西班牙保教权支持的奥古斯丁会、方济各会和多明我会，此外，葡萄牙保教权支持的耶稣会士也于 16 世纪末来到菲律宾，但是传教士规模远不及前者。到 1622 年止，菲律宾群岛共有 50 万人皈依了基督教，这种传播速度被认为是传教史上"史无前例"的[（施，2007）[78-80, 113-114]，（瑞德，2010）[147]]。

1571 年西班牙人占领马尼拉时，当地的华人只有 150 余名，为鼓励对华贸易，西班牙当局对这些为数不多的华商采取了优待政策：西班牙人用从美洲运来的白银与华人交易，这对视白银为硬通货的明朝华商具有极大吸引力（吴凤斌，1993）[23]；西班牙远征军司令黎牙实比还曾从菲律宾土著手中赎出 50 名遇难华人，作为和平使者的 2 名传教士也差点儿随获救华人一起返回中国[19]。到 16 世纪末，搭载中国商船而来的华人总数已达万人以上，仅聚居区就有华侨商店 150 家。有数据表明，1630 年马尼拉约有人口 4 万，据此推算，在 17 世纪早期，华人至少占马尼拉人口总数的 1/4，构成了"明代中后期海外最大的华人社会"[（瑞德，2010）[81]，（吴凤斌，1993）[23]]。

这些华人中不乏手工匠人（图 2.5），低廉的价格和精湛的技艺，使他们在与欧洲工匠的竞争中脱颖而出，很快成为当地基督教图像、雕塑和装饰品的制作主体，其作品甚至用于供给拉丁美洲和欧洲的基督教团体。1590 年，菲律宾多明我会主教萨拉扎哈（Domingo de Salazar）在信中曾称赞马尼拉华人群体的"艺术能力"，称其制作的宗教艺术品具有精准的西班牙风格：虽然他们最初完全不懂得西方绘画，但他们现在已经完全能用画笔和雕刀制作出

---

19 但未能如愿，其原因众说纷纭，远征军司令黎牙实比在给墨西哥总督的信中称：中国人认为修士没有许可证，无法获准登岸，因此拒绝捎带这 2 位修士；而奥古斯丁会士拉达则在给总督的信中称：是中国人提出带 2 名修士回国，但黎牙实比以未获总督授权为名拒绝了（博克塞，1988[311-312]）。

"惊人的作品"。此外，由于华人工匠要价很低，在竞争中，西班牙工匠已经"全部消失了"。这些华人的作品装饰了当地的教堂，大大填补了此前教堂对于基督教装饰品的需求。最后，这位主教称，"鉴于他们在复制西班牙图像中所显示出的能力，我认为我们很快就不再需要弗兰德斯制作的作品了。"[（Bailey, 2003）[396-397]，（Watson, 1984）[38]]

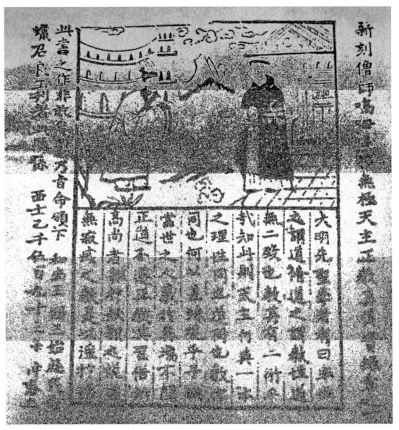

图 2.5　中国刻工在菲律宾雕印的《无极天主正教真传实录》(1593)，是菲律宾最早的印本，图为天主教士向中国学者展示书籍（张秀民，2006）

在宗教信仰上，西班牙人将华人群体视同阿拉伯人和犹太人，虽然"在经济上都是必需的，而在文化上又是难以同化的"。因此，除了采取隔离、驱逐等政策外，向华人传教、用有力政策"诱使"华人受洗、使其"西班牙化"也成为殖民当局对待华侨的重要举措[20]（施，2007）[96-103]。当然，殖民当局对

20 信教的华人得到税收优惠、可以与当地人通婚、还可免遭驱逐。

于归化华侨的用意远不止于此，他们更希望受洗的中国基督徒能够利用他们与家乡的联系，将福音传播到中国，事实证明，的确有信教华侨是这样做的。鉴于传教士赴华热情高涨，许多人甚至放弃在原教区的职务设法入华，西班牙国王不得不下令禁止传教士在未经授权的情况下擅自赴华[（施，2007）[96-103]，（黄一农，2006）[8]]。

1575-1576 年间，在对中西关系发展"具有决定性影响"的搜捕海盗林凤的合作中，西班牙殖民当局与中国官方的关系一波三折，最终破裂[21]（博克塞，1988）[316-322]。1575 年，当中西关系缓和时，作为对西班牙人的奖励，中国官员曾允许两名奥古斯丁修士进入福建。西班牙人对这来之不易的许可显得十分珍惜，总督拉维萨雷斯特别提醒这两位传教士："不可嘲弄、讥笑中国人崇拜的偶像、寺庙或宗教仪式，因为据说这是他们最忌恨的事情。对其所见到的任何事物，都不可显露出惊讶或欣喜之色，而且既不许对之发表批评意见，亦不准对之采取蔑视态度。严禁任何西班牙人与中国妇女交谈或做生意……"（博克塞，1988）[317]。在这两名奥古斯丁修士中，其中的一位马丁·德·拉达（Martin de Rada）留下了关于中国的文字。根据拉达的记载，当地官府给他派了一位中国基督徒[22]担任翻译（博克塞，1990）[174]。可见，在 16 世纪 70 年代，已经有熟悉西方语言的中国基督徒了。然而，当中西关系恶化之后，再次试图进入中国的拉达和另外一名奥古斯丁修士则没有这么幸运，虽然中国官员勉强答应搭载他们，但他们最终被中国船只抛弃在吕宋岛西北的海滩上，没能进入中国[23]（博克塞，1990）[43、47、50、59-60]。

当西班牙传教士无法以菲律宾为基地大举进入中国之时，占据澳门的葡萄牙人则通过改变传教策略打开了通往中国之门。1575 年，一名耶稣会士曾随葡萄牙商人在广州停留三个月，期间，广州当地的一个和尚还受到神父的

---

21 博克塞描述了其中导致双方关系破裂的细节，比如，中国人把大批礼品送给前任总督，而忽视了继任者；同时，恪守"十戒"的西班牙基督徒拒绝帮中国官员伪造海盗林凤已死的证据等。

22 可能根据读音，拉达将其名写为"Hernando"。

23 1576 年这次失败的经历可能加剧了拉达对中国人产生的坏印象，早在 1569 年，拉达就曾主张武力征服中国。1580 年，受到拉达关于中国的报告的影响，西班牙国王决定再次遣使中国。使臣奥古斯丁修会门多萨等人取道墨西哥，但在墨西哥停留期间没能得到总督的支持，中国之行最终泡汤。虽则如此，门多萨关于中国的著作却在欧洲广为流传。

感化，皈依了基督教，并偷偷逃到了澳门。但是，这件事使中国人认为欧洲人"引诱青年，使他们离开父母"，官府遂下令中国人禁止与传教士往来，否则处以极刑。然而，中国人被归化的事情仍然屡禁不止，成为"广东人中间常发生的事"[（利玛窦 等，2010）145，（利玛窦，1986）42；（夏伯嘉，2012）65]。16 世纪 80 年代，通过"文化适应"的策略，罗明坚和利玛窦等耶稣会士最终打开了通往中国的传教之门，"磐石"终于开裂了：1583 年 9 月 10 日，传教士获得在华合法居留权的这一天，被认为是基督教传入中国的纪念日。

2.3 基督教各修会入华及其利益冲突

2.3.1 基督教各修会入华分期

前文提到，至迟从 16 世纪 50 年代开始，就已经有耶稣会、多明我会等修士入华传教。此时，西欧各国"宗教改革"热情高涨，与此抗衡的，是罗马教廷发起的"反宗教改革"运动。1563 年，在罗马召开的特伦托会议（The Council of Trent 1545-1563）成功结束，基督教世界找到了向更广大地区征服异端灵魂的新目标。16 世纪 70 年代，范礼安、罗明坚、利玛窦等人相继从里斯本出发，绕道好望角，经停印度果阿，到达澳门（图 2.6）。70 年代末到 80 年代初，罗明坚等人曾多次进入广州，但并未得到居留许可。据德礼贤神父（Pasquale d'Elia）统计，在沙勿略逝世于上川岛的 1552 年到 1583 年之间，约有 25 名耶稣会士、22 名方济各会士、2 名奥古斯丁会士和 1 名多明我会士，共计 59 次尝试打开中国的大门，但是他们都失败了[（Standaert, 2001）295，（谢和耐 等，2011）35]。到 1583 年 9 月 10 日，罗明坚和利玛窦终于在广东肇庆获得了合法居留、修建教堂的许可，从此，大批传教士才得以进入中国大陆，基督教第三次入华的高潮到来了（裴化行，1936）217。钟鸣旦编写的《中国基督教手册》，根据入华修会和传教人数，将明清之际基督教入华分成三个阶段（Standaert, 2001）296-8：

1. 前 50 年（1583 -1631）：只有葡萄牙保教权支持的耶稣会士取道澳门进入中国。他们一改以往葡化的传教方式，学习中国语言、文字和风俗习惯，还穿上"中国人很喜欢"的一种类似道袍的服装，这种"文化适应"的传教方式，为 17 世纪基督教在中国的传播奠定了基础[（裴化行，1936）537，（利玛窦 等，2010）168]。从此，对华传教之门正式敞开，早期传教的"不安全感"

逐渐被消除（邓恩，2003）[209]。但是，17 世纪初，南京礼部尚书沈漼多次弹劾基督教有违儒家"祭祖祀孔"的传统，称参与修历的传教士企图颠覆中国旧制、与"白莲教"暗中勾结、阴谋篡夺政权，致使万历四十四年（1616），发生了著名的"南京教案"，这是明末清初基督教入华后的第一次大规模反教运动。期间，传教士遭监禁驱逐，耶稣会在北京和南京等地的驻地、教堂和财产被取缔充公。直到 17 世纪 20 年代，在徐光启、杨廷筠、李之藻等护教人士的积极活动下，朝廷考虑到修订历法的需要，"南京教案"才得平反。

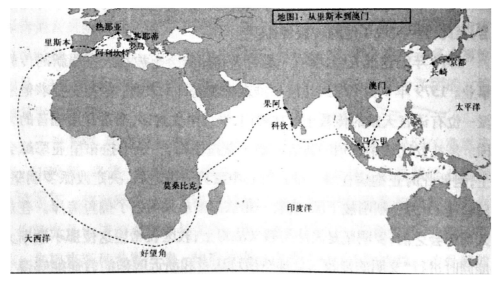

图 2.6　利玛窦入华的漫长旅程（1578.3.23-1582.8.7）（夏伯嘉，2012）[46]

2. 接下来的 50 年（1631-1684）：西班牙保教权支持的多明我会、方济各会和奥古斯丁会相继进入中国。17 世纪 20 年代末、30 年代初，出现了一个基督教中文书籍大量出版的黄金时期，但是，30 年代中期以后，随着第一批有影响的中国信徒和入华传教士的离世，情况开始发生变化[24]（Standaert，2003）[389]。就在徐光启逝世的 1633 年，方济各会和多名我会也来到中国，对耶稣会的"文化适应"传教策略十分不满，他们秉承的"欧洲人主义"则开始在教会中占据有利地位。这 50 年期间，明王朝被清政府取代，但并未影响基督教在华传播的合法地位。康熙三年（1664），杨光先上书弹劾汤若望（Johann Adam Schall von Bell）图谋不轨、邪教惑众、修订历法不利，至次年判决，造

---

24 比如，杨廷筠逝于 1627 年，李之藻逝于 1630 年，徐光启逝于 1633 年，金尼阁逝于 1628 年。

成大规模的"北京教难"，期间，传教士被驱逐，教堂被查封，经像遭到焚毁，直到康熙九年（1670）亲政后，才授意南怀仁（Ferdinand Verbiest）上书，为传教士平反昭雪。

3. 从1684年开始，罗马教廷直辖的传信部及巴黎外方会始入中国，其中，1688年，法国国王路易十四资助的法国耶稣会"国王数学家"的入华，标志着耶稣会在华传教进入了新的阶段，尤其对西方汉学的发展和18世纪欧洲的"中国热"产生了重要的影响[（Standaert, 2001）[309]，（计，2002）[37]]。同年，就在法国耶稣会士抵京前不久，南怀仁在北京逝世，汉学家钟鸣旦认为，南怀仁进呈《穷理学》遭到康熙皇帝和朝臣的否定，事实上标志着16世纪以来文艺复兴文化传入中国的终结，而南怀仁则是最后一位将文艺复兴文化介绍到中国的学者[25]（Standaert, 2003）[389-391]。1690-1708年间，传教士总人数超过130人（其中一半都是耶稣会士），达到1580-1800年间的顶峰，康熙四十七年（1708）下达须遵"利玛窦规矩"凭"票"传教的敕令后，传教人数骤减，到雍正二年（1724）禁教后，传教活动全面转入地下（Standaert, 2001）[301,316]。

2.3.2 耶稣会及其对图像的传播

16-18世纪，入华传教时间最长、影响最大的修会显然是耶稣会（Societas Jesus, S.J.）。耶稣会创办于1534年，1540年由教皇保罗三世正式批准，1773年被取缔，1814年重新恢复合法地位，至今仍在发展壮大。其早期成员来自葡萄牙、意大利、法国、西班牙、德国、荷兰、爱尔兰、奥地利及东欧等多个国家和地区，但是，由于早期耶稣会直接得到葡萄牙王室的赞助，受制于葡萄牙保教权，其传教活动往往是伴随着葡萄牙的殖民扩张展开的[（Standaert, 2001）[309-310]，（谢和耐 等，2011）[7-8]]。

---

25 《康熙起居注》康熙二十二年十一月十四日（1683年12月31日）记载（中国第一历史档案馆，1984）[1104]："上曰：'此书内文辞甚悖谬不通。'明珠等奏曰：'其所云人之知识记忆皆系于头脑等语，于理实为舛谬。'上曰：'部复本不必发南怀仁，所撰书著发还'。"实际上，《穷理学》是一部典型的介绍文艺复兴哲学、伦理学、心理学和自然科学的著作，主要依据17世纪30年代李之藻和耶稣会士傅泛际关于亚里士多德哲学的翻译（《名理探》）以及耶稣会士高一志、艾儒略、毕方济等人关于灵魂和万物起源等中文译著编写的。南怀仁认为，这本书是学习数学和天文学的入门书，并且希望可以将这本书纳入"科举考试"体系。但是，这部书未能获准刊印，只有残片留存至今。

作为"反宗教改革"的重要修会，耶稣会入会成员宣誓效忠教皇。下级对上级的绝对服从，则是耶稣会区别于其他修会的特征之一。其创办者伊纳爵·罗耀拉（Ignacio de Loyola）为军旅出身，这对耶稣会的"顺从"原则产生了影响，但这种服从并非军事性质的，乃是植根于古代修道院的传统（The Catholic Univeristy of America, 2002）[Vol 7, 780]。

耶稣会是第一个将教育纳入例行工作的修会，创建者罗耀拉十分注重成员的文化素养和教育的普及。1551 年，罗耀拉创办了罗马学院（College Romain），成为各地耶稣会教育机构的"典范"，1577 年离开欧洲之前，利玛窦就曾在罗马学院师从数位名师学习神学、哲学、修辞学、数学、地理学等人文和科学知识，首开远东传教的耶稣会士方济各·沙勿略也以欧洲各大学作为招募传教士的中心[（The Catholic Univeristy of America, 2002）[Vol 7, 778]，（裴化行，1936）[280]，（夏伯嘉，2012）[9-11]]。同其他修会相似，入会之初，耶稣会士就发愿"绝财"和终身贫穷，但与托钵修会相比，耶稣会显得相对富裕[（Standaert, 2001）[290-292]，（Clossey, 2008）[23]]。据统计，从 1582 年到 1776 年间，247 名入华耶稣会士中，有 134 名出身于中产阶级，受到过良好的人文教育（谢和耐 等，2011）[18]。

在成员必读手册《神操》（Spiritual Exercises）中，罗耀拉指出，"必须自由地选择追随基督，而不能通过强迫手段"，这就赋予了耶稣会在文化上"宽容"的美德（Bailey, 1999）[7]。耶稣会在入华之始就采取"文化适应"的传教方式[26]，学习中国语言文字、穿中国服装。这些传教士大都有深厚的人文科学背景，受到过良好的学术教育，因此，在中国也十分注重结交知识阶层，并通过与"学会"等知识团体的接触，扩大基督教影响，教会和教堂的选址也首先考虑大城市和区域中心[（Standaert, 2001）[537-543]，（裴化行，1936）[276]，（邓恩，2003）[30]]。作为"文化适应"的早期成果，1584 年，罗明坚完成了明末第一部中文基督教著作《天主圣教实录》，这本书受到"有教养的中国人"和中国官员的喜爱，广为流传，影响了徐光启等一批中国信徒的皈依（利玛窦 等，2010）[172]。利玛窦的继任者龙华民则倾向于采取"走底层路线"的道路，在农工商阶层发展了大批中国信徒。到 17 世纪末，耶稣会在中国已有教徒 30 万人[（Bailey, 1999）[100]，（基督教词典，1994）[579]]。

---

26 但是，并非所有耶稣会成员都赞成这一传教方式，利玛窦的继任者龙华民（Niccolo Longobardi）就对此颇有微词，与中国地方官员发生矛盾，成为"南京教案"的导火索之一。

耶稣会早在成立之初，就十分重视"图像"在传教中的作用：其创始人罗耀拉在《神操》中强调了中世纪"默想"圣经的方式，而圣像和宗教书籍中的插图则有助于这种想象的建构；最早来到东方传教的耶稣会士沙勿略，在历尽艰险的印度（1542 年）和日本之行（1549 年）中，就携带着宗教版画、油画以及基督和圣母雕像，他还给会友们写信强调基督教图像在与东方人交流中的重要作用；1556 年，耶稣会在印度果阿设立出版社，用来印制宗教书籍和插图；1583 年，耶稣会又在日本成立了一个专门培养传教士画师的"画院"，在乔凡尼·尼古拉（Giovanni Nichola）的指导下，培养出了中国华侨倪雅各（Fr. Jacques Neva）等基督徒画家，尼古拉后来还在澳门创建了绘画学校[（O'Malley，2005）24-25，（顾卫民，2005）151-152，（伯希和，2002）145，（柯毅霖，1999）15-16]。

16 世纪欧洲的"反宗教改革"运动，不仅促成了耶稣会的成立，与此同时，还引发了艺术和建筑风格的变化。在教廷的支持下，巴洛克艺术风格开始发展起来。而耶稣会向海外传教的 16-18 世纪，正是欧洲进入晚期文艺复兴（样式主义）和巴洛克艺术时期，随着海外殖民扩张和基督教在全球范围的传播，巴洛克艺术成为"首个"真正遍布世界的艺术风格，其中，耶稣会在这种艺术风格的"全球化"传播中发挥了重要作用，"耶稣会风格"往往又被等同于"巴洛克风格"（O'Malley, 2005）13。1568 年，建筑师维尼奥拉（Vignola）开始设计修建耶稣会在罗马的第一座教堂"罗马耶稣会教堂"（Church of Gesu），这座位于城市中心的教堂，被称为"第一座巴洛克建筑"，加拿大学者贝利称，除耶稣会之外，"在工业革命以前，没有任何一个组织可以对世界艺术产生如此深远的影响"（Bailey, 1999）11。

2.3.3 托钵修会及其对图像的传播

在大航海时代，比耶稣会历史悠久的托钵修会（Mendicant Orders 又译"本笃会"）得到西班牙王室的资助，受制于西班牙保教权，其传教活动往往与西班牙的殖民扩张一同向前推进。方济各会（Franciscan Order）、多明我会（Dominican Order 又译"道明会"）、奥古斯丁会（Dominican Order 又译"奥斯定会"）和加尔默罗会（Carmelite Order）并称为基督教的四大"托钵修会"。托钵修会之名源自拉丁文"乞食"（mendicare），13 世纪初创时，要求会员托钵乞食、不置恒产，而与中世纪隐修会发愿固守在一个地方不同，托钵修会的活动深入社会生活和各个阶层（基督教词典，1994）[504]。16 世纪中期以后，在新大陆获得大量银矿的西班牙人，开辟了从墨西哥横穿太平洋到达菲律宾的航线，从此，在西班牙王室资助下，多明我会、方济各会、奥古斯丁会修士源源不断地来到远东，并多次试图通过菲律宾进入中国。然而，急于从中国市场获利的西班牙人，从 16 世纪中期开始，长期与日本倭寇和中国海盗合作，扰乱中国海疆，导致与西班牙人同样取道马尼拉的托钵修会，被中国人认为是西班牙人的帮凶，一直不能得到中国官府的信任（柯毅霖，1999）[94]。

2.3.3.1 多明我会（道明会 Ordo Praedicatorum, O.P.）

多明我会由西班牙人多明我（Domingo de Fuzman）1215 年创立于法国，1217 年获教皇批准，该会注重经院哲学的研究与布道活动，还主持异端裁判所，对自由思想家进行迫害（基督教词典，1994）[125]。早在 1247 年，多明我会士阿塞林（Ascelin）就曾出使蒙古，但饱受凌辱，彻底失败（柏朗嘉宾 等 1985）[194]。1249 年，多明我会士龙如美（Andrew of Longjumean）又率豪华使团，携带众多礼物再度出使，同样未能打开向蒙古传教之门（道森，1983）[12-15]。新航路开辟以后，1548 年，葡籍多明我会修士克路士与其他 11 名多明我会士一同前往亚洲，这 12 人修会的到来标志着多明我会“在亚洲传教的正式开端”（博克塞，1990）[33]。1556 年，克路士在中国南部短暂停留，并撰写了《中国志》（1570）一书，被称为“欧洲出版的第一部专述中国的书”，书中还谈到他曾在中国的街头布道（博克塞，1990）[36]。多明我会于 1581 年开始在马尼拉传教，归化了一大批中国华侨[27][（柯毅霖，1999）[93]，（Standaert, 2001）[322]，（施，2007）[79-80]]。1593 年，多明我会士高母羡（P. Juan Cobo）在马尼拉出版了中文《基督教教义》，这本中文著作比罗明坚的《天主圣教实录》略晚，却比利玛窦的第一部中文著作《天主实义》要早三年，是“一部惊人的先驱性作品”（柯毅霖，1999）[93]，高母羡也被称为“西班牙第一位汉学家”（方豪，2007）[60]。

1626 年，5 名多明我会士由菲律宾进入福摩萨（Formosa 今台湾）传教，发展教徒 4000 余人。1631 年以后，莫若翰（Juan Baptista de Morales 1597-1664）

---

[27] 其中就有 1637 年在日本殉道的首位华裔菲律宾圣徒鲁伊斯（Lorenzo Ruiz）。关于多明我会在马尼拉开教时间，一说为 1587 年。

等多明我会士经由台湾进入福建，开始了多明我会在中国大陆的传教活动[28]。当时有"西来孔子"之称的耶稣会士艾儒略（Giulio Aleni）正在福建传教，艾儒略坚持"适应"的传教方式，允许中国教徒"祭孔祀祖"，而这些都是多明我会士不能容忍的，尤其是"耶稣会士隐瞒耶稣受难苦像"（邓恩，2003）[264]。1643 年，多明我会士莫若翰带着他在中国搜集到的关于耶稣会的不利证据返回罗马，向教廷控告耶稣会的"十七个问题"，1645 年，教廷下达关于禁止"中国礼仪"的第一个文件，成为"礼仪之争"的开端[29]。同时，由于多明我和方济各会士传教方式过于激进（比如，修士们拿着耶稣受难的"苦像"，当面向官员布道，将官员激怒），最终促成了 1637-1639 年间的"福建教难"。对此，意大利学者柯毅霖（1999）[167-170] 指出，"福州教难事件典型地表现了耶稣会士和本笃会之间的冲突。艾儒略和他的同伴们力图赢得社会各界及政府的友谊和尊敬，而伊斯克罗那和本笃会士则不然，他们似乎故意要激怒当局，与当局对抗，他们之间的传教方式可谓截然相反"。

自入华之始，多明我会就主要在福建活动，17 世纪中期以后发展到浙江金华、山东济宁以及与福建和浙江接壤的江西东北部等地[30]。1708 年以后，不遵守"利玛窦规矩"的多明我会士大多被驱逐[31]，其中就包括 1657年取道澳门入华的西班牙人闵明我，回国后，他出版了《中华帝国历史、政治、伦理及宗教概述》（1676）一书，其中还包括《论语》的西班牙译文，

---

28 1624 年，荷兰人与葡萄牙人争夺澳门失败，遂占领台湾。1626 年，西班牙人也进入台湾北部，建立军事据点，1642 年被荷兰人攻陷。当时，荷兰已经进行了宗教改革，是一个基督教"新教"国家，传教士受雇于商业公司和商船，不受教廷控制，主要为进入远东的士兵和欧洲商人进行宗教服务。1627 年，第一个新教传教士进入台湾，到 1662 年止，共有 30 名传教士入台，他们学习当地语言，发展教育，将《圣经》翻译成中文。1661 年，郑成功收复台湾，传教士殉教或被驱逐，但荷兰新教对台湾本土的影响，直到 19 世纪下半叶仍有迹可循[（Standaert, 2001）[376-378]，（基督教词典，1994）[125]]。

29 托钵修会控告耶稣会的"十七条"罪状包括：没有公布教会律法、没有宣讲基督受难情节、改穿华服、拒绝孔子下地狱、未行斋戒日、给女性施洗不符仪式、对一夫一妻制模棱两可等[（邓恩，2003）[262]，（Standaert, 2001）[683]]。

30 然而，1665 年，在杨光先发难的"北京教案"中，浙江和山东工作的 4 名多明我会士被捕，其中，在山东传教的唯一一名多明我会士郭道明（Domingo Coronado）死于狱中，多明我会在山东的传教自此中断（Standaert, 2001）[323-324]。

31 在华的 11 名多名我会士中，有 9 人反对"利玛窦规矩"而遭驱逐（Standaert, 2001）[324]。

伏尔泰（Voltaire）称"在有关中国的事上没有人写得更好"（闵明我，2009）[2]。1724 年雍正朝禁教后，虽然不断有新的多明我会士入华，但基本上只能在福建省及其附近进行秘密活动。值得注意的是，多明我会在中国培养了一些神职人员，为禁教时期在华修会的继续发展提供了后续力量（Standaert，2001）[325-326]。

2.3.3.2　方济各会（Ordo Fratrum Minorum, O.F.M.）

方济各会由意大利人方济各（Francesco d'Assisi）创立于 1209 年，要求会员过使徒式的贫困生活、托钵行乞、传布福音，因会士互称小兄弟，故又称"小兄弟会"，1223 年正式获教皇认可（基督教词典，1994）[148]。元朝基督教在中国的第二次大规模传播，就是以孟高维诺为代表的方济各会士主导的。前文提到，中世纪来华的方济各会士柏朗嘉宾、鲁布鲁克、鄂多立克等人，回国后都写下了对于富庶东方的赞美，使欧洲人对东方充满了向往，成为哥伦布等探险家了解中国的窗口。1577 年，西班牙保教权赞助的方济各会士到达马尼拉，学习当地语言，成为使用菲律宾语传教的先驱，大大推动了基督教在菲律宾的传播（施，2007）[79]。1579 年，方济各会西班牙传教士阿尔法罗（Pierre Alfaro）等人，携带着"几张笔致精妙五光灿烂的手绘圣像"、书籍和十字架苦像等行李，从菲律宾经乘船抵达广州，由于不懂中文，不能正确地解释他们的意图，在广州和肇庆停留近半年后，被驱逐出境（裴化行，1936）[166]。

1633 年，方济各会修士利安当（Antonio de Santa Maria Caballero）和多明我会修士莫若翰一同取道台湾进入福建，二人都对耶稣会容忍中国信徒"祭祖祀孔"表示不满，共同搜集证据上诉罗马教廷，引发了关于"中国礼仪"的争论以及福建地区的教难。1649 年，重返中国的利安当，在耶稣会士的建议下，来到济南，开始了方济各会在山东的传教活动，然而在 1665 年杨光先等人发起的"北京教案"中，大部分入华方济各会士遭驱逐，利安当也死于狱中。据记载，利安当曾为 5000 名教徒受洗，这些教徒都是中国底层穷苦的劳动人民，其中就包括 1685 年被教皇任命的第一任华人主教罗文藻[（Standaert，2001）[328-329]，（方豪，2007）[304]]。虽然在"中国礼仪"的问题上，方济各会与多明我会共同反对耶稣会，但方济各会士的态度显得更为温和，以至于在 1708 年，在华方济各会士都获得了遵"利玛窦规矩"的传教许

可 "票"，没有像大多数多明我会士一样遭到驱逐[32][（方豪，1969）[210]，（方豪，2007）[305-306]，（Standaert，2001）[329]]。17 世纪 70 年代以后，方济各会在中国的传教范围包括福建、山东、广东、江西，18 世纪禁教之后，方济各会士仍在中国秘密活动，但并未培养中国本地的神职人员[33]（Standaert，2001）[330-332]。

2.3.3.3 奥古斯丁会（奥斯定会 Dominican Order）

奥古斯丁会原为根据奥古斯丁（Aurelius Augustinus 354-430）所倡导的隐修会会规而成立的各隐修修会的总称，1256 年，教皇亚历山大四世以托钵修会制度对其进行改革，改革后发展迅速，成为 "四大托钵修会" 之一（基督教词典，1994）[28]。1565 年，奥古斯丁会士随西班牙舰队进入菲律宾，成为菲律宾历史上的第一批基督教传教士（施，2007）[78]。

以菲律宾为跳板，最早进入中国的奥古斯丁会士是西班牙人拉达（Martin de Rada），他与另一位奥古斯丁修士于 1575 年获准进入中国福建，虽然 1576 年再次进入中国的计划失败，但是，拉达关于中国的报告，促使西班牙国王于 1580 年决定再次向中国遣使。使臣奥古斯丁修士门多萨（Juan Gonzalez de Mendoza）一行取道墨西哥，但在墨西哥停留期间没能得到总督的支持，中国之行最终泡汤，于 1582 年返回西班牙。他们原本准备进献中国皇帝的礼物中就包括 "图画" 和一名随行 "画师"。未能进入中国的门多萨在墨西哥期间阅读了拉达等人的著述，最终完成 16 世纪末行销欧洲的《中华帝国志》。此书 1585 首版于罗马，极其畅销，在不到 20 年的时间里，已经在欧洲出版了 30 多种版本，被誉为 "代表了汉学诞生前的最高成就"[（博克塞，1990）[59-60]，（计，2002）[18]]。

然而，与西班牙保教权支持的其他修会相比，奥古斯丁会在中国的发展显得相当迟缓。直到 1680 年，奥古斯丁会士才再次进入中国，到 1705 年，共有 10 名奥古斯丁修会入华，在广东肇庆、广州、南雄、广西梧州、江西南安一带活动，但是，1708 年康熙下旨凭 "票" 传教后，奥古斯丁修会在中国的传教活动一度中断了数十年（Standaert, 2001）[339]。

---

32 比如，方济各修士利安当就与同在济南的耶稣会士汪儒望交好，所著《天儒印》一书，就是一部 "纯粹'适应儒家'之作"，因而曾被误认为是耶稣会之作。

33 此外，传信部赞助的意大利方济各会士于 1680 年以后进入中国，他们直接代表罗马教廷的利益，在山东西北、甘肃、山西和陕西活动，他们对 "礼仪之争" 也持不同看法。

2.3.3.4　法国耶稣会与 18 世纪欧洲"中国热"的开始

17 世纪下半叶，"太阳王"路易十四（Louis XIV）统治下的法兰西王国进入全盛时期，寻找"理性之光"的启蒙运动蓄势待发，巴黎取代罗马成为欧洲科学中心。1688 年 2 月 7 日，包括白晋(J. Bouvet)、李明(L.-D. Le Comte)、张诚（J.F-Gerbillon）等人在内的 6 名被称为"国王的数学家"的法国耶稣会士觐见康熙，是为"近代民族国家出于政治利益而派遣科学、宗教使团的最早范例之一"，标志着基督教入华进入新的阶段[(孟德卫，2010)363,（Standaert, 2001）309,（荣振华，2010）19,（费赖之，1995）434]。与受制于葡萄牙保教权的早期入华耶稣会士不同，法国耶稣会直接得到法王路易十四的资助，代表着法国海外扩张的利益。实际上，17 世纪末法国耶稣会的入华，与法国在科技上的发展及其向远东的扩张密不可分：一方面，路易十四希望这 6 名法国耶稣会士能够通过在中国的天文观测，帮助改进法国航海图和地图；另一方面，在重商主义的影响下，法国的远东贸易与法国耶稣会士入华同步发展，1699 年 10 月 5 日，法国派往中国的第一艘商船到达广州，公然挑战了葡萄牙的保教权[(谢和耐 等，2011)13,（孟德卫，2010）18,（费赖之，1995）424]。

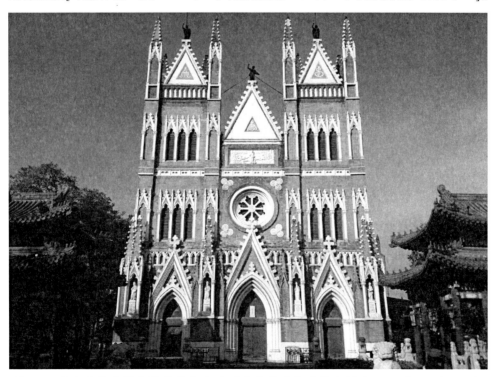

图 2.7　北京西什库教堂哥特式立面及两旁中式碑亭（笔者摄于 2012 年 11 月 5 日）

17 世纪末到 18 世纪上半叶，法国耶稣会在华发展迅速，人数骤增至 68 人，出现了一个"法国传教区的时代"：白晋和张诚成为康熙皇帝的数学老师，且很快熟悉满文，得到了康熙的赏识；1688 年，张诚曾授三品官，以翻译身份，参与签订《中俄尼布楚条约》；1693 年，法国耶稣会士洪若翰（Jean de Fontaney）用从印度教区寄来的金鸡纳霜，治好了康熙皇帝的疟疾，又获赐房屋，成为今天北京西什库教堂（"北堂"，图 2.7）的前身；1705 年底，罗马教廷遣使入华调查"敬孔、祀祖、称上帝等礼仪问题"，作为回应，康熙皇帝还曾打算派白晋为出使罗马的钦差大臣，并为之准备了精绣的"绸缎"等礼物；1708-1718 年期间，在康熙皇帝支持下，法国耶稣会士在中国进行考察，绘制出了比当时欧洲地图更为精确的中国地图[（Standaert, 2001）[315]，（谢和耐 等，2011）[12]，（费赖之，1995）[429,444-445]（方豪，2007）[417]]。

如果说利玛窦作为"西方汉学的奠基人"开启了早期汉学的第一阶段，那么，1688 年法国耶稣会士的入华，则标志着早期汉学进入第二阶段（计，2002）[19,37]。1687 年柏应理（Philippe Couplet）等人在巴黎出版《中国哲学家孔子》（Confucius Sinarum Philosophus）一书（图 2.8），是 17 世纪欧洲介绍孔子及其著述最完备的书籍。1696 年法国耶稣会士李明在巴黎出版了两卷本通俗读物《中国现势新志》（Nouveaux memoires sur l'etat present de la Chine），向法国人更为全面地介绍了中国的政治、历史、人文、地理、宗教、建筑，问世短短的 4 年间，就再版 10 次，成为 17 世纪末欧洲的"畅销书"之一。进入 18 世纪之后，这部"畅销书"中美化中国人和中国宗教信仰的言论在法兰西神学院引起争议，加之此时身陷"礼仪之争"的耶稣会在罗马教廷和法兰西宫廷逐渐失势，1700 年，《中国现势新志》在法国遭禁，然而即便如此，这本书仍在此后一年内至少再版两次，可见，受到这些耶稣会士关于中国的书籍和书信的影响，18 世纪欧洲的"中国热"已经势不可挡了（孟德卫，2010）[366]。

在传播西洋美术方面，1700 年 2 月，应康熙之邀，意大利画家乔万尼·盖拉尔蒂尼（热拉蒂尼 Giovanni Gherardini）随同白晋等其他 7 位法国耶稣会神父来到中国，用"透视法"为新建的北京"北堂"绘制了天顶画；耶稣会士王致诚（Jean Denis Attiret）于乾隆三年（1738）入华，与郎世宁等人供职内廷，至今仍有多幅作品传世；1770 年入华的法国耶稣会士贺清泰（Lottis de Pairot）也曾在乾隆年间参与修改铜版画《乾隆平定金川战图》的底稿（苏立文，1998）[57, 68, 78]。可以看到，与葡萄牙保教权支持的耶稣会士不同，一方面，法国耶稣会画家多服务于宫廷，其影响范围也因此受到局限，另一方面，由于法国耶稣会士入华时间较晚，其活跃时间也多为 18 世纪以后，在整个 16、17 世纪并未出现。

图 2.8　《中国哲学家孔子》（1687 年巴黎初版）插图（Lach,1993）[pl.309]

2.3.3.5 传信部（Congrégations de Propaganda Fide, C.P.F.）、遣使会（Congrégation de la Mission, C.M.）、巴黎外方会（Missions étrangères de Paris, M.E.P.）入华与"礼仪之争"的激化

17 世纪以来，西葡国力日衰，无力应付庞大开支，而控制在西葡手中的"保教权"事实上限制和削弱了罗马教廷的教权；同时，罗马教廷认为，殖民扩张者对宗教事务的干预，使人们将殖民者和传教士混为一谈，给传教事业带来了障碍。在这样的背景下，1622 年，罗马教廷"传信部"（Congregation of Propaganda Fide）成立了。传信部由教皇直接干预，与西葡保教权相抗衡[34]，对基督教在中国的传播和"礼仪之争"产生了重要的影响。

由传信部直接派入中国的传教士中，1710 年奉诏入宫的意大利画师马国贤（Matteo Ripa）深受康熙皇帝喜爱，他在宫中装备了油墨和印刷机，所做《避暑山庄三十六景》是在中国刻印的最早的铜版画作品。雍正元年（1723），马国贤启程回国，雍正帝还赐予"骏马、贡缎、瓷器"等物。回国后，1732 年，马国贤在那不勒斯创办了培养远东传教士的"中国书院"，并将《避暑山庄三十六景》附以说明在英国展出，启发了威廉·肯特（William Kent）等英国园林设计家，使英国园林设计在 18 世纪发生了"革命性的变化"[（苏立文，1998）75-76，（方豪，2007）464]。

1711 年，康熙皇帝派罗马教廷传信部赞助的奥古斯丁会士山遥瞻（Guillaume Fabre-Bonjour）与耶稣会士一起合作绘制中国地图。此后，传信部又先后派遣过 5 位意大利画师抵京，其中，奥古斯丁会士安德义（Joannes Damascenus Salusti）曾与耶稣会士郎世宁、王致诚、艾启蒙合作铜版组画《乾隆平定准部回战图》（1764-1774），16 幅图中，安德义至少负责绘制了其中的 6 幅，但"他并不十分通晓中文，绘艺也略逊一筹"[（Standaert, 2001）340-341，（向达，2009）401，（顾卫民，2005）202]。

遣使会（Congregation of Priests of the Mission），又称拉匝禄会（Lazarites），由文森特·德·保罗（St. Vincent de Paul）等六人于 1625 年在巴黎圣拉匝禄

---

34 从 1622 年到 1640 年，正值西班牙兼并葡萄牙时期（1580-1640），由于传信部只是进入西班牙保教权未及到达的地区，因此，传信部与西班牙保教权并无大的冲突。1640 年葡萄牙独立，但西班牙和教廷拒不承认，导致葡萄牙主教职位常年空缺，直到 1668 年教廷和西班牙承认葡萄牙独立，这种对立情况才有好转（The Catholic Univeristy of America, 2002）Vol 10, 976-7, Vol 11, 750。

院创立，1633 年获得教皇批准，受教廷管辖，由教廷直接派遣。1699 年开始进入广东、四川等地，18 世纪末耶稣会解散后，一度接替耶稣会在华传教的任务（Standaert, 2001）[349-350]。1711 年抵达北京的意大利遣使会成员、音乐家德里格（Teodorico Pedrini），曾担任皇子的音乐教师，深受康熙皇帝器重。雍正三年（1725），德里格购置北京"西堂"，作为传信部教士的住宅。在禁教期间，"西堂"成为"北京教友唯一可以行礼之圣堂"（方豪，2007）[467-8. 473]。1784 年，受遣使会赞助的奥古斯丁会士德天赐（Joseph Paris）入华，他既是一位钟表匠，又是一位画师，在北京工作了近 20 年[35]（苏立文，1998）[78]。

　　1659 年成立于巴黎的巴黎外方会（Missions étrangères de Paris）也直接受罗马教廷管辖，宗旨即为向海外传教。1708 年以前，巴黎外方会主要在福建、广东、广西、江西等地活动。禁教之后，巴黎外方会进入四川传教，注重培养中国本土神职人员，取得了相当的成功（Standaert, 2001）[346]。

　　就在巴黎外方会创始的同年，传信部设立东京、交趾支那、南京三个宗座代牧区（Apostolic Vicars）[36]，独立于澳门主教区及其上级果阿大主教区之外，其代牧由教皇直接委派，为巴黎外方会的三名创始成员：陆方济（Francois Pallu）、德拉莫特（Pierre Lambert de la Motte）和高多林（Ignace Cotolendi），三人中只有陆方济于 1684 年抵达中国，在福建地区活动[37]。巴黎外方会的到来对中国教会建制产生了重要影响。1680 年，中国的教会区划再次发生变革，福建代牧区从"交趾支那"中独立出来，统辖中国南方八省，由于陆方济严格要求所有传教士宣誓服从宗座代牧，以确立其权威，遭到入华修会、尤其是西班牙修会的反对，因此引发了教会内部冲突，此后，又有江西、广东、广西和云南等代牧区独立出来。1690 年，教皇亚历山大八世（Alexandre VIII, Pietro Vito Ottoboni 1610-1689）批准在中国设立北京和南京两个主教区，其中南京教区主教为中国人罗文藻，是为第一位中国籍主教。然而，在此期间，北京、南京、澳门三个主教区的管辖范围一直存在争议，直到 1696 年，才确定下来。到 1721 年北京教区主教基耶萨（Bernardino della Chiesa）逝世为止，

---

35 德天赐曾接受英国马嘎尔尼（(George Macartney）使团邀请，为圆明园安装科学仪器。

36 "东京"区管辖中国云南、贵州、湖广、广西、四川五省，"交趾支那"在中国辖区包括江西、广东、福建、浙江和海南，"南京"区则统辖中国北方地区。

37 其中，高多林死于途中，由中国人罗文藻接替。

中国教区的教会区划基本确定，直到 19 世纪中叶以后才再次大幅度调整[38]（Standaert, 2001）[344, 576, 577-8]。

陆方济的继任者颜珰（Charles Maigrot）延续了激进的传教方式，"礼仪之争"进而全面升温。前文提到，"礼仪之争"始于托钵修会与耶稣会之间关于是否容忍中国教徒"祭祖祀孔"等"中国礼仪"的争论，1645 年，教廷对多明我会士莫若翰关于耶稣会的指控做出回应，下令禁止"中国礼仪"，这是"礼仪之争"中的第一个文件。作为回应，1651 年，耶稣会士卫匡国（Martino Martini）返回罗马教廷申诉，1656 年，教廷又下达了关于"中国礼仪"的第二个文件，允许中国教徒行"祭祀"之礼。"北京教难"之后，大部分传教士被驱逐到广州，1668 年 1 月，耶稣会、多明我会和方济各会传教士召开"广州会议"，旨在讨论传教方式，会议中提出 1645 年教令是否失效的问题。作为对"广州会议"问题的回应，1669 年，教廷再度确认，1645 年的"不容忍"教令与 1656 年的"容忍"教令同样有效，需要传教士根据具体情形加以判断（方豪，2007）[495]。

在两个教令之间，时任福建代牧的巴黎外方会传教士颜珰选择了"不容忍"教令，并于 1693 年下令福建教区严禁"中国礼仪"，1697 年再次将"礼仪问题"上报罗马教廷；此时，法国耶稣会士李明刚刚出版《中华现势录》（1696），其中美化儒家、贬低欧洲文明的言论引起巴黎神学院的反感，耶稣会士龙华民和方济各会士利安当反对儒教的文章也译成法文在欧洲发表，在这样的舆论环境下，教廷于 1704 年下令禁止"祭孔祀祖"。1706 年 7 月，作为教廷使节，只懂闽南话的颜珰在热河觐见康熙，深为康熙所不满，康熙评价颜珰："愚不识字，胆敢妄论中国之道"，同年 12 月下令将颜珰驱逐出境，之后便开始了对传教士的限制，需遵"利玛窦规矩"之传教士亲自到康熙面前领"票"才能传教[（方豪，2007）[493-495]，（李天纲，1998）[48.66]]。

1715 年 3 月 19 日，教皇再次下令严禁中国礼仪，对此，康熙皇帝御批"以后不必西洋人在中国行教，禁止可也，免得多事"（图 2.9）。1722 年底，康熙去世，一向对基督教持反对态度的雍正皇帝于 1724 年发布全国禁教令，销毁"印票"，驱逐传教士，1732 年，再度下令驱逐除宫中任职传教士之外的所有

---

38 北京教区辖直隶、山东、辽宁；南京教区辖安徽、江苏、河南；澳门教区辖广东、广西、海南。此外，在福建、江西、湖广、四川、贵州、山西、陕西、云南、浙江设代牧或名义主教。

教士（Standaert, 2001）[363]。从此，自 1583 年起，罗明坚和利玛窦等耶稣会士通过"文化适应"的传教方式叩开的中国大门，随"礼仪之争"的激化，再次关闭了。

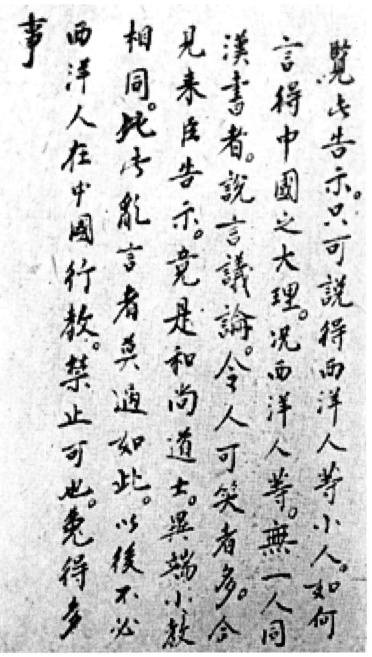

图 2.9　康熙皇帝关于"禁教"之御批（佐伯好郎，1943）[601]

2.3.4 小结：基督教各修会的利益冲突

欧洲传教士入华与早期佛教徒入华不同的重要一点就是，前者是在教廷管制下有组织的活动，而后者则多是松散的个人行为。而且，传教士并不像僧侣一样依赖中国本土的资助维持宗教活动，他们"靠自己的钱生活"，以至于耶稣会士入华早期，因为他们不向任何人"化缘"，被当地百姓误认为是掌握了诸如点金术之类"招财进宝的神秘源泉"[（Standaert, 2001）568，（裴化行，1993）118，（利玛窦 等，2010）167]。传教士的经济来源通常根据修会的不同而有所不同，但又都来自于外部"保教权"的赞助。比如，早期耶稣会士与葡萄牙商业巨头之间关系紧密，沙勿略就曾得到过澳门总队长佩雷拉的资助，而耶稣会在日本传教的主要经济来源就是"澳门——长崎"贸易39[（夏伯嘉，2012）61-62，（戚印平，2007）320]。因此，欧洲国家之间的利益纷争，往往导致受制于"保教权"的不同修会之间的冲突，比如，葡萄牙保教权支持的耶稣会和西班牙保教权支持的托钵修会（方济各会、多明我会）之间的冲突，耶稣会、托钵修会和直属罗马教廷的传信部和巴黎外方会的冲突，以及葡萄牙保教权支持的耶稣会和法国保教权支持的法国耶稣会之间的冲突等。

即便是同一修会内部，也并非一个整体，最明显的例子就是早期意大利耶稣会士和葡萄牙耶稣会士关于"文化适应"的争论。葡萄牙人在长达 7 个世纪的"光复运动"中，同西班牙人一起成功地将穆斯林教徒赶出伊比利亚群岛，这大大激发了他们征服异教徒的信心，然而葡萄牙的主权却一再遭到西班牙的侵犯，这又使他们的"民族意识"空前高涨，与之相比，意大利人则显得更为开放和包容（邓恩，2003）6。在利玛窦到达澳门之前，澳门只有5 名耶稣会士，其中，除了意大利人罗明坚以外，其他 4 位都是葡萄牙人。葡萄牙耶稣会士基本上都以服务同胞为首要的、甚至唯一的目标，而罗明坚则在其意大利上级范礼安的授意下，积极学习中文，而这却被葡萄牙耶稣会士讥讽为"浪费时间"且"毫无希望"（夏伯嘉，2012）62-63。

从 1583 年到 1724 年间，这些代表不同利益的修会在中国的传教方式和活动范围都不甚相同，而在各传教团体内部冲突不断之时，在外部，他们又

---

39 从 1578 年起，澳门商人决定每年从运往日本的 1600 担生丝中分配 50 担给神父，除去传教费用，耶稣会每年还有盈余，这笔钱对耶稣会日后在中国的传教活动也起到了重要作用。

面临着与中国文化的冲突、以及他们的赞助商与中国人的商贸、政治、军事诉求和领土冲突等，这些，最终激化了"礼仪之争"，造成了中国的"全面禁教"。可以说，明清之际基督教入华的最终失败，并非中国单方面的"闭关锁国"、固步自封，而"礼仪之争"所反映出来的也绝非仅仅是中西方在礼仪、宗教问题上的冲突，比如，数次"教难"实际上多是政治改革派和保守派冲突的产物：晚明的"南京教难"就被认为是"代表了正统的书院式的反对派对革新运动的第一次大规模的报复"（邓恩，2003）[113-115]；此后清初大规模的"北京教案"，事实上也陷入了鳌拜集团保守势力与康熙皇权相较量的政治漩涡；而雍正朝的"禁教"也掺杂着雍正皇帝借"禁教"之名，实为打击与皇八子夺权集团交好的、信奉基督教的苏努家族之政治因素。同样，出于经济利益的考虑，传教士各修会间的矛盾也为彼此在华传教带来了障碍，比如，16 世纪 80 年代，由于担心在中国的商贸利益被西班牙人瓜分，澳门当局曾授意利玛窦等耶稣会传教士，通过他们与中国官员的"关系"，阻止西班牙使团入华。事实上，1579 年四名方济各会士的入华活动，就受到了一名与澳门当局有联系的中国基督徒的破坏[40]。

　　因此，可以看到，所谓"教难"，涉及到的绝非单纯的"宗教"问题，所谓"礼仪之争"，其核心问题也并非"礼仪"，那么，本书所谓"基督教图像"，也绝不是简单的宗教"图示"，它们往往反映并参与着早期现代中国（或称晚期帝国中国）的政治、经济、社会、文化等诸种问题的建构。而所谓"欧洲传教士"，也并非一个单一化的整体，他们来自不同修会、不同国家、不同阶层，具有不同文化背景，这是以往对基督教美术的研究中所忽视的问题，值得注意的是，这些修会以及修会内部各国成员之间的交流，实际上构成了早期现代社会的一种国际性的交流（Bailey,1999）[4-5]。

2.4 基督教图像对不同受众的意义及其传播方式

　　如上文所述，"教难"不仅仅是"宗教"问题，"礼仪之争"也绝非单纯的"礼仪"事件，同样，所谓"中国基督徒"也不能一概而论，其成员相当多样。如果按封建等级、社会地位、民族及性别划分，有商人和海盗，也有士绅和官员，有大明皇族贵胄，也有满洲皇亲国戚，既有男信徒，也有女信

---

40 这个中国翻译向中国官府指称"西班牙人全是间谍，绝不能让他们留下来"（夏伯嘉，2012）[186]。

徒，有名门闺秀，也有乡野村妇。每个群体对东西方文化的理解和接受，以及其接受的方式、目的和结果都不尽相同。虽然由于史料限制，难以将诸多受众群体——还原，但在本书中，笔者就试图按照基督教图像的受众不同，将其分为在商业领域的传播和在宗教领域的传播两个大类，其中，可以看到，基督教各修会之间的利益冲突以及由各种非宗教原因引发的"教难"，往往对基督教图像在中国的生产和传播产生重要的影响，而这些影响又会反作用于中国不同层面的受众群体，最终促成了基督教艺术的"中国化"，实践着具有中国特色的中西文化交融，且这种交融始终处于动态之中。

2.4.1. 基督教图像的宗教意义及其传播方式

研究宗教美术，无论研究佛教、道教还是基督教图像，即便是从美术史角度出发对图像进行形式分析，也必须考虑这些宗教图像所承载的宗教意义，否则，这些图像就是无本之木，失去了它们得以产生和存在的历史语境。

在这里，必须强调，宗教图像的宗教意义也是信徒的"观看"与非信徒"观看"的不同之所在。对信徒来说，"看"图像绝不仅仅是一种观看行为：首先，看哪种图像表明了自己的宗教立场；其次，"观看"本身也成了具有意味的膜拜和祷告，在这里，图像的符号和细节对信徒来说充满了种种可供冥思和默想圣迹的隐喻；最后，"看"的行为已经超越了视觉，而直接诉诸其他感官，"观看"过程实际上是一种调动全部感官的宗教"体验"。

（一）文明的表征：图像之于传教士

16 世纪初欧洲出版的《新发明》（Nova Reperta）一书中，就将西方的油画、铜版画、钟表与东方的火药、指南针、印刷术等并列为改变人类历史上的重大发明[41]（Gombrich, 1998）[195-197]。掌握了当时最先进科学技术知识的传教士，充分认识到这些新奇事物对中国人的吸引力。向达（2009）[400]指出，"明季传入中国之西洋画，大率为宗教画，盖敩士审知中国人士爱好图画，故以此为宣传之具"。罗明坚和利玛窦曾多次向教廷写信要求寄油画、圣像、插图

---

41 此书于 15 世纪 80 年代首次出版，列举了包括发现"新大陆"、指南针、火药、印刷术、钟表等在内的 9 大发现和发明，之后又增加了另外 9 项发明，其中包括"油画"和"铜版画"。作者约翰内斯·施特拉丹乌斯（Johannes Stradanus）供职于弗朗西斯科·德·美第奇（Francesco de Medici）宫廷，美第奇家族作为艺术和科学赞助人的身份，影响了施特拉丹乌斯的写作。

书籍和绘有圣经故事的挂毡等装饰品（利玛窦，1986b）[259, 271, 427, 434]，以便向中国人显示西方文明成果，从而将来自文明国度的传教士与唯利是图的欧洲商人区分开来[42]。事实上，相比向中国人讲述基督教教义，向他们散发"来自欧洲或在日本复制的版画和绘画"，似乎是利玛窦"最经常的活动"（裴化行，1993）[294]。利玛窦的继任者龙华民也曾要求教廷寄来更多"圣像"，因为西方绘画在中国很受欢迎，被中国人看作"具有很高艺术价值的作品"[（利玛窦，1986b）[522]，（苏立文，1998）[51]]。在成书于 1629 年的《画答》中，耶稣会士毕方济（1996）[423, 461] 开篇就提到，中国人对传教士的兴趣始于西方人物画，但在毕方济的讲解过程中，逐渐被基督教哲理所吸引，"以为身律"，而不再研究"西国之画"了。在《口铎日抄》一书中，也提到 17 世纪 30 年代，艾儒略（2000）[461-463] 等传教士在福建期间，曾使用基督教图像吸引中国观众。

（二）圣像：图像之于信徒

对于笃信基督教的信徒而言，基督教图像不仅仅是图画、艺术品或印刷品，更是具有超凡力量的神圣之物。17 世纪，从欧洲到澳门的耶稣会士多半死在船上（江文汉，1987）[105]，即便进入中国，面临的困难将更为复杂，比如卷入政治斗争、遭到反教者的诋毁、常常身陷囹圄。面对重重困难，"圣像"是持续激发传教士宗教热情的来源之一。传教士相信，"圣像"具有神佑的力量，尤其是相传出于圣徒路加之笔的"奇迹之画"，能够召唤异教徒皈依，还能帮助传教士渡过重重难关，为艰辛的传教之路赋予"奇迹的力量"[（Bailey,1999）[8-9,89]，（2003）[406]]。

（三）神像与神迹：图像之于中国人

对中国人而言，一方面，如真人般惟妙惟肖的圣像使他们愿意相信这就是"真神"（万历皇帝称赞利玛窦进献耶稣像之语）。在广东肇庆利玛窦创建的第一处传教驻地，当地普通民众就因为圣母像的栩栩如生而将之视为神灵，纷纷在圣母像前磕头祭拜（利玛窦 等，2010）[168]。另一方面，对普通民众而言，这些画像具有祛病消灾的魔力。耶稣会圣徒方济各·沙勿略的画像，就曾因其神奇的治愈效果，一度在江南地区"不敷分发"[（高华士，2007）[482]，

---

42 比如，罗明坚 1580 年 11 月 8 日在澳门的信中写道："我希望神父能给我寄来我主基督奥迹之书（内附有图片）、旧约故事与基督徒世界等书籍，为使中国人知道，我们并非只是由马六甲去的四位商人，看见这些书便知分晓，尤其是一部装订精美的圣经"（利玛窦，1986b）[427]。

（周萍萍，2007）¹⁷⁵⁻¹⁷⁸]。到 17 世纪初，随着中国信众的增多，中国人似乎已经十分熟悉圣母和耶稣的形象了，以至于利玛窦的信札中屡次提到中国人因梦到圣母或耶稣显像而病愈的圣迹（利玛窦，2006）¹⁷¹⁻¹⁷²。利玛窦定居北京后，受其影响，几位来自河南的中国犹太人皈依了基督教，这些犹太人的教堂和犹太人家里原来都没有画像或塑像，他们看到圣像后表示，"如果在他们的教堂里有一座救世主基督或塑像，会大大提高他们的热情和虔诚的"（利玛窦 等，2010）¹¹⁸⁻¹¹⁹。

当神迹发生之后，为了得到这种神奇的可以治病的画像，会有更多中国人要求领洗入教。事实证明，许多中国教徒最初就是在图像的吸引下，走上了皈依之路。比如，一位教名为路加的中国儒士为劝家人入教，请人画了一幅"巨画"，画的中央是耶稣像，左右两侧是他的父母亲人等皈依的中国基督徒，这些人像与真人等高，"手持念珠，脖子上挂着小十字架和圣物"。儒士的亲属都被这张巨像吸引了，为了使自己的像能画在上面，于是，他们也纷纷入了教（裴化行，1993）⁶⁰⁰。1603 年，徐光启曾在利玛窦的住所看到一张圣母像，"心神若接，默感潜乎"（李杕，2006），同年，徐光启即在天津受洗，带领全家人皈依基督教（图 2.10）。徐光启还有《耶稣像赞》、《造物主垂像略说》等文章，借他所看到的基督图像，阐述对基督教教义的理解。法国耶稣会修士傅圣泽（Jean Francoise Foucquet）曾在 1702 年的写于南昌的一封信中提道，"我始终认为，根据我对中国人天性的了解，如果我们将宗教仪式搞得更辉煌亮丽，一定会对中国人更有吸引力……今年从法国带来的那些美丽的宗教画像使所有的基督教徒深有感触"（杜赫德，2001）²²⁵。

此外，图像在宗教信仰中的重要性，也可以从另一些侧面体现出来，比如，摧毁异教书籍和图像，也是一部分中国基督徒表达信仰和入教决心的一个重要方式。利玛窦曾在信中多次记述了中国教徒将家中异教的"迷信"神像、书籍全部砸毁、烧掉，或交给神父，让神父焚毁（利玛窦，2006）¹⁶⁷⁻¹⁷⁰。与之相应，在教难和禁教期间，砸碎异教偶像和保护基督教圣像也往往被看做基督徒忠于信仰的象征。雍正禁教期间，大量圣像被焚毁，但一些地下信徒仍将圣像秘藏起来，通过亲吻耶稣受难苦像与自我鞭笞，体验耶稣基督所受之苦难，以坚定信仰[（杜赫德，2001）^{vol.2. 332,333}，（孟德卫，2010）⁹⁷]。

图 2.10　耶稣会士基歇尔著作（1667 年）插图 "利玛窦与徐光启像"，
背景中的圣像就是一幅 "圣母子" 画像（Kircher,1987）[105]

（四）罪证：图像之于反教者

反教人士也意识到了基督教图像对于教徒的重要作用，几乎历次教难中都有 "教堂尽被封闭，图像尽被摘取"（费赖之，1995）[242] 的事情发生。在教难和禁教期间，反教人士就利用基督徒对圣像的特殊情感，以是否愿意踩踏圣像（称 "踏绘"），作为检验当事人是否是教徒的一种有效方法。在 1664 年的北京教案中，尽管汤若望所在 "南堂" 为御赐教堂，免遭拆毁，但反教人士还是焚毁了其中的 "天主画像"，并且将发给教徒的 "铜像、绣袋" 一并销毁（中国第一历史档案馆 等，1999）[52-53]。

综上所述，可以看到，作为宣教工具，基督教图像通常具有重要的宗教意义。而其传播和展示方式，也体现在宗教活动中。中国信徒领洗时，一般都要领取圣像、圣章或宗教画像，清初"北京教难"中，杨光先弹劾汤若望的上书中就曾附有这样的入教"圣章"，作为举证传教士"图谋不轨"的罪证。传教士也鼓励中国教徒把这些宗教图像展示在家中，有记载表明，李之藻的房间中就供有耶稣基督的画像（顾卫民，2005）[265]。中国家庭有供奉佛龛和神仙的习惯，一旦中国人皈依基督教，首先就要打破异教的偶像，代之以基督教图像，一些信众还在新年和其他宗教节日张贴基督教图像[（Bailey，2003）[407]，（Spence，1986）[247]]。即便是在禁教期间，潜入中国秘密传教的欧洲传教士，也不放弃对图像的使用。1768 年的一份奏折提到，1756-1757 年间，多明我会士林若汉（即倭都越）曾在江西庐陵传教，购置房屋，"改为天主堂，供奉耶稣画像……凡归教之家，俱供有十字架并图像经卷"（中国第一历史档案馆 等，1999）[388]。

在中国，基督徒的葬礼上也有公开展示基督教图像的习俗，这与葬礼上往往只高举十字架的欧洲习俗不同："十字架，基督、圣母和圣米歇尔的画像"等被庄严地抬着，与抬遗体的队伍一起行进。这些画像既是显示信仰胜利的一种庆祝方式，"成了一种兴奋高举的经验"，另一方面也起到了宣传基督教的作用，"公开向中国人展示，他们并非在纪念死者问题上不知感恩或不知虔诚"[（钟鸣旦，2009）[146-7. 167. 171]，（魏特，1949）[123]]。

教堂无疑是基督教图像重要的展示场所，以至于教难和禁教期间，"教堂尽被封闭，图像尽被摘取"往往被看作反教的重要成果。到 17 世纪晚期，据方豪统计，全国（澳门地区除外）共有基督教堂 35 座，据法国学者荣振华统计为 44 座，而据法国耶稣会传教士傅圣泽记载，到 18 世纪禁教为止，至少在中国的 114 个区县建有 132 座教堂。这些教堂多以"天主堂"为名[43]，禁教之后，这些教堂大都被改为寺庙或学堂，其中的图像也没能保存下来（Standaert，2001）[580-583]。

---

43 其他见于记载的教堂有：杭州超性堂，广州福音堂（方济各会）、全能堂（奥古斯丁会）、大原堂、肇庆真原堂（奥古斯丁），武昌钦一堂，上海敬一堂，南京正学堂，济南天衢堂（方济各），福安和福州的玫瑰堂（多明我会），江西南安翼翼堂、建昌日旦堂，杭州昭事堂等。

为了适应中国的礼仪习惯，传教士通常安排男女使用不同的教堂，女性专用的教堂一般名为"圣母堂"或"天主女堂"；而如果没有不同的教堂，则在不同时间分别为男女教徒服务。以广东为例，据陈垣统计，1731 年，广东省有男教堂 8 座，入教男子约万人；女教堂 8 座，入教女子二千余人（陈垣，1980）[195-196]。南京、杭州等地还建有"贞女院"，皆"仿西洋修女院之制"（萧若瑟，1923）[262]。《帝京景物略》（1635）中就有对利玛窦和熊三拔等人于 1610 年建成于宣武门附近的"天主堂"和"圣母堂"的描述，其中，天主堂内有"左手把浑天图，右叉指若方论说"的耶稣像，其右侧的圣母堂中，则供有圣母子的图像（刘侗，2001）[222-223]；1627 年，汤若望在西安建的第一座"圣母堂"中则供奉着"基督圣像"，教堂房顶还设有"镀金十字架一座"（魏特，1949）[109]。

除教堂外，基督教墓地也是非常重要的宗教建筑，保存至今的明清基督教墓地有主要有北京滕公栅栏、正福寺和杭州大方井。与其他方式传播和展示基督教图像相比，欧洲传教士墓地的重要性不仅在于建筑物的艺术造诣和中西融合的设计上，更在于，作为基督教在华传播不可分割的一部分，墓地从选址到维护的过程，都与中国复杂的社会环境和基督教在中国的境遇发生着各种联系，比如，墓地的选址往往要受到政治因素影响，而在教难时期，一些传教士又可以以维护墓地建筑为名，得到保护（Standaert, 2001）[586-587]。

虽然鲜有实物留存，通过文献记载，我们可以对一些基督教建筑所设图像的种类和样式了解一二。比如，1605 年以前，利玛窦在京所居"会同馆"的圣坛上就有圣母子及施洗者约翰的画像，圣坛两侧还有四位福音书作者的画像（利玛窦 等，2010）[116]；1650 年建成巴洛克风格的北京"南堂"，奉圣母为主保，在正中大祭坛上供有耶稣圣像，"一手托地球，一手伸出作祝福状"，周围为天使与跪地的圣徒，左边祭坛设圣母像，为罗马圣母教堂（Maria Maggiore）圣母像的复本（图 8.4），右边祭坛有诸天使像[44]（魏特，1949）[252-253]；1703 年康熙皇帝赐予法国耶稣会士的北京"北堂"建成，这座"体现法国艺术特色"的教堂，在主祭坛的靠壁及天顶有使中国人产生错觉的"透视法"彩绘，由意大利画家乔万尼·盖拉尔蒂尼绘制，其中天顶上绘有手持地球的耶稣基督"被一群天使蜂拥着高高坐在云彩之中"，教堂两边的会客厅中挂有

---

[44] 这座教堂使用了法国国花玉簪花的装饰纹样，这种纹样此后在中国流传甚广（顾卫民，2005）[275-276]。

路易十四、耶稣及欧洲各君主的画像，同时"展出从已出版的书籍中收集的精美雕刻版画"[（费赖之，1995）[522-3]，（杜赫德，2001）[1-3]]。

2.4.2 基督教图像的非宗教意义及其传播方式

而 16、17 世纪以来，基督教图像在中国的传播和影响绝不仅限于宗教领域。即便是对于传教士，图像的意义可能也并非仅仅在于宗教信仰。比如，利玛窦就将"图像"与记忆法联系起来，他"清楚地知道生动的插图对于记忆效果具有影响"（史景迁，2005）[15]，而这种新颖的"记忆法"对于当时需要靠诵读经书、科举取士的中国学者来说，更是具有十足的吸引力。1595 年，利玛窦在南昌受到了建安王的热情款待，此后，更因其学识而成为建安王府的座上宾，常常参加与中国官员学者的宴会。在宴会上，利玛窦表演了来自西方的"形象记忆法"，他不仅可以记忆无序的中国文字，还能将现场记忆的内容倒背如流，中国学者们对此惊叹不已。为此，利玛窦于 1596 年出版了《西国记法》一书，专门介绍这种"象记法"，即把需要记忆的内容想象成活生生的图像，并将这些图像分门别类地储存在头脑中不同位置的"图像记忆法"。这本书的出版使利玛窦更加声名远扬。

事实上，将"图像"与"记忆"联系起来并非利玛窦的首创，早在古希腊西塞罗那里，记忆法就被认为是修辞学的组成部分之一，而修辞学本身就被看做一个构成"图像"的系统。16、17 世纪，西方文化普遍认同"图像与想象"、"记忆与幻觉"之间的紧密联系，直到 18 世纪，维柯（Giovanni Battista Vico）在《新科学》（1774）一书中还提到 "记忆与想象一样……幻想是一种扩大的记忆"。因此，在当时深受西方教育传统影响的传教士看来，"图像"不仅是一种视觉图画，更是关乎"记忆"的有效学习方法。入华传教士中，并非只有利玛窦通过图画认识中文，罗明坚也曾向一位中国画师学习中文，并通过画图，学习和记忆汉字[（Guarino, 2003）[417,419]，（裴化行，1936）[249]，（王治心，2007）[61]，（夏伯嘉，2012）[67]]。

即便是教堂等基督教建筑，也并非仅为教徒提供服务，因此其影响也绝不限于宗教领域。利玛窦在 1608 年的一封信中就提到，在他所建立的"小圣堂"里，"教外的人来得更多，他们出于好奇心，是来看其中供奉的美丽的圣像"（1986b）[405]。1610 年，利玛窦等人在宣武门附近的教堂建成后，"各阶层来参观的人"络绎不绝，汤若望在西安建的"圣母堂"也吸引了许多参观的人群。有时，参观者多到教堂无法容纳，据一位方济各会士的记载，1650 年巴洛克风格的北京"南堂"建成 10 年后，北京居民仍然"成群结队，潮水似地涌了来，专为瞻仰这座圣堂"［（利玛窦，1986a）[456]，（魏特，1949）[109, 255]］。据杜赫德（Jean Baptiste du Halde）《中华帝国全志》（1735）记载，即便到了 1705 年，虽然教堂再次扩建，但仍难以容纳"不断涌来、甚至去而复来的为新奇所吸引的群众"，而在禁教期间，这些中国群众"绝大部分是非信教人士"（顾卫民，2005）[271-272]。

根据一位曾在明朝沦为阶下囚的葡萄牙人的报告，早在 16 世纪中期，中国东南沿海就有大规模制作基督教图像的中国手工艺群体存在。这些仿文艺复兴晚期样式的基督教图像，主要是为海外市场制作的"外销画"，这些中国手工艺者也大多没有基督教信仰，仅以生产此类绘画和条幅为生（Bailey，2003）[395-396]。崇祯八年（1635）出版的《帝京景物略》中，就提到"西洋耶稣像"在当时已经作为一种异域风情的"商品"，在北京城隍庙会上出售了（刘侗等，2001）[242]。

晚明以来，基督教题材印刷品的传播，实际上也不仅限于宗教领域，而是通过通俗出版物或商品的形式，向更多非宗教人士提供接触和了解西洋文明的机会，并通过这一传播方式，继续着明清之际基督教图像在中国的"本土化"重构。这些图像在商业领域的传播，由 1605 年墨商程大约出版的"销售目录"《程氏墨苑》可见一斑。其中的基督教图像不仅收入书籍、并入佛道"缁黄"图像之后结集出版，还随出售的墨一并送出，鉴于晚明徽墨受欢迎的程度（刘侗，2001）[242]，此类基督教图像的传播范围也应十分广泛[45]。

清初"神仙大全"式的通俗小说《历代神仙通鉴》（1667-1698）中，也收录了"玛利亚贞产耶稣"的故事，还绘有耶稣和圣母故事插图（图 2.11）。无论是耶稣还是玛利亚的图像，这些"去中国九万七千里"的"远西国"之人的装束和相貌都与中国人无异：其中一图，少年耶稣向其师"如德亚"作揖，如德亚单手按耶稣头，做祝福状；另一图中，背对着画面的玛利亚正与道家长生不老的"西河少女"交谈，似乎古今中外的神仙都能在这本"神仙大全"中友好相处。在讲述"玛利亚贞产耶稣"的故事中，作者特别强调耶稣的"孝行"，最后还以"孝行是尚，忠心必诚"作为这一章的结尾（徐道 等，1995）[480-483]。那么，无论是故事中讲述的孝道，还是图像中显示的已经"中国化"

---

45 程氏之墨在当时北京城隍庙会上曾一度"品价尤重"（刘侗，2001）[242]。

了的圣母和耶稣，无论是将耶稣出生地"如德亚"（大秦，即古罗马帝国）误传为耶稣之师，还是让道家"西河少女"与圣母友好对话，从这本民间通俗小说中可以看到，来自西方的宗教人物及其图像已经在与中国民间通俗文化中重构了。

图 2.11　《历代神仙通鉴》插图"耶稣拜见如德亚"（左）和"西河少女和玛利亚"（右）
（Malek,2003）[815、816]

　　如果说程大约将基督教图像并入"缁黄"之后、《历代神仙通鉴》让玛利亚与中国的神仙对话等等，还能够被秉承"文化适应"的传教士所容忍的话，另一类将基督教图像滑稽化、色情化的使用方式，则无论如何都是传教士所不能忍受的，然而，它们却是研究基督教图像在中国传播的一个独特组成部分。集市上的杂耍艺人有时会模仿欧洲人和传教士的样子，以滑稽的表演吸引观众，其中，他们还会绘制一些夸张的"广告"和"漫画"作为表演布景和道具。对这些"公开展示丑化欧洲人的粗鄙之画"，利玛窦曾抱怨道："有些演员从澳门来到韶州，在市集的日子里，他们绘制广告，并演戏挖苦中国人所看不惯葡萄牙人的每一样东西。他们画的一些东西庸俗不堪，这里且不说他们嘲弄葡萄牙人的短装来极力引起群众哄笑的情况，我们要谈一谈他们怎样挑剔那些归信基督宗教的人。他们画的人在教堂里数着念珠、皮带上挂着短刀，还画了难看的漫画：仅屈一膝跪拜上帝的人、互相斗殴的人、中国人所憎恶的男女混杂的聚会等等"[（柯律格，2011）[178-179]，（史景迁，2005）[301]]。根据利玛窦的描述，我们不难想象这些嘲笑欧洲人的"庸俗不堪"的"难看的漫画"。柯律格认为这些丑化欧洲传教士的"粗鄙之画"应该也属于明代所谓"淫画"和"春画"的一种（柯律格，2011）[178]。

事实上，已有学者指出，裸体婴儿耶稣的小雕塑，可能就被中国人当作裸体模特，用于制作色情图像（Watson,1984）[42]。在这里，基督教图像已经从原语境中剥离出来，与一种新的需求相结合，其宗教意义也完全消解了。但是，这种图像仍然以一种隐秘的传播方式影响着一批中国受众。可见，基督教图像对不同受众群体有着全然不同的意义，其接受、传播和使用方式也都不尽相同。在中国社会生活的诸多领域，基督教图像都产生着或多或少、或显或隐的影响。因此，对基督教图像的讨论不能只限于宗教范畴的传播和展示，对"基督教图像"的研究也绝不是"宗教画"、"宣传之具"这样的结论性语言可以一以概之的。

第 3 章 明清之际最早入华的基督教图像：16 世纪中国基督教图像考证

中西交通史学者向达和方豪分别认为 1581 年利玛窦（Matteo Ricci）入华和 1600 年上呈明神宗西洋图像为 "西洋美术传入中国之始" [（向达，2009）[396]，（方豪，1987）[907]]；20 世纪初美国学者劳弗（Laufer，1939）[100] 也将 16 世纪 80 年代利玛窦的入华，看作西方艺术影响中国的开始。然而，利玛窦带来的图片绝非明清之际传入中国最早的基督教图像。比如，1581 年，在利玛窦入华之前，耶稣会士罗明坚（Michele Ruggieri）就曾在广州展示过圣像画，学者汤开建（2001）[127] 据此认为，耶稣会士罗明坚应当是 "天主教艺术传入中国第一人"。但是，实际上，16 世纪中期以后，在耶稣会士罗明坚和利玛窦入华之前，就已经有其他修会的传教士进入中国，并且留下了在中国展示宗教图像的记载。本章就在有限的文献资料之基础上，对 16 世纪有记载的早期入华基督教图像进行梳理，从而试图将明清之际西方艺术影响中国的时间向前推进。

3.1 16 世纪中期在华生产的基督教图像

3.1.1 日本传教士书信中的中国基督教图像

1561 年 12 月，在日本传教的耶稣会士路易士·弗罗依斯（Luis Frois）收到一位在明朝沦为阶下囚的"葡萄牙贵族"的"惊人报告"[1]。经弗罗依斯转述，这位葡萄牙贵族在中国曾见到中国工匠制作成套的基督教绘画，这些基督教绘画正是此时在伊比利亚半岛流行的晚期文艺复兴样式主义风格。这位被俘的葡萄牙人还在中国见过一幅非常精美的基督教绘画条幅，由中国画家照弗兰德斯风格绘制，这种条幅通常用于基督教徒的节日游行。根据信中所描绘的：条幅上绘有坐于地球之上的圣母子，其上绘有浓密的云朵，其下绘有六翼天使围绕着小耶稣的场景，其中耶稣递给天使们装饰有花瓣和百合的帽子。条幅上还描绘了耶稣会学校的男孩子们高举十字架游行的场面，游行队伍的最前端是在亚洲传教的麦保罗（Micer Paulo）神父，神父手中持书，和另一位长者一起讲解教义，前图中耶稣身旁接过帽子的天使们，将帽子带到麦保罗神父和长者头上，以示传授教义的荣耀。整幅图色彩鲜艳，以中国的水彩为颜料，以明亮的金色做背景。

根据弗罗依斯信中的描绘，这些在中国制作的基督教图像有明确的目标市场，用以满足亚洲、拉丁美洲和欧洲的基督教传教需求。考虑到 16 世纪中期基督教徒尚无可能在中国进行公开的游行，且根据条幅上为首的麦保罗神父的传教背景，这个条幅应当是为亚洲（日本或菲律宾）某地的基督教团体制作的。除此之外，弗罗依斯的信中还提到了中国人雕刻的象牙十字架，以及可以挂在墙上的帆布画，其主题包括亚伯拉罕的献祭、耶稣降生、三博士来拜、圣伊丽莎白的访问以及耶稣复活等。可见，16 世纪中期，在中国的领土上，存在着一个制作外销基督教绘画和雕刻的手工艺群体，而且他们的作品在基督教世界应当有着良好的销量。根据 16 世纪末菲律宾多明我会主教对当地华人手工艺者的描述（称这些华人的作品具有"精准的西班牙风格"），可以推断，16 世纪中期中国工匠制作的基督教图像，应当也是根据欧洲输入的图像制作的，正是这些中国工匠对原作忠实的复制及其低廉的劳动成本，为他们的产品打开了海外市场。

3.1.2 中国基督教图像产地推测

然而，弗罗依斯信中提及的这份报告，没有关于这些基督教图像在中国生产地的确切记录。我们只能根据这位被俘"葡萄牙贵族"在中国的行程推

---

1 见弗罗依斯给冈萨雷斯·瓦兹（Gonzalez Vaz）的信，下文转述均出自该信（Bailey, 2003）[395-397]。

断一二。根据弗罗依斯收到报告的时间，可以推测，这位"葡萄牙贵族"很有可能是 1549 年被俘的数十名葡萄牙人其中之一。根据博克塞（1990）[31]的考据，一份关于中国之行的匿名报告刊行于 1554 年，且"后来又重印收入东方耶稣会的几个报告集，在 1556-1661 间用意大利语、西班牙语和法语刊行"，指的应当就是弗罗依斯信中提到的这份报告。虽然我们不知道这位"葡萄牙贵族"的名字，但他的同伴盖略特·伯来拉（Galeote Pereira）留下了著名的《中国报道》（1561），其中对他们在中国的行程作了比较详细的记录。

根据博克塞的研究，这批葡萄牙人被捕的经过及其在中国的行程是这样的：1548 年底或 1549 年初，两艘载着约 30 名葡萄牙人和未售完货物的走私船，非法滞留在福建海岸。1549 年 3 月，这两艘船在靠近福建省最南端的诏安县走马溪被中国军队俘获，很可能先从陆路被押往他们被俘获地区的"行政中心"漳州[2]，然后被押往泉州，之后又经陆路到达福州，在此居留一年多的时间，其中一部分葡萄牙人和他们的 90 多名中国走私合伙人被处决，余下的葡萄牙人本来也在等待着相同的命运，但幸运的他们卷入了明朝中央和地方官员之间的纷争，最终逃过死罪，被流放到广西。但是，从福州到桂林的行程并不清楚，博克塞推测可能是经江西宁都、赣州、广东肇庆、广西梧州，最后到达桂林。在广西省，这些葡萄牙囚犯被分编成几个小队，分散到各个城镇中，有了更多行动自由，其中就有人（包括伯来拉）通过赎金和贿赂等方式，逃到了上川岛[3]。

可见，1549-1553 年间，这批葡萄牙俘虏曾在福建停留较长时间，然后一路向西南押解。值得注意的是，这位"葡萄牙贵族"还提到了当地生产的"牙雕十字架"。晚明中国牙雕生产主要集中在福建地区，以至于被称作"福建风格"的牙雕产业对明清中国牙雕生产产生了深远的影响[4]。同时，福建（尤其是漳州）在对外贸易上具有重要地位：1567 年，朝廷允许漳州附近的月港一处开放海上贸易，从此中国商人可以合法地赴菲律宾等地经商（夏伯嘉，2012）[58]。因此，可以推测，这份"葡萄牙贵族"报告中，大规模制作基督教图像的

2　伯来拉的报告中只明确提到他们被押往据省城福州有 7、8 天距离的"泉州"（Chincheo），但不清楚他们是从陆路还是海路被押往泉州（博克塞，1990）[28]。

3　至少在 1553 年，伯来拉已经在上川岛上，因为这一年他在岛上见到了沙勿略（Francois Xavier）的圣体（博克塞，1990）[27-30]。

4　虽然广东也有可能是中国第一个牙雕出口中心（客户群是澳门的葡萄牙人），但对此并无记录（Watson,1984）[77]。

中国手工艺群体应当就存在于 16 世纪中期的福建东南沿海。这些基督教图像的生产以忠实于西方原作为标准，主要用于外销获利。那么，可以肯定的是，在 16 世纪中期之前，就已经有作为范本的西方基督教图像输入中国了。这应当算是明清之际有明确记载、在中国出现的最早的基督教图像。

3.2 利玛窦之前入华的传教士及其所携图像

3.2.1 奥古斯丁会士拉达和方济各会士阿尔法罗携带的图像

关于早期基督教图像进入中国的另一则记载，同样发生在福建省。1575 年，曾任马尼拉教区主教的西班牙奥古斯丁会修士马丁·德·拉达（Mardin de Rada）出使明朝，在福建活动的 3 个月中，熟习中文的拉达就曾向当地官员展示过饰有基督教图像的书签，在《出使福建记》中，拉达写道，"最引起他（中国官员）注意的是十字架和柱头上的耶稣基督像，还有圣母和各使徒的其他图像，那是当书签用的，所以他留下这些，告诉我们说他对它们十分珍视"[5]。

之后，与拉达的经历形成对比的，是不懂中文的阿尔法罗（Pierre Alfaro）等方济各会士的广州之行。1579 年 7 月，四位方济各会士未经官方允许，从马尼拉出发，悄悄进入广州城，在一个自称是基督徒的中国翻译帮助下，在广州和肇庆等地停留半年之久，拜访了许多中国官员，希望可以获准在华传教。他们的行李中就有"几张笔致精妙五光灿烂的手绘圣像"、书籍和十字架苦像（裴化行，1936）[166]，肇庆总督检查他们的行李时，还特意询问十字架苦像及其上面的文字。然而，中国翻译并没有正确解释方济各会士的意图。这个中国翻译实际上与澳门的葡萄牙人私下往来，在澳门总队长的授意下，向中国官府指称"西班牙人全是间谍，绝不能让他们留下来"（夏伯嘉，2012）[66]。方济各会士虽然感到产生了误会，但由于语言不通，无从辩解，最终被驱逐出境。

3.2.2 耶稣会士罗明坚携带的图像

1579 年，在耶稣会远东视察员范礼安（Alessandro Valignano）的安排下，36 岁的意大利耶稣会士罗明坚来到澳门，与一位中国画师学习中文（王治心，

---

5 拉达是"第一个明确无误地把中国考定为马可波罗的契丹的欧洲作家"，精通中文的拉达还从福建带回了涉及造船、宗教、历史、法律、中医、天文等大量中国书籍（博克塞，1990）[48, 55-57,181]。

2007）[61]，并在 1579-1583 年期间多次进入广州，一方面给在当地经商的葡萄牙人提供"精神帮助"，一方面积极学习中文和中国礼节，力图获得官员的好感。此时，葡萄牙人可在白天自由出入广州城进行贸易，到晚上城门关闭时，则必须出城，回到船上过夜。但在 1850 年 4 月的广州之行中，会说中文、并且表现出"类似中国人的举止"的罗明坚颇得海道赏识，海道特别批准罗明坚不必住在船上，还给罗明坚提供了一处郊外居所，供其设立祭坛、进行宗教活动[（利玛窦，1986b）[435. 447-8]，（夏伯嘉，2012）[68]]。人们在罗明坚的居所看到了从意大利带来的装帧精美的圣经故事书，"内中尽是圣母事迹及信德奥理的插图，琳琅满目，美不胜收"[6]（裴化行，1936）[277-280]。

　　1581 年 9-10 月，罗明坚第三次进入广州城，由于他对中国文化的了解和学识，中国官员赐予他许多特权，还给他在暹罗国贡馆提供了住处，允许他自由举行弥撒活动[（裴化行，1936）[190]，（利玛窦，1986b）[435]，（利玛窦 等，2010）[145]]。在广州居住的两个月中，罗明坚将其住处供奉的佛像打倒，改成"圣母小堂"，包括督宪、县知事、总兵等官员在内的很多当地人，出于好奇，都曾到圣母小堂参与弥撒等宗教活动。根据美国学者夏伯嘉的研究，罗明坚 1581 年 9-10 月期间在广州的这座临时"圣母小堂"中，供奉有广州当地一位"技艺高超的工匠"制作的"圣母与圣子的铜像"（夏伯嘉，2012）[69]。这尊圣母子铜像作为弥撒活动的一部分，吸引了中国官员的目光。1583 年 5 月，当罗明坚等耶稣会士离开肇庆府的时候，出现了"万人欢送，颇极一时之盛"（裴化行，1936）[205]的场面。

　　对比罗明坚、拉达和方济各会士之行，可以看到，对中国语言文化的熟悉，是罗明坚与当地官员交好的一个重要因素，最终，彼此的友谊为中国传教事业打开了大门；而全权依赖翻译的方济各会士由于不懂中文，在中国官员的询问中无从解释，没能获得中国人的信任。同样，我们也可以看到，即便是一目了然的图像，如果没有像罗明坚、拉达等熟悉中国文化的传教士加以合理的解释（正如在四位方济各会士的例子中看到的），这些图像也不能不言自明地被中国人接受。

6　裴化行称罗明坚在广州的居所为"会所"，罗明坚等人在这里接待中国访客、传讲西学。之后，利玛窦等传教士也在中国建立了许多诸如此类的"会所"。

3.3 在肇庆展出的图像

3.3.1 在肇庆天宁寺中展示基督教图像

　　1582 年 4 月 26 日，应范礼安的派遣，在印度学习、传教四年的利玛窦从果阿登船，于 1582 年 8 月 7 日抵达澳门，正在澳门养病的罗明坚终于等来了他的老朋友利玛窦。据日本学者泽村专太郎称，利玛窦此行"随身带有铜版画，大都是意大利著名的油画彩色刻印图片"（李超，1995）[1]。

　　与此同时，肇庆府传来消息，与罗明坚交好的两广总督陈瑞正计划将两座寺院批准为罗明坚在中国的住所。1582 年年底，罗明坚和巴范济（Francisco Pasio）起身再次经广州赴肇庆，获准住在天宁寺里（图 3.1），并于 1583 年 1 月 1 日在肇庆天宁寺中的两间大厅里举行了弥撒活动（裴化行，1936）[207-208]。可以推测，至少在弥撒期间，应当展示有基督教图像，以营造与佛寺不同的基督教氛围。1583 年 2 月 18 日，总督陈瑞第二次来到罗明坚和巴范济的住所，看到小圣堂"已经修饰得很好"。总督饶有兴趣的查看了其中摆放的基督教书

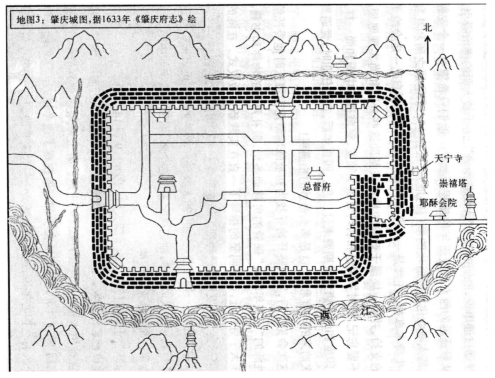

图 3.1　肇庆城图（夏伯嘉，2012）[87]

籍、地图、地球仪等，还"在祭台前鞠躬致敬"（裴化行，1936）[212]。祭台上应供奉有圣像，根据当时耶稣会士的通信，我们知道，1583 年 2 月，澳门方面曾派人给罗明坚送来作弥撒用的物品，其中就包括一幅耶稣像，这幅画像是由在日本传教的耶稣会士、画家乔凡尼·尼古拉（Giovanni Nichola）绘制的（裴化行，1936）[211]。除这幅画像外，小圣堂里应当还有圣母子的塑像，"官僚们对圣母和圣子的塑像极为敬重"（夏伯嘉，2012）[82]。

不幸的是，两广总督陈瑞受到张居正一案的牵连，1583 年 3 月辞官（明神宗实录）[卷132]。在中国失去庇护的罗明坚等人也不得不离开肇庆躲避风波，行前将祭祀用的珍贵物品托付给邻居保管，其中就包括不便携带的基督教圣坛和书籍（裴化行，1936）[213,243]。但很快事情又有了转机，在肇庆知府王泮的帮助下，新总督郭应终于批给传教士一块地，用作建造圣堂及住宅，标志着传教士正式获得在华居留权。1583 年 9 月 10 日，罗明坚和利玛窦到达肇庆，从此掀开了基督教在中国传播的新篇章。

3.3.2　向肇庆居民展示"圣母小像"

与商业中心广州城相比，当时的肇庆虽然没有广州那样繁华，却是广东省的行政中心[7]，距离广州城也只有两三天的行程，水陆交通十分方便。1583 年 9 月 14 日，知府王泮将正在修建的崇禧塔[8]旁边一块本来给他本人修建祠堂的空地划给传教士，用于修建传教士居所（裴化行，1936）[240-246]。罗明坚和利玛窦表示感谢，还向官员们展示了他们带来的玻璃三棱镜和"圣母小像"。前来围观外国教士的中国居民看到了这些新奇的物品，他们"惊得目瞪口呆，然后他们诧异地望着圣母小像"（利玛窦 等，2010）[164]，知府王泮还将这幅圣母像搬回府中，令家人"一新眼界"（裴化行，1936）[244]。利玛窦在 1586 年的信中提到，王泮结婚 30 年但膝下无子，希望传教士们为他祈祷。于是，传教士送给王泮一幅圣母像，结果王泮如愿得子（夏伯嘉，2012）[95]。

7　明嘉靖四十三年（1564 年），两广总督府从广西梧州移驻肇庆，直到清乾隆十一年（1746 年）才迁往广州。

8　崇禧塔建于万历十年（1582）9 月，利玛窦和罗明坚到达肇庆时，崇禧塔只建好了一层，到万历十三年（1585）4 月竣工。这座九层高的八角佛塔耸立在西江之畔，为镇压"风水"之用，但这被耶稣会士们认为是中国迷信的一个例子。由于这座塔是和传教士的住所几乎同时动工的，因此，这座佛塔也被当地人称为"洋塔"。

1583 年 9 月-1594 年底新居一层建成之前，利玛窦和罗明坚在新居工地上临时搭建了一处寓所，还租了一间小屋，以供弥撒之用。听闻传教士带来了许多新奇物品，利玛窦写道，"各阶层大群好奇的人都被吸引来了，有的甚至来自远方"，传教士们尽力满足这些中国人的好奇心，向他们展示三棱镜，还有"书籍、圣母像和其他的欧洲产品，都由于新奇而被认为是漂亮非凡"。传教士住处中央的圣坛上挂着圣母像，"当人们去访问神父时，官员和其他拥有学位的人、普通百姓乃至那些供奉偶像的人，人人都向圣坛上图画中的圣母像敬礼，习惯地弯腰下跪，在地上叩头"，他们"对这幅画的精美羡不止，那色彩，那极为自然的轮廓，那栩栩如生的人物姿态"（利玛窦 等，2010）[164-5.168-9]。此前记载的进入中国的基督教图像，都是由传教士向中国官员展示和解说的，并没有关于向中国民众展示的记载，因此，1583 年罗明坚和利玛窦所携带的这张"圣母小像"，可算是明清之际传教士向中国民众展示基督教图像的最早记载[9]。

这幅"圣母小像"应当出自 16 世纪的意大利耶稣会画家之手[10]，是罗马圣母大教堂教堂（St. Maria Maggiore）那幅相传为圣路加 6 世纪亲笔所作的《圣母子》的复制品（图 8.4），1581 年运到澳门（Bailey,1999）[221note35]，1583 年 9 月由罗明坚和利玛窦带入肇庆，并在肇庆的临时寓所和后来建成的仙花寺中至少悬挂展示了四年，1587 年以后，为了防止中国人将基督教的神误认为是异教的"观音"，传教士将这幅画像取下，代之以另一幅尼古拉神父从日本送来的耶稣基督画像（McCall, 1948）[47]。之后，这幅"圣母小像"一直保存在利玛窦的居室里（裴化行，1936）[119]。

3.3.3 中国第一座基督教堂"仙花寺"

1585 年初，肇庆新居终于落成了。知府王泮送来亲手题写的"仙花寺"和"西来净土"两块匾额（图 3.2），传教士将它们分别挂在大门和客厅进门处（裴化行，1936）[281]，因此这座传教会所被当地人称为"仙花寺"（图 3.3）。这座两层建筑由利玛窦绘制设计图，使用青砖和石灰筑成，外观简洁。整个院落每边约 80 尺（约 26.7 米）（裴化行，1936）[245-248]，占地面积约 700 多平米。

---

9 美国学者邓恩（2003）[15]称："欧洲的艺术也是第一次在肇庆的耶稣会士住所里向中国人展示"。

10 加拿大学者贝利（Bailey, 1999）[91]称其作者应当是莱热（Sigismondo Laire）或他同时代的画家，裴化行（1936）[281]称作者可能是圣方济各·博尔日亚（Fr. De Borgia）。

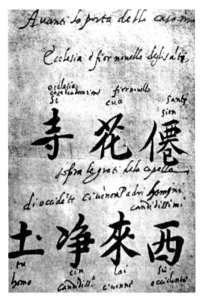

图 3.2　肇庆知府王泮题词，现存罗明坚一封书信的空白处，中文可能出自一福建秀才，意大利文为罗明坚所写，现藏罗马耶稣会档案馆（宋黎明，2011）[27]

图 3.3　仙花寺原址现存遗址纪念碑（余三乐，2010）[14]

　　虽然利玛窦想将它建成欧式风格的建筑，但为了不引起中国人的反感，主要还是采用了中国建筑风格。而对中国人来说，"人人都觉得这所西式的房屋很是新颖，门上有铁轴，有锁鑰；窗户上按着玻璃；箱子上有合页"（裴化行，1936）[282]，是一座中西结合的建筑。其第一层中央是客厅，用作圣堂，其中正对大门的是一座祭台，祭台后有一面影壁，影壁上供有一张圣母子图像（裴化行，1936）[281]，应当就是之前供奉在传教士临时住处的那张"漂亮非凡"的"圣母小像"；一层客厅两边分别为两间厢房；第二层中间是会客厅，墙上悬挂着一张西文世界地图（裴化行，1936）[277]；二层会客厅两边是传教士的起居室；进门处还有一个可以眺望西江的阳台。这座基督教建筑由中国官府批地、由通过日本贸易获利的葡萄牙人赞助，共花费二百五十两白银（裴化行，1936）[247-248]，可算是明清之际基督教在中国的第一座教堂（图 3.4）。

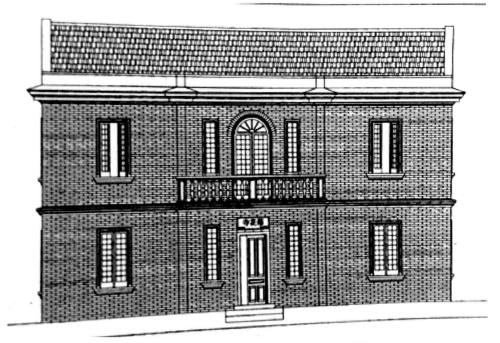

图 3.4　仙花寺复原图（宋黎明，2011）[28]

大约是 1585 年秋季的一天[11]，利玛窦和罗明坚在这个小屋内招待了当地官员和知识阶层的朋友。这天是农历初一，是各级官员到两广总督府请安的日子。清晨请安完毕，这些官员就进入传教士的住处。将近中午的时候，又来了一批等级更高的官员。客人们先在楼下参观圣堂，当他们看到"用皇后的仪态"表现出来的圣母像时，都极力赞许"色调的调和，与笔致的生动"，"有人立在阴阳分明的肖像画跟前出神，看着所画成人像，完全如同活人一样"（裴化行，1936）[282-283]。然后，客人们到楼上会客厅中，一边眺望着窗外的西江，一边进行连续四、五个小时的"茶话会"。

在"仙花寺"二楼的会客厅内，首先吸引中国人目光的，是墙上的西文世界地图，地图上并没有像以前中国人见到的那样将中国放在世界的中心，"凡来参观的人，都凝神注视，并彼此相探问，这是一张什么图"（裴化行，1936）[277]，于是，利玛窦便用中文向客人们讲解这张世界地图。利玛窦相信，"在入手的时期内，为令中国人易于走入信德真理的路径，最能有帮助的，是带有中国字的世界地图"（裴化行，1936）[277]。因此，早在 1584 年 11 月底，

11　到 1584 年 12 月，教堂一层才建成，因此裴化行（1936）[248, 281] 所说"1584 年秋季"疑有误。

利玛窦就已经将西文地图翻译成中文（图 3.5），最后由知府王泮承接了这次印刷。利玛窦曾于 1568-1577 年间来到基督教世界的中心罗马，在著名的耶稣会罗马学院学习。1570 年，第一部近代世界地图集《世界舞台》[12]在安特卫普出版，很快成为当时的畅销书，罗马也印制了精装本，而像利玛窦这样一个在地理和数学方面十分出色的学生，应当是知道这部书的（夏伯嘉，2012）[7-17]。利玛窦的这幅中文地图，应当也受到了《世界舞台》的影响。但是，为消除中国人的"妒视"，利玛窦把地图上的第一条子午线的投影的位置转移，从而将中国放在了世界的中心[13]。在仙花寺的会客厅内，利玛窦对西文地图详加讲解后，又将之前印好的中文地图分发给客人。这地图被视为"稀世的奇品，不久便流传到中国各省内"（裴化行，1936）[278]。

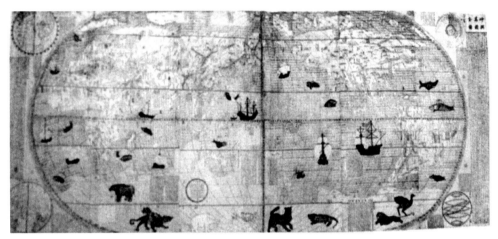

图 3.5　中国最早的世界地图《坤舆万国全图》，绘有天球图、地球图和世界平面图，此版现藏南京博物馆（宋黎明，2011）[168]

　　诸如此类的"茶话会"时常在肇庆仙花寺上演着，这里不仅是一座基督教教堂，在文人士大夫看来，仙花寺更是文人雅士聚会的一个文化会所。官员学者们一边观赏西江的美景，一边品读西洋书籍和图画，还有精通中文的传教士给他们讲解天文地理。作为基督教图像入华的最早据点，祭台上的圣像、会客厅中的地图、书籍中的插图都使来访的客人们叹为观止。"茶话会"

---

12 由安特卫普的亚伯拉罕·奥特琉斯（Ortelius）编纂，共收录 53 幅地图，一改中世纪注重象征意义的地图绘制方法，力求准确的描绘世界地理，不再将耶路撒冷置于世界的中心。

13 利玛窦印制世界地图还有另一个考虑，那就是，让中国人看到，西洋诸国远隔重洋，因此不再恐惧西洋人的大举进犯（裴化行，1936）[278-279]。

期间，利玛窦和罗明坚还会拿出"几箱"西洋书籍，向大家一一展示。这些装帧精美的宗教、天文、数学、地理、建筑书籍中，印有许多插图，中国人发现，西洋数学能够使用"图画"加以讲解，认为"这实在是见所未见，闻所未闻的奇事"（裴化行，1936）[284]。当看到书中绘制的西方建筑时，这些中国官员和学者们"觉得很是危险，因为一所一所的都是层层的高楼"，甚至"有人愿意学习西洋的远景画法"，因为"它是和中国的画法丝毫不相同的"（裴化行，1936）[282-283]。

肇庆教堂中展示的基督教图像、精美的插图书籍和地图，一方面，以其新奇将中国文人士大夫吸引到了传教士身边，彰显了传教士高于其他僧众的文化修养，赢得了中国人的"尊敬"，为进一步传播基督教信仰做了铺垫。另一方面，更重要的是，通过这样一个会所，传教士得以建立起与中国官员交往的一个便捷渠道，他们常常将基督教图像和中文地图作为礼物，送给这些官员，这种纸质礼物往往不会像三棱镜等"宝石"被当做受贿的证据。官员们会向亲朋好友和同僚们展示这些礼物，礼物的新奇性又引得其他人对这些官员交口称赞，由此，不仅扩大了基督教图像的影响范围，更加深了官员对传教士的好感，从而为传教士提供各种方便。比如，1585 年，知府王泮的继任者郑一麟前往北京述职前，官员们在仙花寺为郑一麟举行了欢送宴会，席间，郑一麟就被罗明坚赠送的一幅圣母子像感动，答应日后将传教士带到北京（夏伯嘉，2012）[98]，而进京则是传教士们最为翘首以盼的。

3.4 澳门、日本耶稣会及其他修会送来的圣像及其在中国的传播

早在耶稣会入华之前，罗明坚就曾多次致信罗马，希望可以得到一些插图书籍和圣像[14]，进入肇庆后，澳门方面也曾派人送来了传教需要的基督教图像。1583 年中国传教之门敞开的消息很快传遍了基督教世界，这大大鼓舞了传教士们的宗教热情。为了庆祝这一阶段性的胜利，教皇西斯托斯（Sixtus）五世特别下令举行庆祝活动，还给中国耶稣会送来了一些礼物，其中就包括耶稣会会长克劳迪奥·阿瓜维尔（Caudio Aquaviva）送来的基督画像、日本教区副主管柯罗（Gaspare Coehlo）送来的"大幅基督画像"和菲律宾传教士送来的《圣母子与施洗者约翰》画像，它们都于1587 年送到了肇庆（McCall, 1947）[127]。

---

14 参见罗明坚 1580 年 11 月 8 日和 1581 年 11 月 12 日的信（利玛窦，1986）[427-430]。

耶稣会会长阿瓜维尔送来的是一幅"罗马著名艺术家绘制的基督画像"
（利玛窦 等，2010）[194]，这幅画像尺寸不大，装裱在一个双门的玻璃画框中
[（McCall，1948）[48]，（利玛窦 等，2010）[322]，（利玛窦，1986a）[275]]。1597
年，李日华曾在南昌见到利玛窦，利玛窦向他展示了"一玻璃画屏"，应当就
是 1587 年阿瓜维尔送到肇庆的这幅小尺寸基督画像[15]。利玛窦于 1598 年离开
南昌时，将此画随身携带。到南京后，利玛窦向巡抚赵可怀展示了这一幅救
世主像。据利玛窦回忆录记载，赵可怀对这圣像十分敬重，第一次见到时，
就"立刻用手把镜框的双门关起来，不敢观看"，赵可怀解释说，"一看就知
道那不是常人的像，但是为看这像，书房不够尊敬"，于是将之移至家庙供奉
许久，"家里的人每天都去磕头"（利玛窦 等，2010）[275]。此后，这幅画随利
玛窦一路北上，1601 年成为进献给万历皇帝的礼物之一[（McCall，1948）[48]，
（利玛窦 等，2010）[334]，（利玛窦，1986a）[267]]。当万历皇帝看到利玛窦进献
的圣像时，这幅基督图像"逼真的神态"使万历皇帝惊呼他为"活神仙（活佛）"，
还在像面前焚香"致敬"[（利玛窦 等，2010）[401-403]，（利玛窦，1986a）[347]]。

利玛窦的另一个上级、日本教区副主管柯罗也送来了"大幅基督画像"，
这幅画像是由乔凡尼·尼古拉于 1583 年在日本画院绘制的（McCall，1948）[47]。
1587 年送到肇庆以后，取代了仙花寺一层中央圣堂影壁上那幅供奉了四年之
久的"圣母小像"。直到 1589 年 8 月，制台下令驱逐神父，利玛窦离开肇庆
前，把不方便携带的大型物件交托给一位中国教徒保管，其中就包括"一幅
救世主耶稣基督像"（裴化行，1993）[125]，应当就是尼古拉神父绘制的这一"大
幅基督画像"。后来，肇庆当地信徒们，每逢礼拜日和节日，就在这幅画像的
面前，祈祷上帝、聆听布道。

1587 年，"菲律宾群岛某教派的一位牧师"也委托澳门神学院院长李玛诺
（Emmanuel Diaz Senior）给肇庆送来了《圣母子与施洗者约翰》的画像。这
幅色彩鲜艳的画像在西班牙绘成，其中，"她（圣母）怀抱婴儿耶稣，施洗者
约翰虔诚地礼拜地跪在他们面前"，"因为它熟练地调用本色，人物栩栩如生"
（利玛窦 等，2010）[194]。后来，利玛窦也打算把这幅画像送给万历皇帝[16]（苏

---

15 汤开建（2001）[125]认为，由此可知，"玻璃画最早由利氏从海外传入"。此处，"玻
璃画"一词似有歧义，应当澄清：李日华见到的所谓"玻璃画"，并非在玻璃上绘
制的图画，而是镶在玻璃画框内的小幅油画。

16 但是，实际进呈万历皇帝的可能是另一幅 1598 年来自西班牙的圣母子图像
（McCall，1948）[48]。

立文，1998）[44]。1600 年，在北上的途中，利玛窦曾在山东济宁漕运总督刘心同家中停留，并展示了一幅《圣母子与施洗者约翰》，应当就是 1587 年从西班牙运到肇庆的这幅画像。此像给刘心同留下了深刻的印象，回家后向夫人描述了他所见到的西洋圣母。总督夫人当晚即梦见圣母，因而希望得到这幅画像的复制品。利玛窦担心总督找来的当地画师不具备摹写西洋图像的技巧[（利玛窦 等，2010）[387]，（利玛窦，1986a）[333]]，于是，让南京传教士画家游文辉（图 3.6）临摹了一幅（史景迁，2005）[359][注释45]，送给总督夫人。

图 3.6 中国耶稣会士游文辉绘利玛窦像,1610 年（可能是遗像），
现藏罗马耶稣会大教堂（O'Malley, 2005）[261]

此后，从罗马、西班牙、日本等地经由澳门运来的基督教图像不断地送到中国耶稣会士手中。1595 年，范礼安神父就派人将"一帧从西班牙寄来的圣母像"和"一帧救世主基督像"送到基督教在南昌的驻地（利玛窦 等，2010）[314]。除此之外，范礼安神父还给其他驻华传教团送去过基督教图像及雕塑，1606 年范礼安去世后，他赠予各教堂的"雕像和图画"都被神父们小心保存起来，作为对这位"伟大的人物"的纪念（利玛窦 等，2010）[521]。

1598 年，利玛窦又收到一组来自西班牙的祭坛画《塞维利亚的圣母子》复制品。虽然这块画版在运输途中折断了，但可能正是因为这种损坏，使这幅画看上去更古旧，神父们将之称为"古画"，并将这种碎裂解释为年代久远之故，这就使这幅画格外受到"好古"的中国人的青睐[（利玛窦，1986a）[284]，（McCall，1948）[48]]。1599 年，李玛诺还给利玛窦送来一幅绘制精美的大型《圣路加的圣母子》，是罗马圣马利亚教堂那幅传说为圣路加亲笔所绘圣母子图的复制品（利玛窦 等，2010）[377]，和之前利玛窦在肇庆教堂早期展示的"圣母小像"类似[（裴化行，1936）[281]，（苏立文，1998）[4]]，只是尺寸更大（Bailey，1999）[92]。这两幅圣母图最后都由利玛窦进献给万历皇帝，被中国人分别称为"古画"和"时画"（韩琦，2006）[20]。

3.5　利玛窦和庞迪我进呈万历皇帝的图像

耶稣会在中国的传教活动大多通过与上层人士的"关系"和"友谊"展开。从罗明坚和利玛窦开始，耶稣会士首先试图通过与中国官员的"友谊"，在中国获得合法居留许可；然后，利玛窦等人又试图通过与文人士绅、学者社团（如东林书院）的交往，扩大社会影响力；最后，也是传教士们最翘首以盼的，就是觐见中国皇帝，得到朝廷的支持（利玛窦，1986b）[432]。从 16 世纪末到 17 世纪末，这些都在耶稣会士的努力下一一实现了：耶稣会士得到了皇帝的信任，即便是在 1724 年雍正禁教以后，宫廷中也一直有耶稣会士担任钦天监监正、或供职于如意馆[17]。而在这一过程中，除了传播教义外，基督

---

17 为研究西方的科学成果，康熙皇帝设立"如意馆"，后逐渐取代画院功能，至乾隆二十七年（1762）画院处归并珐琅处，宫廷院画事务则主要由如意馆负责，直至清末。供职于如意馆的耶稣会士有郎世宁（1723-1766 在任）、王致诚（1737-1768 在任）、艾启蒙（1745-1780 在任）、潘廷璋（1773-1812 在任）、贺清泰（1770-1811 在任）。

教图像与三棱镜、钟表等"高科技"一样，往往作为"礼物"，担任着吸引目光、表达友谊、联络关系的重要角色。在传教士看来，这些送给皇帝的精美的宗教图像是推动中国"社会进步"的"润滑油"（利玛窦 等，2010）[377-378]。

1600-1601 年，利玛窦和庞迪我（Diego de Pantoja）带着送给皇帝的礼物，一路北上。如上文中提到的，途中，利玛窦曾在山东济宁漕运总督的家中，展示了在西班牙绘制的《圣母子与施洗者约翰》，还将这幅画的复制品赠予总督夫人。万历二十九年（1601 年），由于宫中的钟表需要修理，利玛窦第一次获准入宫，从而有机会向万历皇帝进献了"天主像一幅"、"天主母像二幅"、"珍珠镶嵌十字架一座"等西洋方物。根据《熙朝崇正集·卷二·贡献方物疏》（韩琦，2006）[20] 记载，其中的"天主像一幅"和"天主母像二幅"分别为："时画：天主圣像一幅；时画：天主圣母像一幅；古画：天主圣母像一幅"。利玛窦从太监处得知，万历皇帝和太后都惊讶于这些圣像"逼真的神态"（利玛窦 等，2010）[402-3]。

根据前文所述，利玛窦进献的两幅圣母图像，应分别为利玛窦于 1598 年收到的来自西班牙的断裂为三截的祭坛画《塞维利亚的圣母子》（"古画"），以及 1599 年由澳门神学院院长李玛诺派人送给利玛窦的罗马圣马利亚教堂《圣路加的圣母子》的复制品（"时画"）。利玛窦进献的"时画：天主圣像"应当就是 1587 年，耶稣会会长克劳迪奥·阿瓜维尔派人送到肇庆的、装裱在双开门玻璃框中、"为罗马著名艺术家绘制的基督画像"，也是 1597 年李日华曾在南昌亲见、1598 年曾供奉于巡抚赵可怀家庙中的小幅"玻璃画屏"[（McCall，1948）[48]、（利玛窦，1986a）[275]、（汤开建，2001）[125]]。

关于"古画"和"时画"的区别，莫小也教授（2002）[56-57] 从绘画风格的角度出发，认为所谓"时画"应为 15 世纪末至 16 世纪中期流行于欧洲的盛期文艺复兴风格绘画，而"古画"应为更强调轮廓线和鲜明色彩的拜占庭中世纪风格绘画。并据此得出结论：拜占庭风格的"古画"比文艺复兴风格的"时画"更接近传统的东方审美特征，因而更易为中国人所接受。

从字面上看，这样的推论的确存在一定道理，但是，对"古画"之称的由来，利玛窦（1986a）[284-285] 在其回忆录中另有一番明确的解释：1598 年，利玛窦一行初入北京，并将进贡之礼物先交由尚书王忠铭和太监们查阅，其中就提到"由西班牙来的圣母像，这像在从码头由陆路运往北京时，由于搬运的人不小心，画版裂成了三块；这在西方，会变成一文不值的东西，但在中国并没有丧失多少价值。因为神父们说那是'古画'，所以是裂开的，因之反而比新的和完整的，价值更高了……太监及在场的人，都很喜欢这些东西"。那么，按照利玛窦的记述，"古画"之"古"并非得名自莫小也教授所谓绘画风格之"古风"，而是因为画版破裂造成的"古旧"之感，其他两幅保存完好的圣像被称为"时画"，可能也与其绘画风格无关，而只是体现了画版的保存状况。

　　除这三幅圣像外，为了满足万历皇帝对西方帝王服饰、宫殿的好奇心，利玛窦至少还进献了 10 幅来自欧洲、日本、墨西哥的西洋图画[（利玛窦，1986a）[348-349]，（利玛窦 等，2010）[406-7]，（Bailey,1999）[92]]。其中包括《世界概观》中收录的五幅大型铜版画。这本大幅世界图册由奥尔蒂利于 1579 年在比利时安特卫普的普兰登出版，其中包括 70 幅地图，以及 5 幅西洋铜版画。这五福铜版画分别为：两幅《罗马教皇和三位皇帝及国王图》、两幅描绘达佛涅和滕比河谷风景的图画和一幅《西班牙圣劳伦索宫》[18][（利玛窦，1986a）[349]，（利玛窦 等，2010）[407]，（苏立文，1998）[48-49]]。除此之外，利玛窦和庞迪我还献上了《威尼斯圣马可教堂》及《1598 年西班牙国王菲力浦二世殡葬图》（张铠，1997）[63-74]。

　　进呈万历皇帝的图像中，还有 4 幅关于四季的羽毛画[（Bailey,1999）[92]，（Masini, 1996）[127-142]]。制作羽毛画是南美洲阿兹特克（Aztec）文明的古老传统，西班牙人征服南美洲后，命当地人将羽毛画技艺用于制作圣像图上，并将这些羽毛画作为礼物带到世界各地。早在 1578 年西班牙方济各会士到达澳门时，就携带了一幅《抹大拉的玛利亚》的羽毛画，这幅羽毛画就是在墨西哥制作的，经由菲律宾运到澳门[19]。"这些深深感染了哈布斯堡和美第奇家族的阿兹特克羽毛艺术"应当也很受中国人的喜爱，利玛窦出版的中文《坤舆万国全图》上还专门标注出拉丁美洲国家的羽毛工艺。加拿大学者贝利认为，鉴于中国和日本自 8 世纪以来就将羽毛用于珠宝和服饰的传统，羽毛艺术在中国应当比在欧洲更受欢迎[（Bailey,1999）[92]，（Spence,1986）[189]]。

　　此外，还有一幅"耶稣圣名像"，图中描绘了教皇、皇帝、国王、王后和贵族的形象，其中，"天使、人、魔鬼，都跪在耶稣面前，并写有这些字：'天

---

18 即西班牙圣劳伦斯宫（St. Lawrence）。

19 此外，1578 年西班牙方济各会士还将一幅罗马圣玛利亚教堂《圣路加的圣母子图》的复制品和一幅关于圣方济各的图像带到澳门（McCall, 1948）[47]。

上，地下和地下的一切，一听到耶稣的名字，无不屈膝叩拜'"，苏立文称之为"一幅关于炼狱景象的宗教画"[（苏立文，1998）[46]，（McCall, 1948）[48]]。万历皇帝对其中描绘的欧洲上流社会的服饰装束十分感兴趣，但是"他不能欣赏一个小人像的细腻特征和绘画阴影的变化手法，这种技巧中国人是忽视的"，于是，命宫廷画师在利玛窦的指导下，将其中的人物临摹放大，并按照中国人的绘画习惯，去除画中的"阴影"，施以重彩[（利玛窦，1986a）[349]，（苏立文，1998）[46-47]]，这应当是明清之际中国宫廷画师摹写欧洲绘画的最早记载[20]。

值得一提的是，虽未得到万历皇帝的亲自接见，这位中国皇帝出于对外国使臣样貌的好奇，专门找来宫廷画师，为利玛窦和庞迪我二人分别绘制了一人高的"全身像"，利玛窦称，"中国人并不擅长画肖像，但这次他们画得相当好"。通过这两幅画像，万历皇帝明显看出了画中传教士的欧洲人特征，称他们为"回回"（利玛窦，1986a）[348]，可见，当时宫廷画师已经具备了相当的写实能力，连欧洲传教士都对之刮目相看，称其画得"生动"。要知道，虽然对中国文化抱有浓厚兴趣，但是，在利玛窦的记述中，对中国人绘画能力加以称赞的语句，是少之又少的。

3.6 小结：16 世纪基督教图像与视觉文化的建构

本章主要根据对文献史料的考察，复原了 16 世纪最早进入中国的一批基督教图像的类别、用途、产地、甚至作者和图像风格，以及其如何、何时、缘何、由谁传入中国、在途中的经历、在中国的传播过程和中国人对之接受程度等。这些都是以往关于中西方美术交流、以及基督教艺术的研究中一笔带过或只字不提的。笔者认为，对这些图像及其传播"语境"的考察，不仅对基督教艺术史的研究具有史料价值，不仅将基督教艺术进入中国的时间及其在中国的影响提前，不仅能从中看到中西文化交流中被"宏大叙事"所遮蔽的历史细节，更为重要的是，在这种交流中，通过对图像作为媒介所传递的丰富信息的分析（比如，传教士对图像的选择和展示、中国人对图像的反映和接受、图像在中国的传播和改编），可以看到，16 世纪的基督教图像是中国早期现代社会及其视觉文化建构过程中不可或缺的一个重要组成部分。

---

20 巧合的是，同一幅"画有教皇、国王和贵族的形象"的宗教画，在 17 世纪初也引起了卧莫尔帝国皇帝的兴趣，他也命人将此画复制放大，绘制在宫殿的墙壁上（Bailey,1999）[92-93]。

　　其中一个显例就是中国皇帝对基督教图像的"转译"：从万历皇帝将欧洲铜版画改绘为中国风、无阴影的大尺寸绘画中，可以看到当时中西方读图方式的不同，同时从万历皇帝下令改绘这一举动，也可以看到中国皇帝对西方视觉行为方式在一定程度上的拒绝；而另一方面，从利玛窦对中国宫廷画师高超画艺的称赞中，又能瞥见当时中国人在写实技法上的造诣，虽则存在对人物面部阴影的禁忌，中国人仍能绘制出"生动"的等大人像。

　　这看似矛盾的两个方面，实际上反映出 16 世纪中西美术交流初期所面临的问题：中西方视觉行为习惯的不同，导致双方在某种程度上的"误读"，中国人对西洋画的复制，出于对西洋生活方式和西洋人相貌的好奇，而西洋人对中国画的肯定，则建立在以"写实"为考评标准的基础之上。

　　那么，在下文中，可以看到，随着基督教图像以各种方式渗入中国社会的各个层面，进入 17 世纪以后，中西方美术交流呈现出越来越深入而多样的局面，中国人不仅开始接受"透视"、"阴影"等西洋技法，在对西洋文化的理解上，也随基督教图像的传播而有所深化。虽然这样的"理解"常常不可避免地伴随着更多"误读"的生成，给中西方文化艺术的交流带来这样那样的障碍，但这并不会使"交流"的脚步停滞不前。在图像的不断"误读"和"转译"中，中国传统视觉方式正逐渐发生着变化，虽未形成 20 世纪"西画运动"那样汹涌的潮流，却在实际上参与着中国早期现代视觉文化的建构。这样的结果，可能不需要等到 20 世纪才见端倪：对比万历皇帝与 18 世纪的乾隆皇帝对待西画的态度，可以看到，在 16、17 世纪的漫长铺垫中，在以基督教图像为传播媒介的西方文化艺术的影响下，中国视觉文化正在发生着实实在在的变化。

第4章 利玛窦与《程氏墨苑》：17世纪中国基督教图像在商业领域的传播

　　晚明以来，基督教题材的印刷品实际上不仅限于宗教领域内的传播，而是以通俗出版物或商品的形式，为更多非宗教人士提供了接触和了解西洋文明的机会，并通过这一传播方式，继续着明清之际基督教图像在中国的"本土化"建构。崇祯八年（1635）出版的《帝京景物略》中，提到基督教图像在当时作为一种异域风情的"商品"，在北京城隍庙会上出售[1]（刘侗等，2001）[242]。尽管这种作为"商品"的基督教图像常常并不严肃，且受到信教人士的指摘（柯律格，2011）[178-179]，但这种传播渠道无疑扩大了基督教图像的影响，让更多中国人"看"到了外来的新题材和新的视觉表现形式。虽然现在已经很难精确评价这种对于新题材或新画面的"观看"在多大程度上对当时的普通中国人产生了影响，至少有一点是明确的，那就是，基督教图像通过非宗教途径的传播，参与了16、17世纪正在中国民间形成和发展的新的视觉文化建构。

　　在本章中，笔者就以目前已知首部[2]收录基督教图像的商业出版物《程氏

1　《帝京景物略》（卷四·西城内·城隍庙市）："城隍庙市，月朔望，念五日，东弼教坊，西逮庙墀庑，列肆三里……外夷贡者，有乌斯藏佛，有西洋耶稣像，有番帧，有倭扇，有苘巴刺碗。"

2　陈垣（1980）[132]称："明季有西洋画不足奇，西洋画而见采于中国美术界，施之于文房用品，刊之于中国载籍，则实为仅见。其说明用罗马字注音，亦前此所无。"柯毅霖（1999）[247,258]引向达和伯希和之观点，认为，这四幅画可能是"现存的由传教士带入中国的最早的宗教画"。

墨苑》为例，对其中四幅基督教图像进行个案研究，以考察明清之际基督教图像在商业领域的传播。通过这一研究，试图呈现晚明以来基督教图像实现"本土化"过程、参与中国视觉文化建构的一个实例。

4.1 "宝像三座"的来源：一个被忽视的立论前提

4.1.1 利玛窦与程大约的会面

今见四幅基督教图像收录于《程氏墨苑》第十二卷，与佛道图像并归为"缁黄"名下，列于佛道图像之后。陈垣（1980）[132]称，"时利玛窦至京师不过五六年，而学者视之竟与缁黄并，其得社会之信仰可想也"。根据利玛窦所题罗马字注音，前三幅图像依次命名为《信而步海》、《二徒闻实》及《淫色秽气》，第四幅图像题名为《天主》，实为《圣母子》图像。除这四幅基督教图像外，《程氏墨苑》某些版本中还收录有利玛窦为前三图所写的说明文字，标题分别是《信而步海，疑而即沉》、《二徒闻实，即舍空虚》及《淫色秽气，自速天火》，此外还有利玛窦所写《述文赠幼博程子》一文（图 4.1）。这四篇短文均以中文写就，但同时又在中文右侧标有罗马字注音。

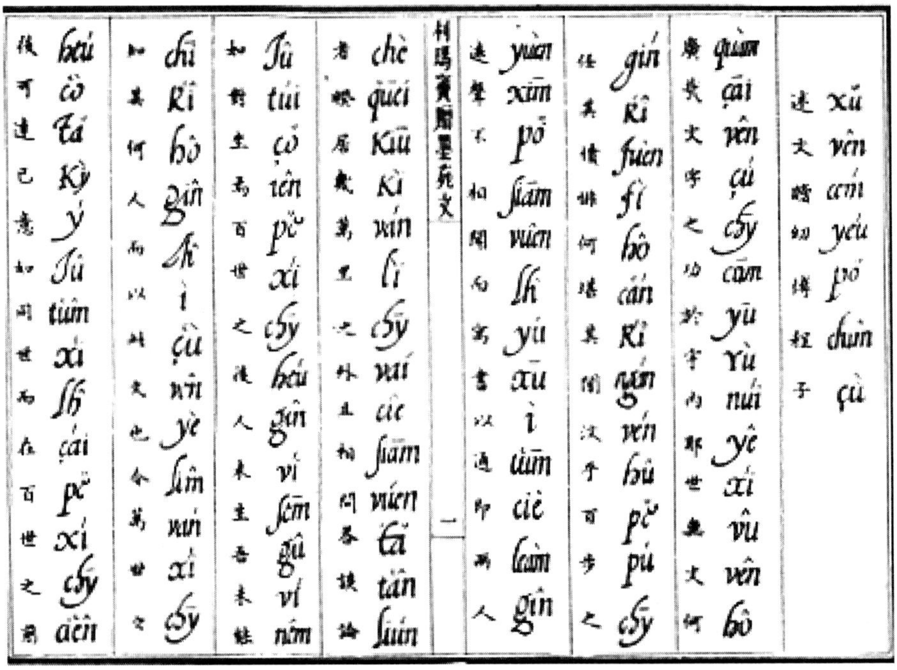

图 4.1　利玛窦《述文赠幼博程子》（1605 年）（利玛窦，1991）[39]

1930 年，向达（2009）[398]先生在《东方杂志》上发表《明清之际中国美术所受西洋之影响》一文，称四幅西洋画是利玛窦"持赠"程大约的，此后，学者们也都众口一词地延续了这一观点[（戎克，1958）[46-48]，（Sullivan, 1970）[606]，（Vanderstappen, 1988）[104]，（柯毅霖，1999）[247]，（Bailey,1999）[983]，（Standaert, 2001）[811]，（莫小也，2002）[102]，（Guarino，2003）[421]，（顾卫民，2005）[121]，（褚潇白，2011）[40]，（肖清和，2011）[323]]。美国学者史景迁（2005）[28-29]更进一步指出，利玛窦不仅是这些图像的提供者，他在提供这些图像的同时，实际上经过了严格的编选，其目的在于将基督教形象和符号融入中国人的形象思维之中。然而，史景迁的这一系列分析，都必须依赖一个前提才能成立，即存世《程氏墨苑》中所收录的四幅基督教图像，均为利玛窦提供给程大约的。那么，事实果真如此吗？

通过利玛窦撰《述文赠幼博程子》一文可知，万历三十三年（1605），"行游四方"的徽州墨商程大约，带着祝石林写的"诗柬"，来到北京与利玛窦会面，期间，程大约递上了他制作的徽墨。这一年农历十二月初一，利玛窦（2001）[268-269]记下了这次见面，并对程大约的墨评价甚高，"所制墨，绝精巧，则不但自作，而且以廓助作者，吾是以钦仰大国之文至盛也"，并且提到，"观程子所制墨，如《墨苑》所载，似与畴昔工巧无异"，可见，在北京的初次会面中，利玛窦就已经看到了程大约新出版的《程氏墨苑》。问题是，利玛窦看到的这本《程氏墨苑》中是否已经收录了基督教图像？从利玛窦（2001）[269]所做《述文赠幼博程子》一文看，程大约对西文颇有兴趣，"程子闻敝邦索习文，而异庠之士且文者殊状，欲得而谛观之，子曰：子得中国一世之名文，何以荒外文为耶"，那么，在这次会面中，程大约的确向利玛窦索取西文，但并未提及是否索取西洋图像。

关于这一问题，通过对近二十种《程氏墨苑》存世版本的实地考察，学者林丽江（Lin Li-chiang）早在其 1998 年递交普林斯顿大学的博士论文《图像的增生：〈程氏墨苑〉和〈方氏墨谱〉的设计与印刷》（*The Proliferation of Images: The Ink-stick Designs and the Printing of the Fang-shih mo-p'u and the Ch'eng-shih mo-yuan.*）中，就提出了不同看法。在 20 多年以后出版的《法国汉学》第十三辑（2010）中，林丽江发表《晚明徽州墨商程君房与方于鲁墨业的开展与竞争》一文，仍坚持认为，程大约带给利玛窦的《程氏墨苑》中，

---

3 贝利还写道，《方氏墨谱》中也收录了同样四幅基督教图像，不实。

应当已经收录了三幅基督教图像。但是，这两篇主要以墨谱为研究对象的论文，远未引起基督教艺术史及美术界的足够重视。那么，在这里，笔者就简要介绍一下林丽江的理论依据。林丽江认为《程氏墨苑》前三幅基督教图像并非利玛窦赠予程大约的理由主要有二：首先，利玛窦提供给程大约的《墨苑文》中，有两次提到"遇宝像三座"（2001）[260、267]。此时利玛窦已身在北京，与佛教徒也展开了数次论战，那么，将其一生都献给基督教的利玛窦不太可能称基督教之外的神像为"宝像"[4]，因此，这"三座宝像"指的应当就是《程氏墨苑》中的前三幅基督教图像，而利玛窦用了"遇"这样一个词，表明这三幅基督教图像并非利玛窦所有。其次，通过对藏于世界各地早期孤本的实地考察，林丽江发现（2010）[133-134]，1605 年左右的《程氏墨苑》版本中，都只刊印了前三幅基督教图像，既没有最后一幅《圣母子》图像，也没有利玛窦的说明文字，四幅图文皆全者直到 1610 年以后的版本中才出现。

事实上，早在 1927 年《跋明季之欧化美术及罗马字注音》一文中，陈垣先生就已经注意到《程氏墨苑》不同版本之间收录图文的差异，但是，陈垣认为某些版本书字的缺失可能是"禁基督教时所削去"，陈垣继而指出，今所见之"图说皆全"者"实为难得"（1980）[132]。既然"图说皆全"的《程氏墨苑》存世不多，那么，也许存在另一种可能，那就是，某些版本可能并非因"禁教"原因而缺失文字[5]，而是延印了早期版本，这些早期版本正是在利玛窦提供的文稿尚未付印之前即已出版的。

此外，陈垣注意到四幅基督教图像及文字有"未编页数"及"自为页数"的现象，并据此推测这些图文应为"书成后所加"（1980）[132]。而林丽江考察的样本更为丰富，她也注意到若干版本中前三幅基督教图像页码重复使用的现象，并且发现法国国家图书馆所藏版本中只收录了《信而步海，疑而即沉》

4　此时，晚年的利玛窦早已改变其早期短暂着"僧服"的传教策略，着意与其他在中国社会地位不高的僧侣拉开距离。

5　同样将"禁教"与图片的缺失联系起来的，还有日本学者小野忠重，他注意到传入日本的《程氏墨苑》中并无四幅基督教图像。小野忠重认为（1999）[27]，其原因可能是 1616-1622 年"南京教难"期间的删节。然而，实际上，1587 年开始，丰臣秀吉即宣布基督教为"邪教"，1612 年以后，更是执行了严格而血腥的"禁教"政策。那么，这种删节也很可能并非中国"禁教"人士所为，而是日本出版商为引进此书所做的必要的版本择选或改编。关于日本禁教期间的出版问题，参阅戚印平《江户时代的"禁书制度"——兼论汉语基督教版书籍在日本的流传》一文（戚印平，2007）[595-650]。

和《淫色秽气，自速天火》两图，由此推断，很可能是程大约先收集到这两幅图像，之后才收到《二徒闻实，即舍空虚》一图。对此，林丽江的结论是（2010）[133-134]：

"根据这些证据，可以推测程君房在 1605 年之前，便已先后收集到前三张西方基督教图像，可是并不清楚其故事与教义。出于炫耀与争奇，程君房还是将这三张西方铜版画，重新摹过，刻板收入《程氏墨苑》中，跟其他的墨图一起在 1605 年左右出版。在程君房于 1605 年底或是 1606 年初遇到利玛窦时，程君房也许将他的书赠予利玛窦，利玛窦也发现了书中所收的这些西方铜版画，便告知程君房有关这些图像的意义，也就乘便为程君房写了三篇简要的解释文字，又加赠一篇序文。"

笔者认为，程大约带给利玛窦的这一版《程氏墨苑》中是否已经收录三幅基督教图像，或者说，四幅基督教图像是否均为利玛窦所赠，这一此前通常为学界一笔带过的问题，实乃研究晚明基督教图像传播的一个重要事实依据，也是研究这些图像在中国"本土化"过程立论的出发点。如果按以往观点，即四图均为利玛窦赠予，那么，研究者就要从利玛窦对图像选取的角度加以考察，比如美国学者史景迁，就将这四幅图像与利玛窦论述"形象记忆法"的《西国记法》一书中四个中国汉字联系起来，并将利玛窦个人的传教经历和情感与选取这四幅图像的原因结合起来。大部分中国学者也沿用了史景迁的分析方法，认为是利玛窦对西文原图作了修改，"是利玛窦让中国复制者掩盖了耶稣受刑的事实"，直到最近的出版物中，仍有对此的反复引用[（褚潇白，2011）[44]，（肖清和，2011）[335]]。但是，如果前三图是程大约见利玛窦之前就已经收集到的，那么，史景迁等人的分析就失去了根基，就需要我们从另一个角度来看待这些基督教图像和文字。

于是，新的问题接踵而至：程大约是如何得到前三幅基督教图像的？这些图像的西方原本是什么？程大约等中国工匠是否、如何以及缘何对这些图像进行了改编？利玛窦为这些图像添加罗马字注音的中文说明用意何在？这些问题，是研究西方基督教图像在中国传播，尤其是在非宗教领域传播的重要历史语境。如果脱离这些语境，单纯从画面上思考基督教图像可能对中国艺术产生的形式和技法上的影响，无异于将这些历史图像斩断根茎、做成"标本"，虽然仍可从"审美"角度加以阐释，但其"活生生"的文化历史土壤已被剥离了。

4.1.2 程大约与"宝像三座"的来源

让我们重新回顾一下程大约和利玛窦的这次会面：至迟在万历三十三年（1605 年）农历十二月初一之前，程大约携祝石林的"诗束"、自制墨品以及印好的《程氏墨苑》，在北京拜访了利玛窦，并向利玛窦索取西文。作为回应，利玛窦著《述文赠幼博程子》记述了这次会面的大致经过，其中提到"遇宝像三座"。既然在这次会面中，利玛窦是"遇"而非"赠"三宝像，那么，程大约得到这三幅图像的来龙去脉，应当是考察基督教图像在民间传播的一个切入点。而要考察这三幅基督教图像的来历，就需要从程大约与利玛窦会面之前的经历入手。

程大约，字幼博，别字君房[6]，明嘉靖中期[7]（瞿，2000）[50]，生于徽州歙县商人家庭（林丽江，2010）[181]。徽州土地不适于农桑耕种，"地狭人稠，耕获三不赡一"，虽则如此，徽州地处皖、浙、赣三省接壤处，水利交通发达，因此，"徽之民寄命于商"（刘尚恒，2003）[1]，出现了独特的"徽商"群体，行旅遍及全国各地。此外，徽州虽土地贫瘠，但绝非自然资源贫乏之地。徽地盛产的竹木，是造纸和刻版的上选材料，而其所产松木和青石，又是制造高品质墨砚的原材料，因此，徽州又以刻书出版业和制墨业名扬天下。发达的印刷业和丰富的藏书，以及高品质的文房用具，都为徽商赢得了"贾而好儒"（刘尚恒，2003）[8]的美名，也使徽州商人穿梭在商贾、工匠、官僚与学者之间，往往承担着精英与通俗文化沟通者的角色。程大约便是其中之一。

程大约于 1554 年随父至南昌经商，期间可能曾随父在南方各地旅行，五年后丧父返乡（林丽江，2010）[121,180]。1564 年，程大约捐资入太学，之后可能在北京居住了近十年（梅娜芳，2011）[47]，屡次乡试未第后，程大约可能在 1576-1591 年期间返乡经营制墨生意，1592 年再次赴京，捐了个小官，但一年后即离职，再度返乡（林丽江，2010）[121]。1594-1600 年间，因被控杀侄，程大约身陷囹圄六年。获释出狱后，很可能在 1601 年，《程氏墨苑》的大致构架就已经形成，且已经小规模付印赠予友人（林丽江，2010）[123,182]。此后，程大约再次来到北京，并于 1602 年冬回乡，1605 年又赴京拜访了利玛窦。

---

6 根据陈垣先生的研究（1980）[132]，关于程大约的生平，《四库全书总目提要》中的著录颇多疏漏，其中就误以"程大约"和"程君房"为二人。

7 林丽江（2010）[121]认为程大约生于嘉靖二十年（1541），但具体生年尚存争议。

程大约写于 1594 年的《墨苑自序》中并未述及入狱之事，林丽江（2010）
[123] 据此推断，此文应写于入狱前，因此，程大约应在入狱前就开始筹划出版
《程氏墨苑》，但因牢狱之灾而中断了。林丽江[（2010）[135]，（Lin, 1998）[204]]
进而推断，既然在 16 世纪 80 年代利玛窦入华之前，已经有欧洲传教士活跃
在日本、澳门和中国沿海地区，那么，有可能在 1594 年之前，程大约就已经
陆续收集到一些基督教图像了，只是他未必了解其中的内容。

但是，笔者认为，在利玛窦入华前，程大约就收集到前三幅基督教图像
的可能性不大，理由有三：其一，耶稣会入华之前，虽然已有基督教图像出
现在中国沿海地区，但根据现有资料，此时入华的基督教图像尚未有与这三
幅图像类似的题材出现[8]；其二，此时入华的传教士多不通中文，尚未有史料
表明此时的传教士已经能够与不通外语的中国人建立信任和友谊，不太可能
将西文原图赠予中国人，而《程氏墨苑》中的基督教图像甚至清晰地复制了
原图中的西文及原作者姓名，因此不可能是不通西文的程大约等人根据记忆
绘制的；其三，林丽江根据现藏法国国家图书馆的版本推测程大约应当最先
收集到了《信而步海》和《淫色秽气》两图，而根据《淫色秽气》一图作者
克里斯宾·凡·德·帕斯（Crispijn van de Passe I，1560/5-1637）的年龄判断，
程大约得到的第一张基督教图像的西文原版制成时间，不应早于 16 世纪 70
年代晚期。又考虑到当时东西交通所需的时间，此图像在 16 世纪 80 年代初
以前即到达中国的可能性不大。

如果这些图像是在 16 世纪 80 年代耶稣会入华之后、1605 年与利玛窦会
面之前得到的，那么，在这段时间，除徽州歙县老家以外，程大约都到过哪
些地方？ 1564-1593 年间及 1600 年出狱后，程大约曾多次往返于徽州和北京，
若采取当时最为便捷的交通方式，应当是经京杭大运河往返，并途径南京[9]。
关于程大约的两则记载可以证明这一推论：其一，1605 年底第一次在北京拜
访利玛窦时，程大约曾携南京科吏、书法家祝石林的"诗柬"，用作介绍信，
因此，此次进京必当经过南京。其二，1606 年初程大约返乡，又有记录显示
他再次经过南京，并拜访了与利玛窦有旧的高官叶向高（林丽江，2010）[181]。
那么，考虑到当时基督教图像在南京一带的传播，以及晚明徽州刻工多有在
南京一带活动的传统（贾晋珠，2010）[20]，《墨苑》中前三幅基督教图像若非

8　详见本书第三章"明清之际最早入华的基督教图像"。

9　利玛窦北上走的路线就是途经南京，再乘船通过京杭大运河，最终到达北京。

利氏所赠，则很可能是程大约于往返北京途中，或者更确切的说，是在南京一地获得的。鉴于此时尚未有其他修会进入中国内地，这些图像当为 16 世纪末或 17 世纪初由利玛窦等耶稣会传教士传入的。而在程大约入狱前和入狱后可能经过南京的时间段里（即 1564-1593 年间及 1600 年后），根据利玛窦在华行程（1595 年、1598 年、1599 年曾三次暂居南京，1600 年 5 月正式奔赴北京），以及根据利玛窦后来所著《述文赠幼博程子》，程大约不可能在南京见到利玛窦。因此，虽然这些图像可能来自利玛窦带到南京地区的一批插图书籍，但由利玛窦亲自拣选其中三幅并赠予程大约的可能性很小。

4.1.3 利玛窦及其所携基督教图像在南京的影响

万历二十三年（1595）和万历二十六年（1598），利玛窦曾两次在南京居住，并在此地创立了耶稣会在华的第四个传教驻地（图 4.2）。1599-1600 年，利玛窦在南京停留一年，此间传教士带来的西洋图像，被南京人描述的十分夸张，已在南京城里传的沸沸扬扬。这期间一直陪伴在传教士身边的中国学者瞿太素，为利玛窦引荐了当地许多官员名儒，其中就有当时南京科吏、书法家祝石林。这位"独揽大权，没有人不怕"的官员非常喜爱利玛窦所著《交友论》，在他看来，利玛窦"在中国已不算是外国人"了。祝石林很快与利玛窦成为好友，并许可传教士在南京居留。据记载，在南京期间，来传教士居所观看西洋方物的中国人络绎不绝，"为了应付参观的群众"，利玛窦只好大张旗鼓地将两幅"圣像"运到祝石林的住处，如此一来，只有这位官员的同僚和学者朋友可以前来观赏这些"圣像"，一般民众才不便再前来观看（利玛窦，1986a）[291、295、323]。从这一系列记载中，可见南京居民观看西洋图像之热忱以及西洋图像在此地之影响。

叶向高的学生顾起元，就曾在南京见到利玛窦所携西洋图像，除后来移至祝石林处"以铜板为帧，而涂五采於上"的圣像画外，还有一种就是利玛窦带来的插图。从顾起元的描述中可知，这些雕刻精美的铜版画插图本"书册甚多……板墨精甚，间有图画，人物屋宇，细若丝发"（1995）[192]，其刻绘之精微、装帧之精美，给当时的中国人留下了深刻的印象，也许利玛窦正在这时将其中几本图册赠予中国友人，后来这些图又为程大约选入《墨苑》刻印出版。

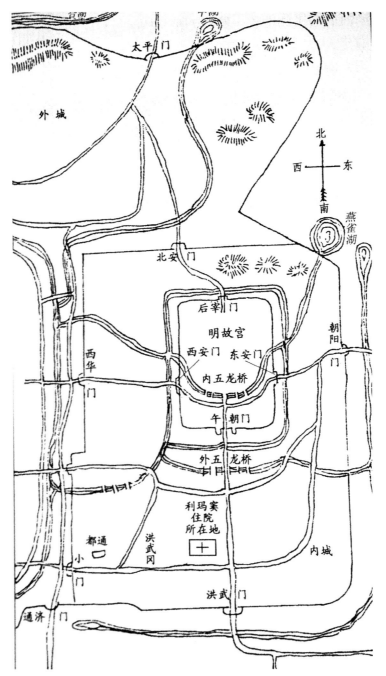

图 4.2　南京城图及利玛窦的传教驻地 (高龙鞶, 2009) [82]

　　这些西洋方物, 包括基督教插图和圣像, 在当时轰动了整个南京城, 前来观看的中国人, "像疯子一样" 热情高涨, 那么, 虽然此时程大约尚未与利玛窦见面，但利玛窦的名气应当已为经常往来南京的程大约所闻，而且，也许正是感受到南京城内对"西洋的事情……好像发了狂，争先恐后，络绎不绝"的追捧[（利玛窦，1986b）[258]，（夏伯嘉，2012）[208]]，作为墨商的程大约才着意将基督教图像收入其《墨苑》之中。1599年，郭居静（Lfizaro Catfino）携庞迪我来到南京，利玛窦和庞迪我离开南京再度北上。很可能在利玛窦离开南京后，程大约得到了前三幅基督教图像。

但是，如果已经得到了西洋图像，程大约又为何专程进京拜访利玛窦，向其求罗马注音文字呢？也许，同时代人汪廷讷在其文集《坐隐逸谱》中收录伪造罗马字一事，可以为我们探询程大约"赴京求字"之初衷提供某种信息：

《坐隐逸谱》中共收录有94字西文罗马字赠言，汪廷讷称此赠言为1605年利玛窦所书（图 4.3）。然而，根据陈垣的考据，这些西文罗马字均出自利玛窦为《程氏墨苑》所著文章，且"信手剪裁，任意联缀"，翻译成中文则完全不通，"欺当时识罗马字者希，特取其奇字异形托之利赠，以惊世炫俗。可见当时风尚，士大夫以得利玛窦一言为荣也"（1980）[133]。如此说来，这些西洋文字已然成为时人追捧的"时尚"，而且，在程大约的《墨苑》出版后，其中收录的罗马字俨然已经成为时人造假的摹本了。可以想见，利玛窦所书之罗马字，乃是《程氏墨苑》一大"卖点"，而程大约正是看准了其中的"商机"，因此，才有了1605年底的这趟赴京"请文"。

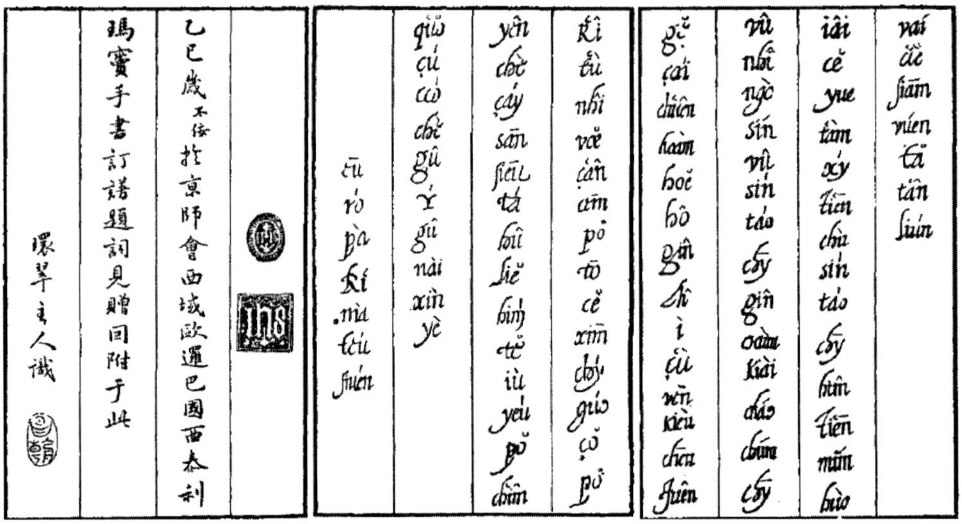

图 4.3　汪廷讷《坐隐逸谱》罗马字赠言（利玛窦，2001）[286-288]

4.2　"宝像三座"图像和文字的分别改编

4.2.1　"宝像三座"的西文原图及其中国制造者

晚明出版业呈现一片"极盛"的景象，其一大特点就是"版画精美"（张秀民，2006）[241]。郑振铎先生称万历时代的书籍出版"差不多无书不插图，无图不精工"（2006）[49]，其中，又数徽州刻书以"版制精美且插图丰富而享有盛名"（贾晋珠，2010）[20]。此时，正值徽墨名声鼎盛之时。为提高市场竞争力，墨商们纷纷以重金请文人墨客作书作画，再请著名绘工、雕工将这些作品刻印成木模，大量印刷，并置于出售的墨盒之中，以招徕顾客、提升墨的艺术品位和市场竞争力。所谓"墨苑"，就是置于墨盒中的印刷品的图集，是晚明鼎盛期徽州刻书和制墨艺术的完美结合。可以说，"墨苑"并非仅仅作为一种出版物在市场上流通，它还是墨商为自己的商品精心制作的广告和销售目录（周绍良，1990）[1]。

《程氏墨苑》收录的前两幅基督教图像《信而步海》、《二徒闻实》原图均出自一套由 20 余幅版画[10]组成的关于"耶稣受难"故事的图册。这套西文图册由当时安特卫普最多产的插画设计师马尔坦·德·澳斯（Marten de Vos 1532-1603）设计[11]，以及著名刻工世家"威力克斯家族"三兄弟中较小的哲罗姆·威力克斯（Jerome/Hieronymus Wierix 1553-1619）和安东尼·威力克斯（Anton II Wierix 1555/59-1604）刻制[12]。此外，安特卫普著名刻绘者克里斯宾·凡·德·帕斯（Crispijn van de Passe I 1560/5-1637）也参与了这套版画的

10　史景迁（2005）[92,126,218]称原图为一套 21 幅版画，前两图原版均藏纽约大都市博物馆，林丽江（Lin, 1998）[205]认为是 22 幅。

11　澳斯作品共计 600 多幅，在当时很受欢迎，被认为是当时最多产的印刷品设计师 [（Laufer, 1937）[107]，（Lin, 1998）[205 note 91]]。

12　这些图像下方和边缘的西文显示了刻绘者的姓名及其承担的工作，根据劳弗的辨认（Laufer, 1937）[107-109]：第一图下方文字为 "Martinus de Vos inventor/ Antonius Wierx sculpsit/ Eduardus ob Hoeswinkel excutit"；第二图框内右下角文字为 "Antonius Wierx sculpsit"，框外下方文字为 "Martinus de Vos inventor. Eduardus ob Hoeswinkel excutit"；第三图圆框下方左右角的文字分别为 "Crispiam de Poss fecit" 和 "et excutit"，劳弗认为左下角的 "Crispiam de Poss fecit" 为中国工匠的误写，此图作者应为 "Crispijn van de Passe"，此图圆框中的拉丁文字是 "Sodomitae in Lothi aedes ingressnnt, Angelisque vim facturi et ijs abusuri; a Domine, ne eos invenirent, caecitate percutiuntur. Genesis XIX"。

刻印，他同时也是《墨苑》中收录的第三幅基督教图像《淫色秽气》西文原图的设计和刻印者（Lin, 1998）[205 note 89]。与前两幅图出处不同，《淫色秽气》一图出自四幅描绘罗得（Lot）生活的版画。这些插图设计师和刻工都曾为当时享誉欧洲的安特卫普"普朗登工作室"工作，这个工作室以精湛的雕刻技艺和精美的插图著称，此前由传教士带入中国的《皇家圣经》和《福音故事图像》也都由此工作室出版。安特卫普"普朗登工作室"出版的这些插图本除在中国教徒和文人士大夫手中传看外，还被晚明中国工匠翻刻成中文插图书出版，成为16、17世纪在中国传播最为广泛的西洋美术作品[13]。

《程氏墨苑》一书由同为徽籍的丁云鹏、吴廷羽等著名画师绘制，黄鏻、黄应泰、黄应道、黄一彬等著名刻工镌刻（周绍良，1990）[3]。虽无确证，但学界一般认为，主要由丁云鹏承担了基督教图像的改编工作（Lin, 1998）[214]。现存丁云鹏所绘人物画中，对衣纹的处理可与《程氏墨苑》中三座"宝像图"的类似刻画相对应。对比原图，可以看到，在《程氏墨苑》中，中国工匠力图保留原作的框架和细节，还将原图拉丁文忠实摹绘下来。对这些原图边框外元素的选取和复制，应当不在画家丁云鹏的工作范围内，而是由黄氏刻工承担的。

那么，从西文图像到中国版本的"转译"，应当是在丁云鹏等著名画家和黄氏刻工的合作下，以及出资方"滋兰堂"主人程大约的建议下，合作完成的。因此，这一"转译"过程中，不仅存在着画家从艺术角度进行的改编，还有刻工从中国传统木刻技法出发对西方铜版画进行的改编，以及出版商从市场和"时尚"的角度对某些元素的取舍。

4.2.2 晚明"尚奇"之风与"宝像三座"图像的商业价值

如果这些图像是由利玛窦挑选并赠予程大约的，那么，美国学者史景迁已经在《利玛窦的记忆之宫》一书中，根据利玛窦的生平经历，为我们"复原"了利氏挑选这三幅"宝像图"用以大规模付印的原因。但是，如果这些图像并非利玛窦所选所赠，而是由程大约在游历过程中搜集到的，那么，史景迁一整套解释的立足点就失效了。根据图像下方文字可知，这三幅"宝像图"分别出自两套装订成册的基督教插图书，至少是从20余幅图像中选取出来的。那么，程大约为何选取这三幅图像而非其他20余幅？是随机的还是别有用意？

---

13 关于《福音故事图像》与安特卫普"普朗登工作室"详见本书第五章（5.1.4）。

　　程大约并未在其著述中留下关于这些问题的确切答案，但是，根据现存史料可知，《程氏墨苑》的出版在程氏与墨商方于鲁的竞争及程氏的商业传奇中占据了重要地位[（林丽江，2010）[121-187]，（周绍良，1990）[3]]。程氏不仅不远千里四处搜寻新奇图样，还注重运用新的刻印技术，使《程氏墨苑》成为今人所知最早的彩印木刻插图书，郑振铎先生曾发"此'国宝'也！人间恐无第二本"的感慨[（2006）[152]，（2007）[35]]。同时，程氏不吝重金聘著名画家和刻工，使得《程氏墨苑》的出版不仅标榜了程氏高人一筹的艺术品位，也在事实上帮助程氏取得了商业上的成功。考虑到上述诸种因素，可知程氏对这些基督教图像的选取，无外乎出自艺术和商业价值两方面的考量[14]。

　　考虑到晚明的"尚奇"之风，与方于鲁早先出版的《方氏墨谱》中所刊图像相比，程氏选取的西洋图像显然因"奇"而具有独特的商业竞争力：

　　《信而步海》中（图 4.4），赤裸上身的耶稣形象是为"奇"，在水面行走的西洋人是为"奇"；《二徒闻实》中（图 4.5），西洋人的服饰装束是为"奇"，背景中的西洋尖顶建筑是为"奇"；《淫色秽气》中（图 4.6），奇装异服、丑态百出和背负羽翼的西洋人是为"奇"，远景中与《二徒闻实》不同的圆顶西洋建筑是为"奇"。事实上，西来的基督教在传入之始就与时人追捧的"奇"联系起来，利玛窦的中文著作《畸人十篇》中"畸人"一语就取自《庄子·大宗师》："畸人者，畸于人而侔于天"，以示基督教徒异于常人之"奇"；由耶稣会士邓玉函（Johann Schreck）口授，中国教徒王徵笔述的中国近代第一部机械图书《奇器图说》中，也用"奇"来描述传教士所携来图书中的西洋器物；皈依基督教的晚明画家吴历也曾多次用"万国新倾十字奇"、"灵源别有主张奇"、"奇绝一页开宝蕊"等诗句称赞基督教之"奇"（2007）[236-237. 247]。

　　对于 17 世纪中国的艺术家和评论家而言，"奇"被认为是"原创力的代称"，"是代表这一时期审美理想的佳作"（白谦慎，2006）[17]。从这个角度，我们可以看到，《程氏墨苑》所收录之基督教图文，因其深谙晚明"尚奇"之风，既是一种新奇而富有"原创力"的视觉图像，也是一种行之有效的商业行销手段，从而实现白谦慎教授所说"使之具有更广泛的公众诉求力"（2006）[21]。结合之前同时代晚明商人、戏曲家汪廷讷在其文集中伪造利玛窦罗马字一事，可见这些"奇异"的西洋图文，不仅对中国基督徒、文人、刻工产生着

---

14 袁宝林更进一步认为其中的艺术价值也是为其"商业动机"服务的（1995）[36]。

影响，也为同时代的商人和市井艺人所喜爱、甚至模仿。而这些因素和产生的效果，应当亦在程大约选取这些图像进行刻印的考量之中。

图 4.4　《信而步海》（左）及其铜版画原图（右）[（利玛窦，1991）[35],（Lin,1998）Fig.4.28]

4.2.3　"宝像三座"的图像改编及"中国式转译"

虽然有学者称《程氏墨苑》对西方印刷品的再现"出奇的精确"（Standaert,2001）[811]，但是，基于不同文化、宗教、工艺背景，中国工匠按照自己的理解方式，难免对这些图像进行有意或无意的"中国式"改造：

首先，西文原图中的"阴影"画法被转化成了中国传统的"线描"，尤其是在一些作为背景、容易为读者忽视的装饰纹样中，比如，对云纹和水纹的程式化描绘，都带有显而易见的中国特色。这一方面体现了中国工匠对传统技法的坚持，由于中国工匠长期以来受到程式化的训练，大自然中的云纹和水纹，在他们的视觉词典中早已成形，因此，这种对传统的坚持很可能是习惯性的，而非有意识、有选择的对西洋画艺的"挑战"，以至于这些纹样只出现在对图像中"不重要"的背景的描绘中。另一方面，这也体现出中国人对西洋"再现"手法的不同解读：在中国人看来，这些用程式化"线描"加以表现的装饰图案，已经成为不言自明、可以被自动转译的"视觉符号"，比如，几条舒展在空中的卷曲线条，在中国读者的脑海中自动"转译"为空中漂浮的"祥云"，而细密的曲线，显然就是波光粼粼的河流的真实"再现"，这是当时西方人的视觉文化习惯难以理解的。

其次，中国工匠并没有将西文原图中作为"边框装饰"的花草动物图案保留下来。林丽江认为这种情况很可能是由于中国工匠并不理解这些与主题无关的书籍装饰的用途（Lin, 1998）[215]。根据考夫曼教授（Toma DaCosta Kaufmann）的研究，在西方传统中，自 15 世纪后期以来，这种自然主义风格的书籍装饰就开始流行，以便使读者感到书页上的一丝自然之风（Lin, 1998）[215 note 115]。与这些书籍装饰的缺失形成鲜明对比的是，虽然中国工匠并不认识拉丁文字，但还是极为忠实地将这些字母描刻下来。在欧洲语境中，图片下方文字的意义在于对图像内容和刻工身份的确认，著名工匠之名无疑是对图像高品质的潜在说明，然而，中国工匠显然不解其意，虽然忠实复制了拉丁文字，但并未在图像上留下自己的名字。同时，结合前文所提到的，晚明文集中收录西文字母似已成当时"惊世炫俗"之风尚（陈垣，1980）[133]，此处中国工匠刻意摹绘拉丁文之用意可见一斑。那么，与之前对云纹和水纹的"中国式"处理的惯性坚持不同，对于复制拉丁文字、删除书籍边缘装饰的选择是刻意的、基于对原图各组成部分的不同理解而做出的：在这些中国工匠看来，图片底部不起眼的拉丁文字的重要性，显然要高于图片四周醒目的动植物图案，或者说，前者是他们认为必须要复制、或可有商业价值的，而后者则是奇怪、多余、不可理解的。在图像"转译"过程中，原图各构成要素之所以存在的"语境"被剥离了，在中国工匠有意识的拣选下，这些要素要么被删除，要么以"中国式"的理解方式被保留，转化成了符合"中国式"思维和市场需求的图像。

第三个比较明显的改变是，原图中人物的衣纹和肌肉的立体感，在《程氏墨苑》的三座"宝像图"中，均被简洁的轮廓线几笔带过。就《信而步海》（图 4.4）而言，原画中耶稣半裸着上身，刻绘者以紧凑而立体的胸腹肌，刻画出一个瘦削的救世主"苦像"，然而，在中国版本中，虽然可以看到中国工匠仍力图原样复制耶稣的姿态、服饰和赤裸上半身的整体形象，但是原画中的立体感和阴影全部被省略了，尤其是耶稣裸露的上半身，完全没有对肌肉的精确描绘，只由几条平滑的线条勾勒出略有起伏的身躯和臂膀的轮廓，原本一身嶙峋瘦骨的耶稣就显得体态健康壮硕。虽然对耶稣形象的描写在《程氏墨苑》中并非重点，但是如此一来，经由对"阴影"画法的省略和简化，在中国匠人毫无宗教知识背景的"转译"下，耶稣救赎人类之"苦"的宗教"语境"，在中国版本中，就被无意识地隐去了，这一点通过与《诵念诸规程》和《天主降生出像经解》等中文基督教插图本中对耶稣瘦削苦像刻画的对比，可以更清晰地看到。而反面例子就是杨光先在《不得已》中刊印的耶稣形象，虽然也是翻刻自基督教插图书，但基于强烈的反教意识，其图比《程氏墨苑》中的耶稣基督形象更缺肌肉和骨感，尤其是在后世再版的数个版本中，耶稣身体越来越被刻画成丰肥无力、滑稽可笑的姿态。可见，基于不同文化的理解和不同的商业、宗教、政治目的，即便对同一西方图像或形象的复制，也都不尽相同。因此，对西文图像的"中国式转译"，绝不仅仅受制于不同摹刻技法，对这种"转译"背后不同文化"语境"和对图像使用目的等因素的考虑也不容忽视。

最后值得注意的是，受这些因素影响，经改编的西洋图像传达出的不同视觉信息也影响了中国人对西方的认知。仍以《信而步海》一图为例（图 4.4），在今天的研究者看来，耶稣小腿处细密的刻纹，应是当时中国工匠对铜版画刻划痕迹模仿的证据（Bailey, 2003）[402]。但是，对于当时对西洋铜版画知之甚少的中国观众而言，这种模仿的结果实际上并未告诉他们更多关于铜版画的知识，反而促成了一种新的"意象"：这些模仿铜版画的细密刻纹更容易被中国观众看成耶稣腿上的毛发。而在中国人的传统认识中，暴露毛发往往是异族和野蛮人的体征，在 19 世纪的反教宣传画中，还常见讥讽耶稣为"畜牲"，称其"皮毛未脱"（如《鬼拜猪精图》，图 7.11）。由此，这幅"转译"的中国图像就对原作中的耶稣形象产生了在传教士意料之外的影响，借由描绘西方人的"中国化"图像，中国人对西方人的"误读"逐渐形成并加深了。

4.2.4 利玛窦对"宝像三座"中文故事的选取和改编

除了对"宝像三座"图像的改编外，《程氏墨苑》中还收录了利玛窦对这三则宗教故事的文字说明，并特别为中文配以罗马字注音。一方面，这些罗马字注音，是利氏应程大约之邀写成，体现了商人程大约对这些新奇西洋字及基督教故事商业价值的看重；另一方面，这些中文说明，又是利玛窦在"补儒合儒"思想指导下，对《圣经》故事进行的"首次"中国式编译（Laufer, 1937）[106]，是"中国最早的基督教义插图的教课本"（莫小也，2002）[103]，而其"宗旨仍在传教"（利玛窦，2001）[248]。

如果说程大约、丁云鹏、黄氏刻工等人对"宝像三座"的"中国式转译"是以商业目的为前提，在毫无基督教背景知识的情况下，无意识地剥离了原图的宗教"语境"；那么，利玛窦为这些图像添加的中文说明，则是利氏根据传教之需、及对中国文化和中国人需求的了解，给这些"宝像"重新构建了一个全新的中国"语境"，是利氏及范礼安等早期耶稣会士倡导的"文化适应"传教方式，在非宗教领域的集中体现。

4.2.4.1 从《约翰福音》到《马太福音》："信"和"疑"的故事

第一图被利玛窦命名为《信而步海，疑而即沉》。利氏在中文短文中以"勇君子"、"行天命"等中国人耳熟能详的儒家经典词句，讲述了耶稣履海的神迹，及使徒彼得因信靠主而在加利利海上行走、因疑惑和恐惧而险些下沉的故事。这个故事发生在耶稣用"五饼二鱼"使五千人吃饱的神迹后，虽然四福音书对"五饼二鱼"和"耶稣履海"的神迹都有记载，只有《马太福音》记录了使徒彼得在海面上行走的故事（圣经·马太福音 14:22-33）。从利玛窦的中文说明中，可以看到，利氏着意以这个故事，向中国人讲述"信"和"疑"的道理，为此，对《马太福音》中的故事进行了改编。

在《马太福音》中，这个故事以耶稣为众人祷告开始，又以耶稣语彼得"小信的人哪，为什么疑惑"，继而风浪复止，船上的人都称耶稣为"真神之子"而结束，强调的是继"五饼二鱼"事件后，耶稣所行的又一神迹，以及对耶稣作为"神之子"身份的再次确认。而利氏《信而步海，疑而即沉》的故事中，并未提及耶稣独自为众人祷告、在众人受风浪折磨之际显履海之神迹、安慰众人"不要怕"等《马太福音》中"彼得在海上走"这一故事发生的重要前提。

利氏开篇除简单交代彼得的门徒身份外，用简洁的语言叙述了彼得"信而步海，疑而即沉"这一事件，然后，将大量笔墨放在借耶稣之口说出的一段话上："少信者何以疑乎？笃信道之人踵弱水如坚石，其复疑，水复本性焉。勇君子行天命，火莫燃，刀莫刺，水莫溺，风浪何惧乎！"到这里，利氏强调的是对天主的"信"，只要有如磐石般坚定的"信"，便可使人不惧刀山、火海、风浪，而"疑"则相反。接下来，利氏并未转回《马太福音》中众人拜耶稣为"神之子"的结局，而是借天主之口说道："一人瞬之疑，足以竟解兆众之后疑。使彼无疑，我信无据"。这里，利氏不仅没有继续对"疑"的批判，甚至反而褒扬了"疑"存在之价值，将其与"信"相提并论，"感其信亦感其疑"（利玛窦，2001）[251-255]。那么，在这里，面对在华开教以来，中国人不可避免的从"疑"开始对基督教的认识，利玛窦从中国人的接受程度出发，改编这个故事的用意是十分明显的，故而，利氏的故事中不仅强调"信"的力量和可贵，也不忘肯定"疑"的作用，将其作为"信"得以存在之"据"。

此时，虽然教皇还没有批准用中文译写《圣经》，但利玛窦并未放弃通过对福音故事的改编，以中国人可以理解的方式传布教义。史景迁等学者注意到，实际上，《信而步海》一图的西文原图描绘的并非《马太福音》中关于"使徒彼得在海上行走"的故事，而是《约翰福音》中耶稣基督复活后，第三次向门徒显现的神迹：在耶稣的示意下，本来一无所获的众门徒突然在水中网到许多鱼，彼得因见到主心切而纵身跳进海中，与此同时，船上的门徒正在奋力将渔网拉上船，这些门徒也各有名姓（圣经·约翰福音 21:1-8）。

那么，就利玛窦著《信而步海》一文，并将原图讲述的故事从《约翰福音 21:1-8》改编为《马太福音 14:22-33》而言，可以看到，利氏强调的并非原图突显的耶稣之神迹，而是通过对《马太福音》中关于"信"和"疑"的故事的选择和改编，为这幅图像赋予了新的"语境"和含义，意在向中国人传达这样的信息："信"能使人无所惧怕，而"疑"也并非坏事，是通向"信"的必经之路。同时，这也体现了利氏对在华传教以来遇到异教质疑时所采取的态度和策略：以积极的心态面对质疑，从认同和理解他人的想法入手，试图用中国人可以接受的方式，引导人们走上"信"的道路。利玛窦虽未能对图像直接进行改编，但通过对图像文字说明（即图像语境）的改编，事实上促成了图像跨文化转译的进程，与程大约、丁云鹏、黄鏻等中国商人、画师、刻工一起，参与了基督教图像在中国的初步"本土化"，为基督教在明清之际中国的传播奠定基础的同时，也为中国人对基督教和西洋文化的理解和"误读"敞开了大门。

4.2.4.2 从"显现神迹"到"耶稣受难"："乐"与"苦"的故事

利玛窦将第二图命名为《二徒闻实，即舍空虚》（图 4.5）。这个故事在《路加福音》和《马可福音》中均有记载，讲述的是耶稣复活后，在去以马忤斯的路上向两个门徒显现的故事，其中《路加福音》描述的比较详细，而《马可福音》则一笔带过（圣经·马可福音 16:12）。此图的西文原作描绘的显然是《路加福音》中那个较长的故事，其中近景先描画了耶稣显现和门徒对耶稣复活一事的讨论（圣经·路加福音 24:13-27），接下来，按照时间顺序，在远景建筑物中，又描画了耶稣拿起饼分给两位门徒的场景（圣经·路加福音 24:28-30）。这两个场景在《墨苑》的中国版本中，也都被中国工匠如实的刻绘下来了。但是，在中文解说中，利玛窦根本没有讲述后一个故事，而是任其埋没在背景中。更令人意外的是，利玛窦甚至没有着墨于第一个故事中关于耶稣复活的讨论。可见，利玛窦在这里并不想强调"耶稣分饼"、"复活"及其背后的象征意义，而是将行文重点放在对"苦难"的论述上，这在《二徒闻实》这幅图中是完全看不到的，也绝非《路加福音》中对此事记述的重心。同时，史景迁注意到，利玛窦并没有将原文中的"以马忤斯（Emmaus）"一词译成中文，表明利氏所改编的故事"中心点在旅途，而非终点"，其目的是告诉世人"长期接受这种磨难最终将会走向天堂"（2005）[184-185]。

图 4.5　《二徒闻实》（左）及其铜版画原图（右）[（利玛窦，1991）[35]，（Lin,1998）Fig.4.30]

利氏在文中，先简单解释了图中所示之画面："天主救世之故：受难时，有二徒避而同行，且谈其事而忧焉。天主变形而忽入其中，间忧之故"。紧接着就提到，"古《圣经》言及天主救世之'苦难'，在接下来的行文中，则通篇都是天主对其之所以选择'苦难'的论述，以及二徒闻此，认清了世俗之乐实乃'空虚'，于是，"终身为道寻楚辛，如俗人逐珍贝"，并最终因"爱苦之功"而"常享于天国"（利玛窦，2001）[256-260]。笔者认为，利玛窦在这样的解说中，除了"表达了自愿接受磨难的禁欲主义思想"（史景迁，2005）[185]的宗教热情外，还表达了对晚明骄奢淫逸之风遍行于世的劝诫，而更重要的则是，利氏借这个故事，委婉地向中国人解释了"耶稣受难"的事实。

利玛窦在中国传教多年，始终无法公开宣扬"耶稣在十字架上受难"这一基督教最根本的教义[15]，诸如万历朝太监马堂等中国人对"耶稣受难"像的误解，以及由此给传教带来的困难，使利玛窦在大多数场合只能以"圣母子"像替代"耶稣受难"苦像（图 2.10），为此，利玛窦等早期耶稣会士也被后来入华的本笃会修士指责为"隐匿耶稣受难的事实"。然而，在利氏为《二徒闻实》一图的撰文中，可以看到，利玛窦实际上已经借中国传统的"否极泰来"和老庄之"福祸相依"思想，以较易为中国人接受的方式，婉转地讲述了"耶稣受难"的内涵及原因："天主降世，欲乐则乐，欲苦则苦，而必择苦，决不谬矣。世苦之中，蓄有大乐；世乐之际，藏有大苦，非上智也，孰辩焉！"（利玛窦，2001）[256-260]。

4.2.4.3 从"惩罚索多玛人"到"恶中从善"："善"与"邪"的故事

与前两图同出自"耶稣受难"故事图册不同，第三图出自一套四幅版画，均为圆形构图。这四幅版画分别描绘了《创世纪》中讲述的上帝要摧毁罪恶的索多玛城（圣经·创世纪 19:1-8）、索多玛人侮辱天使受到惩罚（圣经·创世纪 19:9-11）、罗得（Lot）一家获救但其妻子因回头看而变成盐柱（圣经·创世纪 19:12-26）、以及罗得的女儿与之乱伦而受孕的故事（圣经·创世纪19:30-38）。《程氏墨苑》中收录的第三幅图取自这套西文版画中的第二幅，是为《圣经·创世纪 19：9-11》故事所配插图：两名天使受耶和华派遣，来到即将被毁灭的索多玛城，解救义人罗得，但索多玛城的男人来到罗得家，要罗得交出新来的两个访客（实际上就是到访的天使），以供他们奸淫，这时，两名天使将罗得拉回屋里，并使门外淫邪之人眼目晕眩。

---

15 关于"基督论"在欧洲的形成及其在中国的争论，参阅柯毅霖《晚明基督论》（1999）[22-29, 91-100]。

Ki guéi Se yn

图 4.6　《淫色秽气》(左) 及其铜版画原图 (右) [(利玛窦, 1991)[37], (Lin,1998) Fig.4.32]

从这幅图的画面上看 (图 4.6), 描绘的重点是索多玛城淫邪之人正受天使惩罚的场景, 然而, 利玛窦并未对这个场景的来龙去脉着墨, 也并不满足于记述这一幅图中所发生的故事, 而是以《淫色秽气, 自速天火》为题, 讲述了天主毁灭索多玛城、独 "卓然辣正" 之 "洁人落氏" 得救之事。利氏之文前半部分着意刻画了索多玛城被毁灭的惊人景象: "即天雨大炽盛火, 人及兽、虫焚燎无遗。乃及树木、山石, 俱化灰烬, 沉陷于地, 地潴为湖, 代发臭水, 至今为证", 其用意在于证明 "天帝恶嫌邪色秽淫如此也"。文章的后半部分, 利氏借罗得之 "洁净", 论述了在乱世淫邪中仍保持善念之人, 比 "善中从善" 更为可贵: "善中从善, 夫人能之; 惟值邪俗而卓然辣正, 是真勇毅, 世希有焉。" 最后的结论是, 善恶并非由外界因素决定, "智遇善俗则喜, 用以自赖; 遇恶习则喜, 用以自砺。无适不由己也" (利玛窦, 2001)[263-267]。显然, 这个故事同上一个故事都有意劝人在淫邪享乐之恶世中, 忍受苦难、洁身自好, 以求最终为天主所救。

4.2.4.4 小结：利玛窦的"苦心"及被"图像"淹没的"文字"

《程氏墨苑》之"宝像三座"以及第四图"天主图"的中文标题均为利玛窦所加，通过赋予图像以中文标题，利玛窦首先为这些"不言"的图像建构了"言说"的"语境"。通过对这三则故事的分析，可以看到，利玛窦通过为基督教图像附加中文说明，着意向中国人讲述了关于"信"和"疑"、"乐"和"苦"、"善"和"邪"三则《圣经》故事。

实际上，西文图像中的原重点已经被不同程度地转移了，利玛窦借为图像配文之名，写出了想要向中国人表达的想法。梅娜芳结合晚明流行的"救人于水火"的佛教故事[16]，以及当时水灾泛滥的民情，指出在《信而步海》一文中，利玛窦将"耶稣在提比哩亚海边显现"改为"耶稣履海"故事的另一种可能的理由，即根据中国人愿意相信的传说、以及中国人正面临的苦难，讲述一种中国人迫切需要的"神迹"，以此"抓住中国人的心"（2012）[25]。褚潇白则认为利玛窦通过对佛教的批判，试图将儒家"天"的观念与"天主"教义结合起来，以达到基督教"易佛补儒"之目的，因而，在这些"宝像图"中，利玛窦的真实目的是，通过对耶稣基督形象的塑造，将"天"这一"精神符号"具象为耶稣基督的形象，从而将基督教与中国人的传统思想和民间信仰联系起来（2011）[39-40]。从这些不同角度的解读可见，利玛窦在这里讲述的故事，完全是根据其在华传教需要，结合中国民间信仰和文化，从福音故事中特别选取和改编，以服务于中国读者。

这三则经过改编的《圣经》故事中，利玛窦着重强调"疑"的重要性，以及"恶中从善"要高于"善中从善"，这就与中国人初次面对基督教时普遍怀疑的心理，和当时晚明社会官员贪腐、百姓怨声四起的社会环境相应和。尤其在第二图的中文说明文字中，利玛窦颇具匠心地将图像所示重心转移，转而将"耶稣受难"作为文字阐释的重点，实为"基督论"在中文论述中的一次大胆演练。

然而，作为一部商业出版物，当中国人茶余饭后、闲暇得空随手翻阅此书时，能够在多大程度上理解利玛窦的苦心呢？利玛窦关于耶稣之"人性"和"苦难"的中文论述在事实上被淹没、被无视、被遗忘了，以至于后来频频落以托钵修会"掩盖耶稣受难真相"的口实。这样的局面，既与中国人对耶稣"神性"和"人性"的选择性理解有关（前者更符合晚明中国人对"神

---

16 美国学者劳弗也注意到利氏对佛教典籍相当熟悉（Laufer, 1937）[107]。

仙志怪"小说的偏好，而后者却是中国文化传统难以理解的），另一方面，直观的图像、以及结合中国式视觉传统对图像自由发挥的理解，就使利玛窦力图为图像构建的文字"语境"，显得黯然失色了。

4.3 《天主图》的语境转换与利玛窦传教策略

今天看来，《程氏墨苑》收录基督教图像一事，可算是利氏在华开教 20 余年来在中国产生影响的重要实证（Laufer, 1937）[107]，但后来在欧洲出版的利玛窦回忆录中（图 5.2），却并未提及此事。那么，这部在欧洲出版，意在展示耶稣会在华硕果，以便争取教廷更大支持的著作，为何对《程氏墨苑》中的基督教图像绝口不提呢？

笔者认为，其理由至少有三：其一，从上文利氏对"宝像三座"所写中文故事的分析中，可以看到，利玛窦积极运用"文化适应"的传教策略，希望能以中国人熟悉的方式传播基督教义。然而，"文化适应"的传教策略在当时教廷中仍争议颇多，成为在不同保教权支持下的耶稣会和托钵修会争论的焦点，虽然这一策略在中国得到了行之有效的发展，但实难向不通中文、不习中俗的托钵修士解释清楚。其二，对宗教书籍和《圣经》撰写语言的严格管控，一直是基督教廷"反宗教改革"的重要控制手段，而此时教廷尚未批准用中文译经，可以说利玛窦对《圣经》故事的改编，是在教廷以外"秘密"进行的[17]。其三，《程氏墨苑》中混杂了各种"异教"图像，将严肃的基督教图像刊印在这样世俗的商业出版物上，本身就给托钵修会等耶稣会的对手提供了批评的口实。

考虑到上述几点因素，虽则在北京看到程大约带来老友祝石林的"诗束"、加之其展示的"宝像三座"，对利玛窦来说确是非常值得高兴的事[18]，但是，除在中文赠序中提及，并以四篇文章和一幅基督教图像相赠，以示对此事之重视外，利玛窦在其他西文著述中，尤其是在其回忆录《利玛窦中国札记》中，再无对此事记述一二。那么，利氏所采取的这种"文化适应"的传教策

17　关于 17 世纪教廷对"译经"的管控，详见本书第 6 章"译经"禁忌与《出像经解》的出版（6.3.3）。

18　在利玛窦和新到南京的耶稣会士庞迪我准备进京之际，南京科吏祝石林不仅给他们签发了通行证，还命同行太监一路细心照料，且分文未取，利玛窦对此十分感激（利玛窦，1986a）[330]。

略，不能不说是早期耶稣会士在教廷权威、修会利益争端、和在华开教面临的困难间，做出的富有智慧而艰难的选择，这一策略在《程氏墨苑》中收录的最后一幅《天主图》中体现的尤为显著。

4.3.1　从西洋"圣母子像"到中国《天主图》

这幅被利玛窦命名为《天主》的图像实际上却并非"天主"之图（图4.7），而是一幅"圣母子像"。根据圣母右手的姿势，可以判断，这是一幅"奥狄基提亚式（Odigitria）圣母"，这种样式的圣母像在欧洲中世纪十分流行（Vanderstappen, 1988）[106]。虽然此图是利玛窦赠予程大约的，但利氏并未像对待前三图一样，对之撰文加以说明，只是在图像上标注了"t'iēn chù"的罗马字母，以示对中文"天主"一词的注音。劳弗认为，此图原本应当是哲罗姆·威力克斯（Jerome/Hieronymus Wierix）的一幅同题材铜版画作品，依据是，此图下方的拉丁文字与威力克斯作品中的文字相同[19]。那么，根据图像下方文字可知，威力克斯铜版画的原型是"塞维利亚的圣母（Nuestra Senora de I'Antigua）"，是为悬挂在西班牙塞维利亚圣母主教座堂（Cathedral Maria de la Sede）里的一幅圣像（Laufer, 1937）[110]（图4.8）。"塞维利亚圣母主教座堂"始建于穆斯林统治伊比利亚半岛时期，最初是穆斯林修建的一座清真寺，1248年，西班牙卡斯蒂王国费尔南多三世（Fernando III de Castilla）在"光复战争"中从阿拉伯人手中收复了塞维利亚，同年，这座清真寺被改为基督教堂，图像下方的文字也记载了这一事件，表明此图是为纪念基督教"光复战争"的胜利而做（史景迁，2005）[355]。

但是，如果将《天主图》与威力克斯的铜版画"圣母子"加以对照，会发现二者除了在构图、圣母姿态和服饰方面类似外，在刻绘技法和装饰图案上存在很大差异（图4.7，图4.8）。与《程氏墨苑》前三幅基督教图像对"普

---

19 图片下方的拉丁文是："Domina nostra S.Maria（sui ab antiquitate cognomen）cuius imago in summa/ aede dum Ferdinandus tertius Hyspalim expugnarat in pariete depicta, inventa/ Nuestra Senora de I'Antigua in 8 cm° I a p v 1597"，英译为："Our Mistress Saint Mary（who has this cognomen from antiquity），whose image was invented and painted on the wall in the sublime church, after Ferdinand III had conquered Sevilla"，劳弗认为其中最后一部分"in 8 cm° I a p v 1597"可能是中国工匠误写，因此难以辨认，伯恩的贾斯汀教授认为"a p v 1597"这几个字母可能是"Anno a partu virginis 1597"的缩写，英译为"in the year from the birth of the Virgin 1597"；图中圣母头光内的一圈文字是："Ave Maria Gratia Lena"（Laufer, 1937）[110]。

朗登工作室"原图进行简化不同，与威力克斯的铜版画相比，《天主图》更注
重圣母服饰花纹、背景装饰纹样和边框装饰图案的细致刻绘，将原图简洁的
圣母像装点得华丽异常。就刻绘技法而言，虽然对阴影画法和立体感的处理
仍不及威力克斯的铜板原作，但与前三幅"宝像图"相比，这幅《天主图》
在描绘圣母面部及其衣纹时，显然有意识地运用细密的线条造影，以表现人
物的光影和立体感。根据对多个《程氏墨苑》版本的考察，林丽江发现，这
幅《天主图》应当是在 1610 年左右才收录进《墨苑》的，比"宝像三座"的
刻印时间要晚至少 5 年（Lin, 1998）[221]。那么，考虑到这样的时间间隔，以及
期间中国人对西洋技法的使用和对西画的接受程度，似可以部分解释何以在
《程氏墨苑》四幅基督教图像中，唯独这幅《天主图》，在描绘人物时，运用
了比较明显的阴影画法。

图 4.7 《程氏墨苑》收　图 4.8　塞维利亚圣母（左）、威力克斯铜版画（中）、日本画
　　　录之"天主图"（利　　　　　院木刻圣母（右）[（Vanderstappen,1988）[105],（Lin,1998）
　　　玛窦，1991）[37]　　　　　Fig.4.34.35]

　　根据图像下方的文字，伯希和认为，劳弗识别出来的"in 8 cm° I a p v
1597"应当读解为"in Sem0 Japo 1597"，即此图像的制作年代和地点："日本
（或日本人）修道院，1597"，因此，这个日本修道院应当就是乔凡尼·尼古
拉（Giovanni Nichola）神父在日本市町（Xiqui）或长崎（Nagasaki）创建的
画院[20]，那么，此图的作者应当就是在日本传教的耶稣会士尼古拉神父，制作

20　可能是 1592 年在日本市町（Xiqui）创立的画院，也可能是长崎（Nagasaki）画院，
　　"后者只能被证明始于 1603 年，但非常可能从 1597 年即已存在"（伯希和，
　　2002[146]）。

年代是 1597 年（2002）[146]。中国学者向达也赞同伯希和的看法（2009）[396]，但关于这幅图像是否为尼古拉神父所作、是否在市町或长崎画院完成等问题，仍存争议[21]。通过对比日本藏此图的木版画原本[22]、威力克斯铜版画和西班牙塞维利亚大教堂内现存"圣母子"图像（图 4.8），林丽江认为，这幅图像的日本木版画制品，应当既参考了威力克斯铜版画，也参考了塞维利亚教堂内"圣母子"图像的复制品，既摹绘了铜版画的文字，也有意根据架上绘画丰富图像内容，这样做的目的是在艺术水平上与威力克斯的铜版画一较高低，其中，图像下方"日本修道院，1597"的这个签名，表明作者有意对自己在日本画院所习得的艺术技法的炫耀（Lin, 1998）[213-214]。

4.3.2 从"圣母子"到"天主图"：一帧图像的多重语境转换

无论这幅日本木刻版的作者是不是尼古拉神父，有一点是达成共识的，那就是，根据伯希和和劳弗对图像下方文字的解读，以及目前现存日本的木版画原件，可知，此图应当是在日本复制，1597 年以后，由日本耶稣会传教士传入中国、为利玛窦所得并于 1605 年以后赠予程大约的。那么，从这幅图像复杂的来源，可以看到其中经历的多重语境转换：

首先，从"清真寺"到"基督教堂"——最初的"语境"建构：13 世纪中期，为庆祝基督教对伊斯兰教的胜利，塞维利亚清真寺被改成教堂，此时，欧洲正笼罩在一片"圣母崇拜"的宗教热情之中，12、13 世纪西欧"几乎所有教堂"都是献给圣母玛利亚的（Aradi, 1954）[27]，在这样的宗教需求下，塞维利亚圣母教堂的墙壁上悬挂上了当时盛行的"奥狄基提亚式圣母像"，这种拜占庭风格的圣母像直到 14 世纪以后，仍在欧洲非常流行[23]。现存于塞维利亚大教堂的一幅绘制于 15 世纪初的"奥狄基提亚圣母"（图 4.8 左），应当也

---

21 比如，日本学者西村桢（Nishimura Tei）等人就认为此图作者应为本土日本人[（史景迁，2005）[355, 362-3]，（Lin, 1998）[211, notes 107]]。

22 此图现藏日本长崎浦上基督教堂（the Oura Tenshudo Catholic Church in Nagasaki）（Bailey, 2003）[412, note 13]。

23 劳弗提出另一种可能，即这幅"塞维利亚的圣母"可能是在穆斯林统治伊比利亚半岛时期，被基督教徒巧妙隐匿起来，而未遭破坏，那么，这幅圣像应当就是 8-12 世纪的作品（1937）[111]，有当代学者也同意劳弗的观点（Vanderstappen, 1988）[106]。但是，笔者认为，画面上圣母手持"玫瑰"这一符号，应当与《玫瑰经》的出现和流行有关，这样的符号在圣像中的出现时间不应早于 13 世纪。

是 13 世纪中期这幅圣母壁画的复制品[24]。

其次，从基督教堂的巨幅"圣像"到可复制的便携"铜版画"：16 世纪中后期，安特卫普的威力克斯得到了塞维利亚"圣母子"图像的某种复制品，以此为原本，刻印了"塞维利亚圣母子"的铜版画，并注明其刻印的一个目的即纪念 1248 年西班牙"光复运动"的胜利，鉴于当时威力克斯家族与西班牙国王之间的亲密合作关系，这幅铜版画很可能是在西班牙国王的授意下制作的。

再次，穿越大西洋和印度洋进入远东：16 世纪末，塞维利亚教堂"圣母子"像的架上绘画作品，和威力克斯刻印的铜版画，都由奔赴远东的耶稣会士带到日本，为尼古拉神父在日本创办的耶稣会画院学生、或者尼古拉本人所得，出于炫耀艺术技巧、或临摹、或单纯为了圣像的生产等目的，1597 年，木版画"塞维利亚的圣母子"在日本画院刻印出来，并在日本的教堂和教徒中展示和传播。

最后，从日本耶稣会画院的"木版画"到中国随墨出售的"商品画"：16 世纪末、17 世纪初，这批在日本刻印的木版画中的一幅或几幅，通过往来日本和澳门的耶稣会士，经由澳门传入中国，最终传到当时在南京或已在北京的利玛窦手中，1605 年底，在与程大约见面后，利氏将此画转赠程氏，并以罗马字注音为之题名"天主"。之后，程氏携此画回到徽州，交由丁云鹏等画家照此绘制图样，又交由黄氏刻工雕刻，终于在 1610 年左右，完成了"塞维利亚圣母子"木版画的中国版本。作为"墨样"，这幅中国版"塞维利亚圣母子"，不仅附在《程氏墨苑》"三座宝像"之后以书籍的形式出版，同时也随墨售出，出现在无数喜好程氏徽墨的文人士大夫书案上。

到此为止，经历了多重"语境"转换、被一再"转译"的这帧图像，终于呈现在中国人面前：图中圣母左手怀抱耶稣，右手持玫瑰；耶稣左手有葡萄，腿上站双翅张开的金翅雀，这都是耶稣受难和死亡的象征符号[25]，图中小

---

24 现存塞维利亚教堂的圣母像右下方有一个女供养人，她是阿拉贡国王费迪南一世（Ferdinand I of Aragon 1380-1416）的妻子（Leonor de Alburquerque 1374-1435），因此，这幅圣像应当是由这位女供养人赞助的，绘制时间应当在 15 世纪初（Vanderstappen, 1988）[106]。

25 与日本原版图像相比，这只金翅雀是中国版本后来加进去的，史景迁认为，这可能是中国刻工根据利玛窦的要求加上去的，以此能够"产生一种更为深奥的神秘的思考"（2005）[355]。

耶稣还举起右手以示祝福；圣母头顶的三个天使为她带来了王冠，圣母身后的头光上写有拉丁文"Ave Maria Gratia Lena"[26]。

然而，跨越国界与文化的图像"转译"远未就此结束。史景迁注意到拉丁文"Plena"在中国图像中印成了"Lena"，如此一来，"万福玛利亚（Ave Maria Gratia Plena）"的含义就变成了"有诱惑力、迷人的玛利亚（Ave Maria Gratia Lena）"（2005）[355]。另外值得注意的是，经历多次"语境"的转换，这幅图像的名称从最初的"圣母子"，变成了利玛窦题写的"天主"，这也就难怪16世纪末，南京城里的中国人普遍认为基督教的"天主"是一个怀抱着婴儿的妇人，更有中国人将基督教的神误认为是佛教的"观音"[（裴化行，1936）[282]，（McCall，1948）[47]，（Bailey,1999）[91]，（史景迁，2005）[334.358]，（利玛窦 等，2010）[169]]。史景迁认为，利玛窦很可能并没有尽力去阻止这一误会的传播，因为，"在耶稣会的工作中，圣母图像的影响实在是太大了"（2005）[355]。

从这个意义上，这幅"圣母子"一而再地脱离了其最初"语境"：从悬挂在西班牙大教堂里的作为宗教膜拜的对象，转换成了纪念宗教胜利的安特卫普铜版画，然后成为日本画师炫耀技艺的木版作品，最后进入中国的商业流通领域。最初欧洲教堂里独一无二的宏伟壁画，变成了中国民间可复制的小型木版画，或商品"销售目录"（周绍良，1990）[1]，圣母从圣洁的神坛上走下，变成了"有诱惑力、迷人（lena）的玛利亚"，成为商人招徕顾客的一种营销手段，而利玛窦可能并未加以阻止，相反，鉴于中国人对耶稣受难"苦像"的禁忌，用美丽的圣母像替代苦难的耶稣像在公共场所展出，是利玛窦等早期耶稣会士"文化适应"的传教策略之一。在广东肇庆利玛窦创建的第一处传教驻地，当地普通民众就因为圣母像的"栩栩如生"而将之视为神灵，纷纷自愿在圣母像前磕头祭拜（利玛窦 等，2010）[169]。到16世纪晚期，圣母图像已经普遍受到中国文人官员和宫廷贵族的喜爱，在传教中也发挥了重要的作用，其中最著名的，就是前文提及的，徐光启被一幅精美圣母子像吸引，"心神若接，默感潜孚"，进而在同年即受洗入教的例子。

---

26 "万福玛利亚（Ave Maria）"是基督教的祷告语之一，隐喻圣经中的两个场景（圣母领报和圣伊丽莎白的到访），最早在7世纪主日弥撒的唱诗中出现，11世纪在礼拜圣母时，被反复吟诵，到12世纪以后，已经成为赞美圣母像的一种常见方式，在欧洲十分流行（Winston，1993）[620]。

在这里，圣母形象经历了本雅明（Walter Benjamin）所谓从"膜拜价值"到"展示价值"的转换，或者更进一步说，圣母形象在中国脱离了其崇高的宗教膜拜意义，转而被赋予了具有中国特色的"商业价值"，其写实的西洋笔法，使"圣母图"比民间喜闻乐见的"美人图"更诱人，因此也更为商人看重。而利玛窦等耶稣会传教士对圣母像在民间的诸种流传采取了默许、甚至鼓励的态度。于是，唯利是图的商人和传教心切的传教士在对圣母像的使用上达成了一致，实践着彼此之间"共赢"的合作。

4.4　小结：《程氏墨苑》中基督教图像的传播及意义

作为一部具有"商品目录"性质的"墨谱"，《程氏墨苑》中收录的图像，其首要身份是"墨样"。这些"墨样"首先是以文人为主体的顾客对墨品考量的一个重要因素，或印刻于墨模上，赋予"程氏之墨"以新颖的外观，或印刻在木版画上，随"程氏之墨"一并送出而传至四海。在晚明徽墨的鼎盛时期，"程氏之墨"名扬天下，不仅是皇帝喜爱的"贡品"，也是文人士大夫倾心的"文房"之宝，其需求量以及向全国各地的供货量是十分可观的：比如，万历八年（1635）成书的《帝京景物略》中，就有对程氏之墨"品价尤重"的记述（刘侗，2001）[242]；在《刻程氏墨苑序》中，董其昌曾盛赞："今程氏之墨满天下，同能者悉力而与之角，数年来不闻有超乘而先者，即诸公酬赠以为耀绝四海，不减奚超矣。百年以后，无君房而有君房之墨；千年以后，无君房之墨而有君房之名"；不仅董其昌赞誉于此，时人甚至将"程氏之墨"与董其昌之书画，并列为万历年间"文治响盛"之明证（白谦慎，2006）[8]，程氏制墨声名之盛可见一斑。

那么，以墨为依托的商业行为，就为其中的基督教图像，提供了一种特殊的传播方式，这无疑扩大了这些图像的影响范围。在这样具有中国特色的传播中，这些随传教士不远万里来到中国的基督教图像，不再是信徒眼中关乎信仰和内在精神的神圣之物，他们先是成为中国商人迎合晚明"尚奇"之风的"营销手段"，继而随出售的商品一起，作为一种额外附赠的装饰品，出现在晚明文人士大夫的"文房"中，成为这些异教徒"清玩"之一部分。基督教图像从西方"神圣的观看"进入中国民间"日常的观看"，这个过程，不仅是这些基督教图像失去宗教"语境"的过程，实际上，也是发生在 16、17 世纪，西方文化艺术在民间自发传播、并产生变化、在"误读"中不断实践着"本土化"的一个重要过程。

作为一部"百科全书式"结集刊印的出版物，《程氏墨苑》从天地人物、到儒释道耶，力求包罗万象，从而与更早出版的《方氏墨谱》展开竞争。从后来辑为附录的《人文爵里》中可以看到，当时《程氏墨苑》这部出版物在文人圈里广为传播、备受文人士大夫好评。

但这些基督教图像的影响却绝不仅限于"舞文弄墨"的文人。除了在文人圈传播外，这部出版物还为工匠和其他墨商所喜爱，既是刻工学习刻印技术的图谱和范本，也影响了后世墨商和出版商对"墨谱"和"图绘"的编纂。其中一个显著的实例就是，在《程氏墨苑》出版后不久，1628 年方瑞生刻印的墨谱《墨海》中（卷三·墨事摹·摹奇），收录有一幅名为《婆罗门》（图4.9）的图像。有学者注意到，虽然此图名为描绘佛教圣地印度婆罗门的景象，但从其中一图对建筑物的描绘上看，应当就是对《二徒闻实》一图中背景建筑物的"翻版"（李超，2007）[182]。在这里，欧洲基督教图像经由中国出版商的反复刻印，经历了多次语境转换，最终成为佛教图像中的构成元素。通过这样的视觉和文化传播，这些西洋基督教图像所产生的影响，已然跳出宗教语境之外，内化为中国民间信仰和通俗文化中默默无语的组成部分了。

图 4.9　《墨海·婆罗髓墨》（左，中）和《程氏墨苑·二徒闻实》局部（右）[（方瑞生，1991）[183]，（利玛窦，1991）[35]]

可见，《程氏墨苑》中基督教图像的传播，实为明清之际基督教图像在华传播多样性的一个实例，是"西画东渐"和"西学东渐"在中国民间生成和发展的珍贵案例。与《诵念珠规程》、《天主降生出像经解》、《进呈书像》等主要在中国信徒中传播的宗教插图书相比，《程氏墨苑》中基督教插图的受众显然更为复杂。经由《程氏墨苑》的刊印，这些舶来的宗教插图已经不再局限于出现在中国的基督教出版物中：一方面，这些基督教插图以其独特的异域风情，变身为兼具艺术和商业价值的"墨谱"或"销售目录"出现在市场上，成为商家招徕顾客、提高商业竞争力的手段；另一方面，从插图到"墨谱"的转变，淡化了这些《圣经》故事图片原本的宗教"语境"，《圣经》插图由此进入中国文人雅士赏玩之高级文化用品的讨论范畴，从单纯的讲述宗教故事，转变成了晚明流行的"尚奇"的视觉符号。

如果说，对《福音故事图像》插图在中国制作和传播的研究，可以窥视 17 世纪基督教在中国的传播策略及其对中国 30 万信徒的"视觉启蒙"的话[27]，那么，对《程氏墨苑》中插图的研究，则可以使我们从另一个侧面了解 17 世纪基督教图像，在中国如何游离出原有的宗教"语境"，而与中国商人的营销策略及文人的日常用具联系起来。实际上，这些看似与基督教不相干的 17 世纪中国社会各个层面的生产生活，都不能与当时在中国出现的新生宗教文化全然割裂起来。

---

27 关于《福音故事图像》在中国宗教领域的传播，详见第 5-7 章。

第 5 章　罗儒望与《诵念珠规程》：第一本中文教义插图书的出版与改编

5.1 明清之际入华的西文插图书籍及其影响

5.1.1 16 世纪传教士与西文插图书籍入华

从 15 世纪中期开始，随着欧洲古登堡印刷术的发明，书籍制作成本得到了大幅度降低，出版印刷业在欧洲发展起来。到 16 世纪初，印刷厂已遍布整个欧洲，印刷物的大量出现和传播，挑战了教廷控制《圣经》的绝对权威，对欧洲的文艺复兴运动和宗教改革运动起到了强有力的推动作用，有学者称，"使中世纪的拉丁文《圣经》过时的不是新教而是印刷术，产生新的驱力去开发大规模市场的不是新教而是印刷术"（爱森斯坦，2010）[218]。新的传播媒介不仅为宗教改革运动中的新教徒所用，也成为反宗教改革的天主教徒的传教工具。在欧洲天主教传教士进入中国之初，就有重视书籍并随身携带的传统。利玛窦曾在其中文著作中道出书籍在传播信息方面的重要性："一人言之，或万人听之，多则声不罄已；书者能令无量数人同闻之，其远也，且异方无疑也"（2001）[268]。

1575 年，明朝政府与驻守菲律宾的西班牙当局在共同搜捕海盗的行动中，一度达成和解，包括拉达在内的两名西班牙奥古斯丁修士以使臣身份出使明朝，在福建停留约 3 个月的时间。在此期间，拉达不仅随身携带了书籍，还向中国官员展示了装饰有十字架、耶稣、圣母和使徒图像的书签（博克塞，1990）[181]。对于书籍的重视还体现在拉达从福建带回的大量中国书籍上，这些书籍涉及造船、宗教、历史、法律、中医、天文等各个领域。1579 年包括阿尔法罗在内的 4 名方济各会士悄悄潜入广州城，他们携带的行李中也有书籍和圣像的记载（裴化行，1936）[166]。

16 世纪新兴的耶稣会则更注重书籍装帧的精美和插图的丰富程度，在创始人罗耀拉的带领下，耶稣会形成了重视教育、重视书籍出版、重视绘制圣像和印刷插图的传统[1]。意大利耶稣会士罗明坚等人在 1579-1582 年期间就曾多次进出广州城，随身携带的物品中就有装帧精美的插图本圣经故事书，"内中尽是圣母事迹及信德奥理的插图，琳琅满目，美不胜收"（裴化行，1936）[277]。罗明坚和利玛窦等人都曾多次在信中要求罗马教廷寄来插图书籍，因为"中国人是甚喜爱看图画的"，"这样很容易解释介绍给他们"（利玛窦，1986b）[457]。在信中，他们反复强调寄来的书籍要"精印"，且"装订必须精美"，以便通过这些书籍，向中国人展示传教士也来自诗书礼仪之邦，从而与中国人印象中野蛮的西班牙商人划清界限（利玛窦，1986b）[259,427,434]。

早在 1583 年利玛窦和罗明坚抵达肇庆时，他们就携带了"几箱"包括宗教、天文、数学、地理、建筑在内的西文书籍，这些书籍"各种的尺寸都有，从两开本至最小的板本，无一不备，在白色而又坚韧的纸质上，印有大小适宜的文字；印刷的精美，镀金的书边，丝绒的封套，套上附有的银钩，这样样都引起学者好奇心"（裴化行，1936）[277]。在 1605 年 5 月 5 日的信中，利玛窦曾写道，"就几何、计时和星盘学而论，我有很多书，可以说应有尽有"（惠泽霖，2009）[17]，可见在利玛窦时代，后来建于北京的南堂图书馆就已初具规模，而其中更是不乏精美插图本。书籍中印有插图，这在欧洲被认为是对该书"神圣地位"的肯定（柯律格，2011）[38]，那么，插图本应当是传教士从欧洲出发时，准备携带图书时的首选。

晚明文人顾起元在南京出版的《客座赘语》中（图 5.1），就有对其所见西文图书的描述："（利玛窦）携其国所印书册甚多，皆以白纸一面反复印之，字皆旁行；纸如今云南绵纸，厚而坚韧，板墨精甚。间有图画，人物屋宇，细若丝发。其书装钉如中国宋摺式，外以漆革周护之，而其际相函用金银或

---

1 详见本书第一章关于"耶稣会"的介绍（2.3.2）。

铜，为屈戍钩络之；书上下涂以泥金，开之则叶叶如新，合之俨然一金涂版耳”（1995）[192]。可见，传教士所携图书不仅纸质上乘、印刷精美、装帧华丽，而且，其中不乏“细若丝发”的描绘人物、建筑的插图，这些都给当时中国人留下了良好的印象。

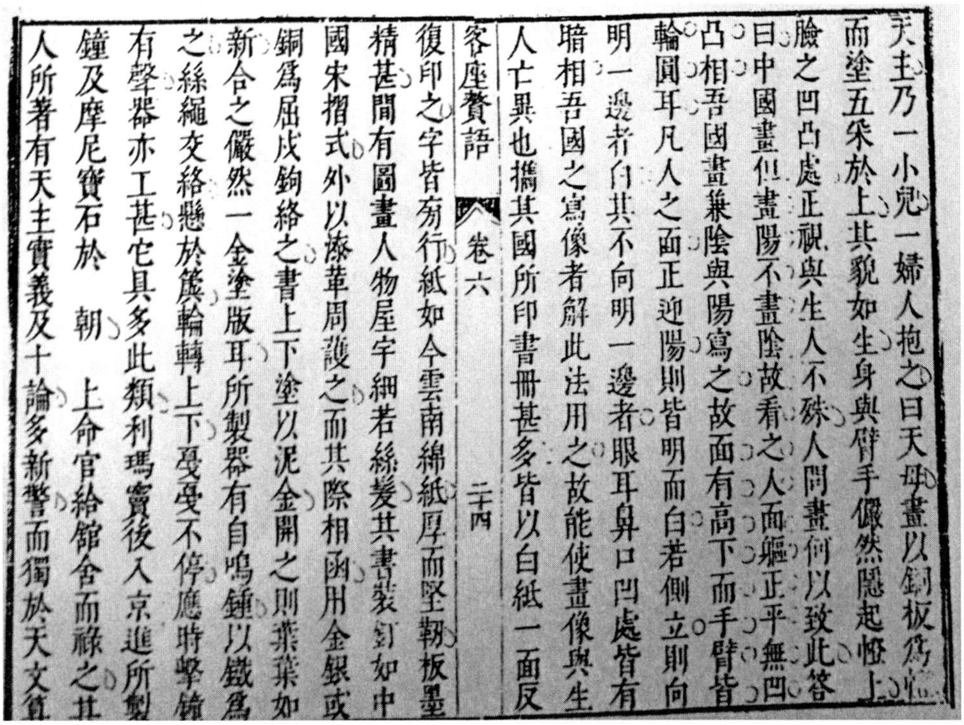
天主乃一小兒一婦人抱之曰天母畫以銅板爲幀
而塗五采於上其貌如生身與臂手儼然隱起幀上
臉之凹凸處正視與生人不殊人問畫何以致此答
曰中國畫但畫陽不畫陰故看之人面軀正平無凹
凸相吾國畫兼陰與陽寫之故面有高下而手臂皆
輪圓耳凡人之面正迎陽則皆明而白若側立則向
明一邊者白其不向明一邊者眼耳鼻口凹處皆有
暗相吾國之寫像者解此法用之故能使畫像與生
人亡異也攜其國所印書册甚多皆以白紙一面反
客座贅語　卷六　二十四
復印之字皆旁行紙如今雲南綿紙厚而堅韌板墨
精甚間有圖畫人物屋宇細若絲髮其書裝訂如中
國宋摺式外以漆革周護之而其際相函用金銀或
銅爲屈戍鉤絡之書上下塗以泥金開之則葉葉如
新合之儼然一金塗版耳所製器有自鳴鐘以鐵爲
之絲繩交絡懸於簴輪轉上下戛戛不停應時擊鐘
有聲器亦工甚它具多此類利瑪竇後入京進所製
鐘及摩尼寶石於　朝　上命官給館舍而祿之其
人所著有天主實義及十論多新警而獨於天文算

图 5.1　明顾起元《客座赘语》（1617 年初版），复旦大学图书馆藏清光绪六年陆心源刻本影印本（顾起元，1995）[192]

利玛窦逝世后，耶稣会士金尼阁在欧洲为中国筹备图书馆藏书时，也倾向于选择装帧豪华的“大开本”（惠泽霖，2009）[19]，其中应当也不乏精致的铜板插图。然而，1616-1623 年的“南京教难”期间，内地教堂被关闭、捣毁者无数，传教士被驱逐到澳门。当时身在南京的曾德昭神父说，“我们的房子、家具，尤其是所有的书籍，都被洗劫一空”（惠泽霖，2009）[18]，这里提供给我们两方面信息：首先，在教难之前，南京教堂就已经拥有了一批西文书籍了，很可能就是顾起元在南京所见之西文插图书；但是，这些书籍在 17 世纪初期的教难中遭到了毁坏，未能留存下来。

5.1.2 金尼阁"七千卷"与"北堂藏书"

除传教士随身携带、或由教廷和教会不断向内地寄送的书籍外，明清之际有记载的西文书籍大规模入华当属 1620 年意大利耶稣会士金尼阁（Nicolas Trigault）携来的"七千余部"图书。方豪、钟鸣旦、惠泽霖（Hubert Germain Verhaeren）神父以及苏立文等学者，根据金尼阁与时人的通信，以及耶稣会内的相关拉丁文牒等珍贵史料，大致勾勒出了金尼阁携书入华的来龙去脉，尤其是钟鸣旦对此有比较深入的研究[（方豪，1969）[39-52]，（Verhaeren, 1949），（Sullivan, 1970），（Standaert, 2003），（Standaert, 2007）]。

1613 年，接替利玛窦担任耶稣会中国教区会长的龙华民，派金尼阁返回罗马，向教廷汇报耶稣会在华传教的进展，其主要目的是请求教廷准许耶稣会内部建制、将中文作为一种传教语言、增派传教士、寻求经济资助、收集送给中国皇帝的礼物，以及申请在中国建立"堪与欧洲第一流图书馆相媲美的中央图书馆"（惠泽霖，2009）[19]，此外，还准备在南京等地建立规模较小的图书馆。经过长途跋涉，金尼阁于 1614 年底回到罗马。

实际上，在金尼阁从中国启程之前，龙华民就给他制定了一个详细的申请在中国设立图书馆的计划，其中第一步就是说服教皇同意设立并资助北京图书馆。为了达到这个目的，金尼阁将利玛窦遗著《基督教远征中国史》（即《利玛窦中国札记》）一书进呈教皇，并于 1615 年在德国奥格斯堡（Augsburg）出版[2]（图 5.2）。鉴于耶稣会在华传教取得的巨大

图 5.2　金尼阁 1615 年在德国出版的利玛窦遗作《基督教远征中国史》（今中译为《利玛窦中国札记》），图中人物为"远东传教之父"沙勿略（左）和着儒服的利玛窦（右）（利玛窦 等，2010）[PL.3]

---

2 在初版献词中，金尼阁写道，"这所图书馆的创立，它与教皇的荣耀相称，将成为基督教与罗马教廷传播到这个遥远国度的不朽纪念碑"（惠泽霖，2009）[19]。

成就，教皇很快就同意了在北京设立图书馆的建议，并捐赠了约 500 卷图书，此外，教皇和其他的耶稣会会长每人还捐赠了 1000 枚金币用于购书，显赫的美蒂奇（Medici）家族和哈布斯堡（Habsburg）家族的达官显贵们也都纷纷献上送给中国皇帝的礼物[（Sullivan, 1970）[603],（Standaert, 2003）[378-379],（Standaert, 2007）[20]]。

在这笔捐款的资助下，从 1616 年 5 月开始，金尼阁离开罗马，先后到达当时欧洲的图书出版中心里昂、法兰克福、慕尼黑、科隆等地，购置了大量图书，还由里昂出版商卡登（Horace Cardon）将教皇赠予的 500 卷图书加以"豪华装帧"，一律采用大红封面，加印教皇纹章和烫金书名（惠泽霖，2009）[19]。期间，金尼阁还收到了许多作家和出版商赠送的书籍。在里昂，金尼阁和后来一起到达中国的耶稣会士邓玉函（Johann Schreck）参加了法兰克福一年一度的图书展销会，然后经由科隆到达布鲁塞尔。此时，教廷终于批准传教士可用中文译写圣经，这为日后中文圣教图书的大量出版提供了合法依据。

1617 年 1 月 2 日，在布鲁塞尔，金尼阁曾给中国耶稣会写过一封信，信中说明他这次欧洲之行的最大成就就是收集了一批书籍，这些书籍和天文、数学仪器的总价值高达 1 万金币[（Standaert, 2003）[378],（惠泽霖，2009）[19]]。鲁本斯（Peter Paul Rubens）的几幅穿中国服装的耶稣会士画像可能就是在金尼阁游历弗兰德斯（Flanders）期间，以金尼阁为模特创作的（图 5.3）。金尼阁的"购书之旅"止于布鲁塞尔，没有继续进入当时因宗教战争而贫困的低地国家，为了避免传教遭到当时已经兼并葡萄牙的西班牙腓力三世（Felipe III, 1578-1621）政权的干预，金尼阁也没有进入伊比利亚半岛[（Standaert, 2003）[379],（惠泽霖，2009）[19]]，因此，这批由耶稣会士后来带进中国的图书中，并没有西班牙和葡萄牙出版的书籍。

1618 年 4 月 16 日，金尼阁从里斯本出发，1620 年 7 月 22 日到达澳门。但此时，正值"南京教难"期间，耶稣会北京住所已被关闭，包括大量书籍在内的耶稣会在南京的财产也被没收。直到 1623 年以后，耶稣会士才再次进入北京，这批书可能就在这之后运到了北京。

关于这批图书的数量，金尼阁并没有留下记录，一般采用与金尼阁同时代的李之藻、杨廷筠等中国学者、教友的记述，称其为"七千余部"。1623 年，李之藻为耶稣会士艾儒略所著《职方外纪》一书作序，其中提到"金子者赍彼国书籍七千余部，欲贡之兰台麟室，参会东西圣贤之学术者也"，并对此举称赞道，"异国异书梯航九万里而来，盖旷古于今为烈"（2010a）[241]。在1628年刊行的亚里士多德《宇宙学》中译本《寰有诠》的序言中，李之藻再次提到，"我明天开景运……时则有利公玛窦浮槎，开九万之程；既有金公尼阁载书，逾万部之富……文明之盛，盖千古所未有者"（2010b）[148]。

图5.3　鲁本斯绘金尼阁着儒服素描（左）和油画（右），现藏斯德哥尔摩博物馆（荣振华，2010）[352]

对于李之藻前后所记金尼阁携来"七千余部"还是"万部之富"这一数量上的矛盾，杨廷筠早在成书于1621年的《代疑篇》中就给出了解答："金尼阁远来修贡，除方外物，有装潢图书七千余部，重复者不入，纤细者不入，若然并国中所有即万部不啻矣，此非可饰说也。书籍现顿香山澳，已经数年，为疑议未息，贡使难通，俾一朝得献明廷"（1965）[544-545]。可见，杨廷筠也认为金尼阁携来"装潢图书"应为"七千余部"，如果再加上重复的和篇幅太小的版本，总数应当不下万部。此外，从杨廷筠的记载中，我们知道，1621

年，金尼阁仍受到 1616 年由沈榷发起的"南京教案"之波及，只能携其书滞留澳门，虽则如此，内地教友如杨廷筠等人早已闻听此事，正翘首以盼朝廷为传教士翻案，以便将这批图书献于"明廷"。可见，即便是"禁教"和"教难"期间，内地和海外的信徒们仍保持着密切的联系，互相传递着宗教和文化上的信息。

　　根据原北京北堂图书馆馆长惠泽霖神父的考证，到 1949 年，金尼阁携来图书仍有 757 种 629 册藏于北京北堂图书馆中（惠泽霖，2009）[22]，考虑到这批图书经年的迁徙、出借和损毁，惠泽霖和钟鸣旦都认为，金尼阁所携图书应当比 629 卷要多一些。那么，如何解释中国学者对这批图书所谓"七千卷"的"夸张"描述呢？惠泽霖神父认为，这种描述可能基于中西文书籍的大小比例来估算的。金尼阁所携图书多为大开本，不仅每页文字印刷密度高，其页数也往往是中文图书的 10 倍以上（2009）[20]，因此，可能在中国人眼中，金尼阁所携来的一卷西文大部头图书，就相当于十卷中文图书。为了向不能亲眼见到这些图书的中国人更直观地介绍，金尼阁本来的近 700 册书籍就被描述成"七千卷"了。

　　钟鸣旦认为，这批图书"对 17 世纪文艺复兴文化在中国的传播具有深远影响"（Standaert, 2003）[367]。那么，这些书籍中究竟有多少插图书籍呢？根据晚明学者、基督教徒王徵的记载，这七千卷图书中，仅"奇器之图之说者"就有"不下百余种……阅其图绘，精工无比，然有物有像，犹可览而想象之"（2010b）[227]，可见金尼阁携来的插图书籍不在少数，且绘制精美、写实，使人通过图像即可想象到描绘的器物和场景。中文出版物《奇器图说》就是根据金尼阁所携"奇器之图之说者"选译，由传教士邓玉函口授，王徵笔述并摹绘而成，1627 年发行。这本书被称为"我国第一部机械工程"著作，李约瑟在《中国科技史》中，也给予这本书高度评价，称作者王徵为"中国第一个近代意义上的工程师，是类似文艺复兴时之第一人"（Needham, 1965）[171]。书中保留了西文原书中用"ABCD"作为标识的习惯，这种新奇的图示方法，"在当时诚一诧异"，《四库总目提要》对其批语为"荒诞恣肆不足究诘，然其制器之巧实为甲于古今"（徐宗泽，2010b）[225-226]，时人称之为"见所未见，闻所未闻的奇事"（裴化行，1936）[284]，可见此书绘图之新奇和器物之精巧给时人带来的震惊。而在王徵（2010b）[226]看来，这本被后人誉为"中国第一部机械工程学"的著作，也不过是西儒携来图书之"千百之什一耳"。

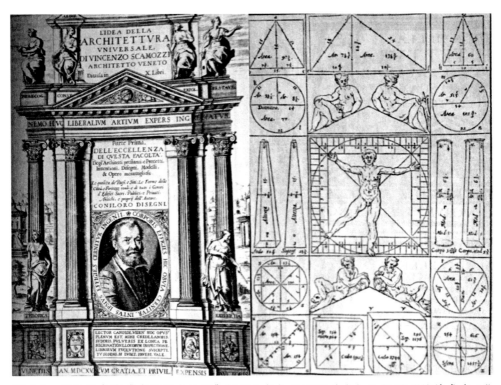

图 5.4　斯卡莫奇著《建筑理念综述》（1615 年）标题页（左）和插图 "维特鲁威人"
之像（右）（克鲁夫特，2005）[53，52]

　　1623 年以后，金尼阁所携图书终于辗转运到北京，存放在利玛窦创建的
图书馆中。到 18 世纪初，南堂图书馆的 "历史、圣经诠释、神学、数学等方
面的书非常齐全"，已经是一座 "完备的图书馆" 了（惠泽霖，2009）[22]。后
来，南堂藏书与其他存于北京的基督教藏书合并，构成了今天著名的北京 "北
堂藏书" 的雏形。在这批藏书中，有许多西文建筑书籍（Verhaeren, 1949），
其中应当不乏各种精美的插图，比如，1615 年出版的斯卡莫奇（Vincenzo
Scamozzi）的《建筑理念综述（L' idea della architettura universale）》（图 5.4）、
1590 年在威尼斯刊行的著名的维特鲁威（Marcus Vitruvius Pollio）《建筑十
书》、1590 年出版的乔万尼·鲁斯科尼（Giovanni Rusconi）的《论建筑（Della
architechitettura）》、1570 年出版的帕拉迪奥（Andrea Palladio）的《建筑四书
（I Quattro libri dell' architettura）》、1562 年出版的维尼奥拉（Vignola）的《建
筑五大柱式的规则（Regola delli cinque ordini d' architettur）》等。除了关于西
方 "奇器" 的插图书和建筑图书外，介绍世界风光的图书也为数不少，这些
书都极受中国人喜爱（苏立文，1998）[49]。其中，布劳恩和霍根伯格（Braun and

Hogemberg）六卷本《世界的都市（Civitates Orbis Terrarum）》一书中还有对开大小的铜版画插图，这部介绍世界各地城市和国家的多卷本丛书，于1572-1616年在德国科隆陆续出版。这部欧洲新出版的畅销世界风光图册，约于 1608 年开始，就已运达南京（Sullivan, 1970）[606]（图 5.5）。

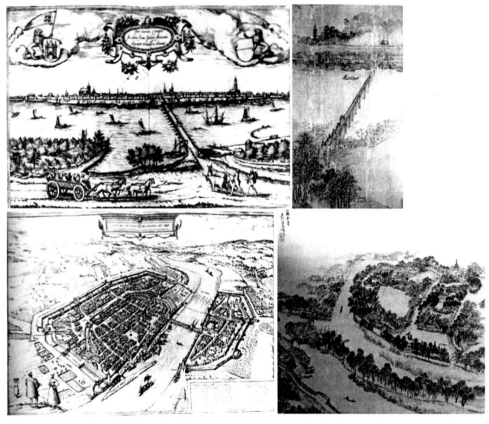

图 5.5　铜版画插图本《世界的都市》之"堪本西斯城景观"（上左）及"法兰克福景观"（下左）对张宏（1577-1652 以后）《越中十景》册页（上右）及《止园全景》（下右）构图的可能影响（高居翰，2011）[28-31]

　　在当时恶劣的交通条件下，除了追求商业利益的商人外，大概也就只有满怀宗教热情的传教士，能够克服艰难险阻，以超人毅力，漂洋过海来到东方。然而，在这两类人中，商人以牟利为目的，不会愿意将有限的行李和交通空间献给如此多的书。因此，只有传教士，接过了这一重任，大规模携带众多欧洲最新版书籍漂洋过海来到中国。要知道，17 世纪，从欧洲到澳门的耶稣会士多半死在船上，就金尼阁一行而言，启程时的 22 位耶稣会士，绝大多数都死于航程中的瘟疫、海上风暴和海盗的袭击[（魏特，1949）[55]，（江文汉，1987）[105]，（Standaert，2003）[380]]。面对一段生死未卜的航程，传教士依然毅然背上书囊，成为那个时代向东方传播西洋文化的拓荒者。

5.1.3 西文插图书籍的用途及其在华传播与影响

这些装帧精美的西文插图书籍有助于传教士彰显其文化水平、赢得知识阶层的尊重、提高社会地位、建立与中国人的友谊，从而为基督教在中国的传播铺平道路（利玛窦，1986b）[522]。与托钵修会不同，耶稣会士在赴华前，大多受过良好的学术训练，具备深厚的人文科学素养，当这些耶稣会士对中国文化和政治制度有了一定了解之后，他们认识到，在中国，"无论大小事件无不由上司决定"（利玛窦，1986b）[432]，因此，他们比较注重与士绅贵族、皇亲国戚交好，与其他入华修会相比，更倾向于走"上层路线"[3][（柯毅霖，1999）[166]，（邓恩，2003）[30]，（玛窦 等，2010）[165]，（谢和耐 等，2011）[17]]。耶稣会士与中国上层人士的"关系"也被认为是明清之际基督教在中国传播的一个保障，而书籍则成为耶稣会士打通上层"关系"的重要媒介。

一方面，书籍是文化身份的象征，有形的书籍所承载的无形文化吸引力，为传教士进入中国文化圈提供了敲门砖；另一方面，书籍作为有形的物质存在，又不像其他如宝石等"西洋方物"那样显得过于昂贵，因此，书籍和图画等纸质媒材往往是传递"友谊"的绝佳"礼品"，而不至于使接受方有被"贿赂"的压力[4][（夏伯嘉，2012）[89-90]，（利玛窦，1986b）[259]]。利玛窦 1595 年在南昌送给建安王朱多节的礼物中，最为建安王喜爱的就是两本书。这两本书"以欧洲样式装订、用日本纸张印刷……纸很薄，但极坚韧"，其中一本就是

---

3 但是，并非所有耶稣会士和所有教区都是如此，比如，林金水教授就指出耶稣会士艾儒略在 1625-1647 年间所处福建教区的特点："基督教比较容易在地基官员和普通百姓中传播"。美国学者邓恩也认为，"走上层路线"只是耶稣会扩大影响的一种策略，并不等于耶稣会打算"自上而下"地传教，"他（利玛窦）的更重要的目标，是通过这些人，形成一种对基督教抱有好感的社会环境"。而耶稣会试图在普通民众中扩大影响的尝试，在他们积极推动基督教图像在民间的传播中可见一斑，比如，早在利玛窦入华之初，传教士们就耐心地向每一个好奇的中国人展示圣像画。

4 比如，肇庆知府王泮就曾将一幅圣母画像搬回家让家眷观看，但拒绝接受欧洲花边手帕，"表现得像一位正直廉洁的官员"。

关于天文地理的西文插图书作，书中附有世界地图和九大行星图等"图画"[5][（利玛窦 等，2010）[301]，（利玛窦，1986a）[255]]。

17 世纪初"南京教难"期间，各地教堂也都遭到了冲击，但由于各地开始反教的时间不同，南京教堂及图书被毁的消息，可能很快传遍了其他教区，为此，各地也采取了相应的措施，在一定程度上减少了西文书籍等物品的损失。比如，北京传教士可能在教堂关闭之间就已经着手转移藏书，惠泽霖神父认为，有一部分书可能由看管利玛窦栅栏墓地的两名中国教徒藏匿起来，但这些书的具体数量和种类，都没有记录下来（惠泽霖，2009）[20]。17 世纪中期以后，法国耶稣会士纷纷进入中国，南京成为他们入华的"培训中心"，在这里，传教士们建立了一座很好的藏书馆。

实际上，早在书籍只能以稀有手抄本传世的中世纪，欧洲一些大的修道院和教堂图书馆就有向公众开放阅读的传统（周绍明，2009）[215]。希冀在中国社会产生影响并最终促使中国人改宗的传教士们，也将这一中世纪图书馆的传统带到了中国，书籍不仅成为赠予中国文人士大夫的"礼物"，不仅在传教士内部传阅，还向当时的中国知识阶层开放（Sullivan, 1972）[257]，因此，其产生的影响就绝不仅限于宗教领域。

16 世纪末、17 世纪初，传教士就已经数次向中国人展示过西洋"建筑透视图"和"人体解剖图"。利玛窦等人初到肇庆之时，曾多次在"茶话会"上向中国官员和学者展示西文书籍，其中，西方建筑插图特别吸引中国人的注意，他们"觉得很是危险，因为一所一所的都是层层的高楼"，但同时，也有人大为称奇，表示"愿意学习西洋的远景画法"，因为"它是和中国的画法丝毫不相同的"（裴化行，1936）[282-283]。而中国学者、兵备金事毕拱辰则记述了传教士邓玉函向其展示西洋解剖图的一次经过，"时先生出西洋人身图一帧相示，其形模精详、剖劂工绝，实中土得未曾有"（2010b）[231]，后来，在传教士的帮助下，毕拱辰将这部西洋解剖学著作译成中文《泰西人身说概》，与《人身图说》合订，是中国最早的西方解剖学译著。毕拱辰作序称，宋庆历年间，也曾有人解剖犯人，"使医与画人一一探索，绘以为图，事与泰西颇类"，然其"精思研究"不及西士（2010b）[232]，可见，此种解剖图不仅施用于医者，也为中国的"画人"所用。

5　为使建安王看得明白，利玛窦特意为这本书标注了中文解释，这与后来汤若望向万历皇帝进呈有中文说明的羊皮卷画册如出一辙。

展示"西国之画"往往成为传教士吸引中国人入教的一种有效方式，甚至关于西洋绘画的理论，最早也是由传教士向中国人讲述并形成专著的。1629年，耶稣会士毕方济（Franois Sambiasi）出版《画答》一书，被认为是"利玛窦以后讲西画道理的第一篇专论"（戎克，1959）[49]。书中开篇就讲到，中国人对传教士的兴趣始于西方人物画："中士问于西先生曰：西国之画人也，灵气烨然如生，先生必能言之，可得闻乎？"毕方济答道，画的作用乃抑恶扬善，"画恶鉴也，画善法也，师善省恶，画一得二，践形省貌，人可合道"，此外，在具体构图上，画要上宽下窄，"上宽者仰承，自天休美，下窄者于世间事仅存一点"（1996）[423-461]，最终目的是向上通达至无形之灵，而向下摒弃肉欲俗世之贪念。实际上，《画答》通篇是借解释如何画好人物画之名，讲述基督教的宗教哲理。最后"闻者服先生之画之神"，被毕方济所讲宗教哲理吸引，"以为身律"，不再研究"西国之画"，而一心向教了。

苏立文认为，在中国，传教士从欧洲带来的版画和插图书，比油画和教堂壁画产生了更为重要、更为广泛的影响，"17世纪中国山水画明显地受到了这些欧洲版画的影响"[（Sullivan,1972）[604]，（苏立文，1998）[52]]，美国学者高居翰也赞同这一观点（图5.5）。然而，这些珍贵的孤本插图书，只有被转印成能够较大规模复制的中文译本时，才有可能大范围影响当时的下层知识分子以及普通人的文化生活。

5.1.4 《福音故事图像》与安特卫普"普朗登工作室"

出于对印刷出版和复制图像重要性的认识，在耶稣会创始人罗耀拉的指导下，他的好友兼同会修士哲罗姆·纳达尔（Jerome Nadal）于1593年在安特卫普出版了《福音故事图像》（*Evangelicae historiae imagines*）一书（Bailey,2005a）[126-127]（图5.6）。纳达尔从四福音书中选取了若干场景，将其编排成插图，并给每个场景写上注释。整本书共有153幅铜版画，由安特卫普威力克斯兄弟中较小的哲罗姆和安东尼·威力克斯（Jerome and Anton II Wierix）、贝尔纳迪诺·帕萨里（Bernardino Passeri）和马尔坦·德·澳斯（Marten de Vos）等人刻印，在安特卫普出版商普朗登（Christophe Plantin）和纳蒂亚斯（Martinus Nutius）的赞助下出版，这一出版工作室也被称为"普朗登工作室"（Officina Plantiniana）。

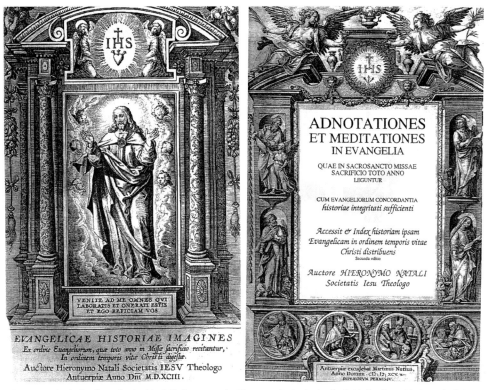

图 5.6　纳达尔《福音故事图像》1595 年第二版（更名为《对福音的注释和默想》）之
封面（右）与卷首图（左）（Nadal,1595） title page, frontispiece

这本为耶稣会成员制作的弥撒用书，一经出版就受到信徒们的强烈欢迎，被视为 "耶稣会灵性上和传教事业上的里程碑"（柯毅霖，1999）[244]。1594 年以后，此书在欧洲多次再版，并更名为《对福音的注释和默想》（*Adnotationes et Meditationes in Evangelia*）。这一更名也可以反映出这本书出版的目的：为罗耀拉所倡导的宗教 "默想" 服务。此后这本书又在欧洲不断再版，足见其需求量及影响力之大。这本书在欧洲插图史上是一部十分重要的著作，也是首批运用 "透视法" 绘制的插图书籍之一，对后世《圣经》故事插图的绘制可谓影响深远（Nadal, 2003）。

随着 "新航路" 的开辟和基督教的扩张，《福音故事图像》的影响则不仅限于欧洲。17 世纪正值耶稣会在欧洲大陆以外的传教活动大范围展开之时，于是，这本书跟随传教士一起漂洋过海，不仅出现在了 17 世纪的印度、东南亚、南美洲，还由当地工匠根据不同读图习惯转刻成不同语言、承载不同观看方式的插图小册子，在各个国家和地区的教徒间流传。1598 年 10 月，在韶州传教的龙华民致函耶稣会会长，其中就提到纳达尔神父的这部铜版画插图书，要求将此书寄到中国[（苏立文，1998）[51]，（柯毅霖，1999）[244,245,256]，（汤开建，2001）[124]]。1599 年 10 月，可能是受中国传教团长上利玛窦之托，郭居静也曾在澳门写信向耶稣会会长索要"关于基督生平的图像本新书"，指的应当就是这本《福音故事图像》。根据利玛窦 1605 年 2 月在北京的书信可知，至迟到 1605 年前，这本精美的插图书就已经从海外运至南京、并抵达北京了[6]。

早在受耶稣会委托出版《福音故事图像》前，在西班牙国王腓力二世（Felipe II）赞助下，安特卫普的"普朗登工作室"于 1568-1572 年曾出版了八卷本铜版插图书《皇家圣经》（Biblia Regia/ Biblia polyglotta），其中约有图版 22 幅，也由威力克斯兄弟等人刻印。在《福音故事图像》问世之前，此书也曾受到耶稣会的重视。1580 年，耶稣会会长阿瓜维尔（Caudio Aquaviva）将这部圣经插图书带到印度德里，1580-1581 年间，罗明坚曾多次写信索要此书（利玛窦，1986b）[427,434]，至迟到 1604 年 8 月 15 日，这本圣经插图书已被运到北京，在圣母升天节弥撒结束后被展示出来（Sullivan,1972）[604]。

但是，《皇家圣经》的插图不如《福音故事图像》丰富，后者出版之后，对耶稣会士来说，前者就显得不再那么重要了。利玛窦曾用《福音故事图像》与阳玛诺（Emmanuel Diaz）神父交换了这本刚刚运抵中国的《皇家圣经》。然而，就在阳玛诺把《福音故事图像》带到南昌之后，身在北京的利玛窦很快就对这一交换感到后悔，于是，立即给罗马方面写信，要求再多寄来几本《福音故事图像》（1986b）[300-301]，利玛窦甚至称赞《福音故事图像》的使用价值要高于《圣经》[7]，可见《福音故事图像》在利玛窦眼中的重要性。

正如利玛窦所说，"让中国人直观地看到事物，远比单纯的语言有说服力"，生动而丰富的插图，往往比单纯的文字更能吸引读者的眼球。就《福音故事图像》而言，这些与中国传统视觉方式不甚相同的插图，更能激起深受晚明"尚奇"风潮影响的中国读者的好奇心。然而，带入中国的西文原本毕

---

6 利玛窦在信中称："拿塔烈神父的《福音历史绘画集》已收到一册，这为传教太需要了，我希望能多有几本。那一本原为南京教会李玛诺神父（P. Manoel Diaz）所有"（1986b）[271-272]。

7 利玛窦是从图像比文字更为直观的角度表明这一观点的，利玛窦称："从某种意义上来说，这本书的使用价值远比《圣经》还大，在交谈中就让中国人直观地看到事物，远比单纯的语言有说服力"（史景迁，2005）[91]。

竟不多，传播方式和范围都十分受限，另外，解说图片的西文往往不能有效引导中国人按照传教士希望的方式"正确"解读图片内涵。鉴于此，在接下来的大半个世纪中，经由中国艺人和工匠的刻印，多个版本的中文《福音故事图像》书在不同的时间、不同历史背景下被大量印制出来，成为晚明基督教图像出版物、尤其是基督教教义插图书的母本，在不同派别的中国信徒、文人学者及社会底层民众中传播。

　　然而，传统美术史研究往往忽视基督教教义插图书在整个 17 世纪的传播和对 18 世纪"西洋风"在民间流行所产生的影响。值得注意的是，到 17 世纪末，仅耶稣会在中国就已有教徒 30 万人[（Standaert，2001）[100]，（基督教词典，1994）[579]]，那么，即便宗教故事图册不像今天的《圣经》一样在教徒中人手一本，至少，在各地区的小型教会中应当都存有一本或几本这样的书籍，以供祷告、弥撒和默想之用。尤其对耶稣会成员而言，其创始人罗耀拉在类似于会规的指导手册《神操》中特别强调了"默想圣经"的修行方式，其中对圣像和插图的"观看"，是"默想"得以进行的一个重要途径（柯毅霖，1999）[15-16]。而在下层民众中，通过书中的插图理解教义，也往往比文字更为直观便捷。

　　在下面的几个章节中，笔者就以《福音故事图像》一书在中国的复制和传播为例，对《诵念珠规程》、《天主降生出像经解》和《进呈书像》分别进行个案研究，通过对这些晚明基督教教义插图书的出版背景、出版目的、出版过程、刻印技法、图像改编等问题的探讨，一方面，试图将对基督教教义图像的研究纳入到对 17 世纪中国视觉文化建构的讨论中来，另一方面，将基督教教义图像还原到其历史、宗教语境中去，不仅从画面形式、审美价值上，还要从这些图像的内在意图、宗教背景中，理解西方文化传入中国民间的方式及策略。而对中国基督教义图像的研究，不仅是对以往被忽视的中国 30 万基督教徒这个特殊群体的关注，也为 17 世纪西方文化艺术在中国民间产生影响的历史过程提供了一种新的可能性。

5.2　罗儒望与基督教图像的传播

5.2.1　罗儒望来华与"挟器画"赴南京

　　利玛窦在肇庆、韶州、南昌、南京建立四个传教驻地后，于 1601 年终于如愿进京。利玛窦陆续离开这些传教驻地北上后，又有新的耶稣会传教士进入这些驻地继续展开传教工作，其中就包括葡萄牙耶稣会士罗儒望（Joāo Da Rocha 1565/6-1623）[8]。

1595 年利玛窦离开韶州，打算赴南京传教失败后，退而来到南昌开辟新的传教驻地，于是，由 1594 年入华的意大利耶稣会士郭居静（Lfizaro Catfino）接替利氏在韶州驻地的工作。1597 年 7 月[9]，郭居静神父因病暂返澳门，耶稣会遂派已在澳门圣保禄学院学习 6 年的罗儒望，前往韶州暂时看管这一传教驻地 [（方豪，2007）[124]，（荣振华，2010）[295]，（利玛窦 等，2010）[310]，（利玛窦，1986a）[26310]]。在圣保禄学院学习期间，罗儒望不仅要攻读神学、学习中文，圣保禄学院还开设了"艺术专科（Curso de Artes）"（夏泉，2007）[59,82,98]，那么，虽无罗儒望擅长绘事之记载，至少在澳门学习期间，罗儒望曾受到一定程度的艺术教育浸染。

1597 年底，后来接替利玛窦工作的意大利耶稣会士龙华民（Nicolas Longobardi）与郭居静一起回到韶州，此时，小小的韶州驻地就已经有包括罗儒望在内的三位神父了。1598 年，利玛窦离开南昌驻地，同郭居静神父一同北上南京，试图为进入北京打开门路。于是，利玛窦派罗儒望从韶州来到南昌，接管此地的传教工作。此后两年间，利玛窦又在南京开辟了新的传教驻地，并于 1600 年底进京前夕，将罗儒望从南昌再次调派至南京，协助郭居静一同主持南京的传教事务。1600-1609 年，在罗儒望等人的努力下，南京教区继续发展壮大，南京教堂也一再扩建。期间，罗儒望还曾为瞿太素、徐光启等著名中国信徒受洗[（裴化行，1993）[237-9,508]，（方豪，2007）[99]，（荣振华，2010）[295]，（费赖之，1995）[71-72]]。

关于徐光启皈依基督教的史料记载相对较为丰富，其中有一个细节十分值得注意。为引导徐光启受洗，罗儒望曾向徐光启展示了一幅精美的圣母图

---

8 "Joāo Da Rocha"又记作"Jean de la Roque"、"Giovanni Aroccia"，"罗儒望"又写作"罗如望"。关于罗儒望生卒年代尚存争议：费赖之（1995）[71]考证其生卒为 1566 年-1623 年 3 月 23 日；杭州大方井罗儒望墓碑称其卒年为"天启癸亥年正月十三日"，与费赖之所记相差一个多月（方豪，2007）[124]；荣振华（2010）[295]则称其生于 1565 年；柯毅霖（1999）[146]称其生于 1563 年。

9 关于罗儒望入华时间，虽则利玛窦回忆录记为 1597 年，但杭州大方井罗儒望墓碑称其入华时间为"万历甲午年（1594）"。

10 此译本将"罗儒望"误作"罗雅各"。

像，并解说了其中的奥义，使徐光启顿感"心神若接，默感潜乎"，根据利玛窦回忆录的记载，徐光启遂"马上就决定信仰基督教"[（利玛窦 等，2010）[468]，（裴化行，1993）[454]]。明人顾起元也在《客坐赘语》（1617）中，记述了罗儒望在南京展示基督教图像的事实，称罗儒望"其人慧黠不如利玛窦，而所挟器画之类亦相埒"（1995）[193]。据此看来，罗儒望展示的西洋图像很可能与利玛窦类似，既有圣像画，也有插图书籍中的铜版画。结合罗儒望在澳门学习"艺术专科"的经历，可见，罗儒望早已深知基督教图像在传教中的重要作用，并在南京成功实践了这一传教方法。

5.2.2　"南京教难"期间《诵念珠规程》的出版

1609 年，罗儒望从南京返回南昌，接管南昌两座"装饰以救世主像和圣母像"的小教堂[11][（裴化行，1993）[591-592]，（萧若瑟，1932）[283]]。1609-1616年间，罗儒望一直在南昌传教。直到 1616 年因"南京教难"的波及，才离开南昌转而避难至江西建昌一教民家中[（荣振华，2010）[295]，（费赖之，1995）[72]]。罗儒望在建昌一地传教成果颇丰，邓恩称其从"南昌被迫出走"实乃"塞翁失马"，罗儒望不仅在建昌得到了当地教民的热情款待，还得到一所房子用于礼拜，后来建昌成为"最好的传教地之一"（邓恩，2003）[123]。那么，在宗教仪式和传教过程中，应当有向中国人展示基督教"圣像"、传阅基督教插图书籍的环节。1616-1622 年间，为避教难，除到建昌开教外，罗儒望还辗转至福建漳州开教，后又被派往江苏嘉定，建立了当地第一座教堂，之后又被迫避难至杭州杨廷筠家，在杭州还向徐光启呈递了为"南京教难"平反的上奏草疏。1622 年，龙华民辞去中国传教区会长一职，由罗儒望替代，但不久之后，罗儒望就在杭州辞世。徐光启闻之，"全家持服，如遭父丧"，足见罗儒望在当时国人中之声望[（魏特，1949）[96]，（柯毅霖，1999）[146]，（荣振华，2010）[295]，（费赖之，1995）[72-73]]。

1616-1622 年辗转避难期间，罗儒望出版了《天主圣教启蒙》（1619）和《诵念珠规程》二书，均为以"对话体"写成的基督教教义（柯毅林，1999）[147,149]。荣振华提到，罗儒望在南昌府时，就已经开始"将葡萄牙文教理书译作汉文"（2010）[295]，指的应当是罗儒望将葡萄牙文《教理单元》（La Doctrina

---

11 同年，刚从南京回到南昌的罗儒望，出版了《天主圣像略说》一书，尽管题为"圣像略说"，但此书中并未收录"天主圣像"的插图。

Crista）译为中文《天主圣教启蒙》一事。那么，应当迟至南昌传教期间，罗儒望就已经开始了这些出版物的准备工作[12][（利玛窦，1986b）[271-272]，（柯毅霖，1999）[248]]。《教理单元》是耶稣会第一部葡萄牙文书籍，是"专门为年轻人和乡村里的人写的"（柯毅霖，1999）[146]，罗儒望选择翻译这种比较浅显易懂的读物，应当是考虑到了当时在华传教所面对的读者。

《诵念珠规程》一书的作者和成书时间，尚存争议。关于此书成书时间，主要有 1617、1619（柯毅霖，1999）[148,151]、1619-1624 年（莫小也，2002）[111] 等说法[13]，可见，此书应当是在"南京教难"（1616-1622/3）期间、或之后不久出版的。关于此书作者，大部分学者采用德礼贤的看法，即此书为罗儒望所作[（柯毅霖，1999）[259]，（顾卫民，2005）[129]]，但也有学者认为（莫小也，2002）[111]，其作者可能是与罗儒望同时代的耶稣会士傅汎际（Francisco Furtado）或费奇观（Gaspar Ferreira）。然而，根据费赖之的研究，傅汎际于 1620 年始抵澳门学习中文（费赖之，1995）[157]，不大可能在 1619 年就出版中文著作。从《天主圣教启蒙》与《诵念珠规程》的合订本署名"耶稣会后学罗如望、费奇观述"来看，莫小也认为其意为作者姓名排序与两卷书籍先后次序相对应，因此得出结论："罗氏作《圣教启蒙》、费氏作《诵念珠规程》的可能性最大"（2002）[112]。但是，这也并不排斥另一种可能性，那就是，两卷书籍均为罗氏所作，费氏可能在其中有所参与，因此其名位列第二。观费奇观生平，1607 年至南昌，1612 年至韶州（荣振华，2010）[146]，二地均为罗儒望所到之处，只是时间上二人并无重合，直到 1616-1622 年"南京教难"期间，费奇观有可能与罗儒望在江西建昌一同避难，费奇观还曾在建昌建教堂一座（费赖之，1995）[83]。既然《诵念珠规程》一书的出版时间在"南京教难"期间或不久之后，那么，此书确有可能是罗儒望与费奇观在建昌期间合作完成的。另外，莫小也称《诵念珠规程》一书"可能在南京刊印"（2002）[111]，柯毅霖也称此书是罗儒望在南京委托中国画家刻印的（1999）[248]，然而，鉴于费奇观在"南京教难"期间、且直到 1634-1635 年间，仍在建昌活动，

---

12 根据利玛窦的书信，至迟在 1605 年 2 月以前，在南京传教的罗儒望就已在南京看到了《福音故事图像》，那么，有可能从这时开始就已经准备《诵念珠规程》一书的出版了。

13 此外，加拿大学者贝利采用"1608 年"一说，但查阅其引注，是以德礼贤之研究为依据，然而德礼贤并未有"1608 年"一说，且教廷自 1616 年以后才批准用中文译写圣经，故贝利一说不足取（Bailey,1999）[102]。

之后又赴河南、广州传教[（费赖之，1995）[83]，（荣振华，2010）[146]]，那么，由费奇观将此书送至南京出版的可能性，显然要小于其后又返回江南一地传教的罗儒望。

5.3 《诵念珠规程》：诵念《玫瑰经》的教义问答书

以往从艺术史角度对《诵念珠规程》图像的研究，往往直接从图像入手，而对其宗教背景多有忽视。实际上，《诵念珠规程》是讲述诵念《玫瑰经》方法的教义问答书，采用对话的形式，阐述每日诵念《玫瑰经》、默想 15 个耶稣生平故事的方法，是"目前发现的最早的汉文基督教义插图本"（莫小也，2002）[111]，"标志着首批中国基督徒团体信仰生活的成熟"（柯毅霖，1999）[151]。全书共 31 页，将耶稣基督的生平故事，按照"圣母欢喜事 5 端"、"圣母痛苦事 5 端"和"圣母荣福事 5 端"的顺序呈现出来，与《玫瑰经》中默想天主"道成肉身"（incarnation）、"受难"（sufferings）、"荣耀"（glorification）的15 个神秘故事（mysteries）相符。《玫瑰经》（Rosary）又称《圣母玫瑰经》，是基督教规定每日诵念的经文之一[14]。信徒认为，借由这 15 个神秘故事，祷告者可以通过玛利亚认识耶稣，了解"一切恩典之源"，因此，《玫瑰经》被认为是"生动地、无所不包地展示了基督教的真理，并且具有净化诵念者灵魂的大能"（The Catholic Univeristy of America, 2002）[Vol.12,373]。

5.3.1 多明我会与《玫瑰经》的成形

关于《玫瑰经》的来源，有一个流传广泛的传说：为了帮助多明我会创始人圣多明我（St. Dominic 1170-1221）在与异端的论战中获胜，圣母显圣，并将《玫瑰经》赠予多明我[15][Carroll,1987）[487]，（Winston,1993）[621]]。虽然这一传说被近代神学家证伪，但一直以来，《玫瑰经》都与多明我修会联系在一起。《新基督教百科全书》（*New Catholic Encyclopedia*）也称，在推动《玫瑰经》传播的过程中，多明我修士发挥了"最重要"的作用，他们参与了《玫瑰经》的编选、在传教过程中注重讲授《玫瑰经》，还创立了玫瑰会（Rosary

---

14 规定每日诵《玫瑰经》一端、《天主经》一遍、《圣母经》十遍、《光荣经》一遍（基督教词典，1994）[339]。

15 "玫瑰经"（Rosary）一词来自于"rosarium"，指一座花园、一部文集、或一个玫瑰花环。

Confraternity）以宣传《玫瑰经》。直到今天，《玫瑰经》还通常被称为《多明我玫瑰经》（*Dominican Rosary*）（The Catholic Univeristy of America，2002）Vol.12,373,376。

那么，作为耶稣会成员的罗儒望，为何要选择这本为多明我会所推崇的祈祷文，并将之作为首选译成中文呢？笔者认为，对《玫瑰经》起源的考察，也许有助于对这个问题的理解。

《玫瑰经》最早起源于"万福玛利亚"（Ave Maria/Hail Mary）的祷告语，暗示的是"大天使加百列祝贺玛利亚"（即受胎告知）和"圣伊丽莎白祝贺玛利亚"（即圣母往见）两个"祝贺"（greeting）场景。中世纪基督教徒认为，在反复吟诵这一祷告语的过程中，通过对玛利亚的祝贺，以及对即将"道成肉身"的"圣诞"的祝贺，可以使圣母喜悦。早在 7 世纪主日弥撒的唱诗中，就有将"受胎告知"和"圣母往见"两个故事联系起来的传统，但直到 12 世纪以后，"万福玛利亚"这一祷告语才在欧洲流行，成为赞美圣母图像的一种常见方式（Winston,1993）[620]。12、13 世纪的欧洲，被称为"玛利亚的世纪"，西欧"几乎所有教堂"都是献给圣母玛利亚的[（Pelikan,1996）[125]，（Aradi,1954）[27]]。那么，《玫瑰经》雏形的形成，应与 12 世纪开始兴起的"圣母崇拜"密切相关[16]。

12 世纪初，欧洲出现了《圣母经》（Marian Psalters），以简洁的诗文形式，在 150 篇《圣咏》（Psalters）前讲述关于耶稣和圣母的奥迹，后来，这些奥迹故事逐渐取代了《圣咏》，成为《圣母经》的主要组成部分（The Catholic Univeristy of America，2002）[Vol.12,375]。可能是为了方便吟诵，这 150 篇《圣母经》又被分成三组，每一组都被命名为成一串"念珠"或"花环"，用于在吟诵每组 50 个圣母奥迹时计数。1409 年以后，普鲁士的多明我（Dominic of Prussia）将这一祷告方式普及开来，用"玫瑰花园"（rosarium）这一拉丁词汇指称 50 个圣母奥迹，"玫瑰"这一象征符号，也是从这一时期开始与"圣母"联系起来的。到 15 世纪末，经过几位多明我会士的编选，圣母奥迹最终被缩减为 15 个，仍分为三组，至此，《玫瑰经》祈祷文基本成形[（The Catholic Univeristy of America，2002）[Vol.12,375]，（ Winston,1993）[620-621]]。

---

16 "圣母崇拜"这一现象也被认为与欧洲中世纪妇女自我解放和女性地位提高有关（勒戈夫，1999）[23]。

5.3.2 《玫瑰经》与耶稣会早期传教策略

值得注意的是，在 15 世纪之前，欧洲人使用"念珠"的习惯，一般仅见于对耶稣基督祈祷文的吟诵，15 世纪以后，随着《玫瑰经》的流行，出现了许多在《圣母经》中使用"念珠"的记录（Carroll,1987）[488]。在这样的背景下，罗儒望将《玫瑰经》祈祷文译为《诵念珠规程》，就强调了祷告过程中对"念珠"的使用。在古英语中，"念珠"（bead）一词的原意为"一段祷告文"（a prayer），具有浓重的宗教意味（Blackman,1918）[276]。而在中国语境中，"念珠"则更多被理解为一件佛教用具或法器。那么，罗儒望对这一词语的借用，可能意在唤起中国人对基督教"宗教"身份的认知，与利玛窦早期"着僧服"之举有相通之处。

除中文译名上借"本土化"认知传播基督教知识的倾向外，结合上文对《玫瑰经》内容和来源的追溯，可以看到，罗儒望对《玫瑰经》的选取，应当也考虑到当时传教士在华传教所面临的特殊形势。自范礼安确定"文化适应"的传教方针以来，罗明坚和利玛窦等人都积极沿着这一方向，采用"适应性"、"本土化"的方法进行传教，而在公共场所用"圣母像"替代"耶稣苦像"，就是实践这一传教策略的明证。必须承认，在早期传教活动中，"圣母像"的确起到吸引中国人、进而推动传教事业的作用，从罗儒望向徐光启展示"圣母像"一事中，也可以看到，罗儒望已经在传教中使用"圣母像"并取得了一定的成果。然而，这样的"适应"策略同时也给传教士带来困扰，到 16 世纪末，南京城里的中国人普遍认为基督教的"天主"是一个怀抱着婴儿的妇人，甚至有中国人将这个"天主"误认为是佛教的"观音"[（裴化行，1936）[282]，（McCall, 1948）[47]，（Bailey,1999）[91]，（史景迁，2005）[334.358]，（利玛窦 等，2010）[169]]。在传教士看来，这些对"天主"的误解是十分危险的，为此，利玛窦曾将其展示的圣母像取下，代之以救世主的圣像[（McCall, 1947）[127]，（McCall, 1948）[47]]。

那么，面对这些棘手的问题，将《玫瑰经》译为中文，可能是一个比较稳妥的解决方法，笔者认为，其理由至少有三：

其一，《玫瑰经》以圣母圣咏为主要内容，从"文化适应"的传教策略上来看，这部"完全献给玛利亚"的著作（柯毅霖，1999）[151]，相比《圣经》故事中的其他内容，更能迎合中国人对于圣母的兴趣，因此，这样的出版物也更易吸引中国读者。

其二，从《玫瑰经》的内容上看，其实是以咏叹圣母为名，讲述了耶稣基督从降生到复活的奥义，其根本用意并不在于对圣母的礼拜，而是通过对耶稣生平的默想，领悟基督教"救赎"与"苦难"的母题，借讲解圣母奥迹之名，深入解释基督教教义，纠正中国人错将"圣母"误认为"天主"的想法。学者柯毅霖注意到，《诵念珠规程》一书中并未将灵魂、圣灵等基督教用语按照中国传统意译过来，而只是保留了这些术语拉丁文的中文读音，比如"亚尼玛"（Anima 灵魂）、"斯彼利多三多"（Spiritus Sanctus 圣灵）、"罢德肋（Patri 圣父）"。柯毅霖认为，"在要理问答中，他们的目的是让不熟悉基督教术语的读者理解，而在基督教教义中则更注重教义表述的正确性"（1999）[151]，可见，《诵念珠规程》的目标读者是有初步宗教知识的信徒，那么，这本书的出版也以深入、准确地讲解基督教教义为目的。因此，罗儒望首选《玫瑰经》一书，实际上是将中国人对圣母的兴趣，引导到对耶稣事迹的理解上来。

其三，考虑到《诵念珠规程》的成书时间（正值"南京教难"期间或教难结束不久之后），这一时期，在华传教士受到迫害、教徒四处隐匿、教堂及圣像被毁，"救世主苦像"甚至被中国人认为与巫蛊之术有关（Spence, 1986）[246]，此时若堂而皇之的出版关于"天主"的书籍，仍存在一定风险。那么，将名为"圣母圣咏"、实则讲述耶稣生平的《玫瑰经》翻译出版，并以颇具本土宗教色彩的"念珠"一词名之，应不失为一个聪明的选择。

此外，《诵念珠规程》一书中体现的"文化适应"传教策略，除了从罗儒望对《玫瑰经》的选择上可见一斑外，在其文字和图像的"本土化"改编中，体现的则更为明显。比如，《玫瑰经》原文中从耶稣十二龄讲道，到耶稣受难这一时间跨度，在《诵念珠规程》中被解释为"耶稣同尔归家，孝顺事尔，至于三十岁"（罗儒望，2002）[538]，极力将耶稣塑造成"孝道"的典范。在诵念过程中，传教士还引领众信徒向圣母祈求能尽"孝道"，充分表明早期耶稣会士对中国儒家传统礼仪的"适应"[17]。那么，在下文中，笔者将就《诵念珠规程》一书对《福音故事图像》插图的改编，阐释其中体现的早期耶稣会传教之"适应"策略。

---

17 罗儒望原文："为我转求尔子那稣，于我患难之时，赐我神慰，使我时时事事，合于圣旨，成谦成孝，能事天主"（2002）[538]。

图 5.7 "董其昌册页"之一局部（左）与《福音故事图像》对应之原图（右）（Jennes,1937）
PL.3,4

5.4 "本土化"改编：《诵念珠规程》图像解读

5.4.1 《诵念珠规程》的绘者与"董其昌风格"

　　《诵念珠规程》讲述了 15 则奥迹故事，分别配有 15 幅插图。目前学界通常沿用 20 世纪早期意大利学者德礼贤的观点，认为此书插图出自董其昌（1555-1636 字玄宰）或其学生的手笔[（柯毅霖，1999）[248]，（莫小也，2002）[112]，（顾卫民，2005）[129]]。无独有偶，美国学者劳弗曾发现一套中国明代西洋人物画册页，使用了明显的"阴影"画法，最后一页右下角就有"玄宰"的署名（Laufer, 1937）[100]，且这套册页中的一幅图像明显受到《福音故事图像》的影响（Jennes, 1937）[129-133]（图 5.7）。然而，比利时学者高华士通过图像考证断定，劳弗所谓"董其昌册页"的制作年代必定晚于董其昌时代[18]（图 5.8）

---

18 高华士在对耶稣会士南怀仁（Ferdinand Verbiest 1623-1688）的研究中，发现了一
　　幅来自安特卫普的铜版画，通过图像对比，明显可以看到，"董其昌册页"中有两
　　幅人物图画，都临摹自这幅铜版画中的几个人物。这幅安特卫普铜版画于 1652 年
　　发表在一位在鲁汶学习的耶稣会士（Theodore d'Imerselle）的数学论文中，而此

（Glovers, 1995）[303-314]。那么，考虑到假名人之名作画（尤其是董其昌之名）的现象在 17 世纪后期的大量存在[19]，册页上的"玄宰"之名，当为 17 世纪后期假托董其昌之名伪造的。

图 5.8 "董其昌册页"局部（上）与 1652 年铜版画局部（下）（Glovers,1995）[304,306]

文正是由对南怀仁影响很大的数学老师塔邱特神父（Father A. Tacquet, S.J. 1612-1660）指导的，因此，高华士认为，这幅铜版画和这篇数学论文很可能在 1657 年，随南怀仁一起远赴中国。此外，20 世纪初，美国学者劳弗是在"西安府"发现的这套册页，而南怀仁在进京前，曾赴陕西传教的事实，使这套"董其昌册页"与南怀仁的关系更显可靠。那么，根据这幅安特卫普铜版画及南怀仁入华时间，"董其昌册页"实际创作年代不应早于 17 世纪中期。

19 尤其是 17 世纪下半叶以后，董其昌在画坛声名益甚（方闻，1993）[27]。

　　虽然西洋风的"董其昌册页"确证并非董其昌所作，其中仿自《福音故事图像》的人物图应当也非出自董其昌之手，但是，董其昌与西洋画的关系问题，却在学界一直悬而未决[20]。董其昌频繁往来江南和徽州、对新安画派产生过重要影响，结合晚明耶稣会传教士在此一地的活动，以及董其昌庞大的艺术品收藏，那么，借由彼此交游圈的重叠，的确存在这种可能：即董其昌曾亲见、甚至收藏有传教士带来的西洋画。本书第四章曾论及《程氏墨苑》中的四幅基督教图像可能为丁云鹏改编摹绘，而丁云鹏恰是董其昌挚友，此外，董其昌还曾为《程氏墨苑》作《刻程氏墨苑序》，至少可以证明董其昌必定亲见过《程氏墨苑》中的基督教"宝像三座"，甚至可能通过丁云鹏等人亲见过其西文原本铜版画插图。

　　柯毅霖认为，"插图很好地再现了董其昌的风格，董其昌总是把画面的构想作为对人类内在情感的表达。在他的画中，他只着力表现基本主题，主要场面之外则留出许多空白。空白不只是要突出主题，它也是为了表现神性的临在"（1999）[248]。实际上，这种"留白"的画法，在中国文人画中十分常见。那么，虽然并无确证指认《诵念珠规程》的插图作者，至少有一点是明确的，那就是，这位中国作者并未"忠实地"复制《福音故事图像》原画，而是在原图基础上，引入中国文人画的审美表达和布局方式，将基督教故事以富有中国特色的艺术手法表现出来。因此，这些精美的插图被称为"代表了中国基督教艺术的第一个典范"（柯毅霖，1999）[248]、在融合中国文化方面"无人能及"（Bailey，2003）[410]。而中国画家对原画图像元素的省略、选择、改编与添加，不仅体现出时人对于西洋宗教文化和图像的认知程度，还向后人呈现

20　其中，关于董其昌受西洋画影响之说，最具代表性的是高居翰的论述[（2011）[122]，（2012）[112-113]]，其理由主要有五：首先，董其昌山水中"描绘受光效果的自然主义手法"和"强烈的明暗对比"十分常见；第二，董其昌笔下创新的皴法，往往具有"描写物体阴影线的特性"；第三，董其昌在南京一带交游广泛，他在著作中曾提到过利玛窦，甚至可能与利玛窦见过面；第四，在《画禅室随笔》中，董其昌也多次论及下笔要有"凹凸之形"，强调"画家必须让物形具有实体感"；最后，将董其昌笔下的山石与布劳恩和霍根伯格（Braun and Hogemberg）六卷本《世界的都市（Civitates Orbis Terrarum）》（这是一本在欧洲十分畅销的世界风光图册，1572-1616 年在德国科隆陆续出版，约于 1608 年就开始运达南京（Sullivan,1970）[606]）中的《西班牙圣艾瑞安山景图》对比，可以明显从图像上看出二者的相似之处，因此，高居翰认为，董其昌很有可能受到类似西方铜版画的影响，但是方闻（2008）[11-19] 对此有不同见解。

出西方文化艺术在中国"本土化"的一个过程或一种方式。那么，在下文中，笔者就以《诵念珠规程》中最具代表性的图像为依据，分析这一"本土化"改编与再造的实现方式。

5.4.2 对背景的省略和保留：以"受胎告知"和"耶稣诞生"为例

《诵念珠规程》第 1 图为"谙若嘉俾厄尔朝拜圣母"（图 5.9），描绘的是大天使加百列（Gabriel）向圣母"受胎告知"（The Annunciation）的场景。其中，《福音故事图像》中的西式建筑被改编成了中国传统的斗拱建筑，也许是中国画家不理解西文原图中对屋顶的内部透视，因而采用了俯瞰的视角描绘屋顶。在第 1 图里对屋顶观察视角的改变、以及第 2 图中对人物和地面网格纹透视效果的改造中（图 5.11），都可以看到中国画家并不熟悉"透视法"，甚至可能并不理解这种三维视觉方式。

图 5.9 《诵念珠规程》第 1 图（右）与《福音故事图像》原图（左）[（罗儒望，2002）[520]，（Nadal,1595）[1]]

　　而在第 4 幅图 "圣诞后四十日圣母选耶稣于天主" 中，背景的透视和故事场景就完全被省略掉了，同时，这一省略又以中国画家对柱廊顶部添加繁杂的装饰花纹为补偿，这样做也许是为了免于被删减的画面过分单调。这种省略西式画法和补偿以中式细节的画面处理方式，在第 1 图中也明显地体现出来（图 5.9）：中国画家不仅为改编而成的中国房屋绘制了有装饰图案的雕窗，将西式家具和房屋内饰全部转换为中式，还在屏风上绘制了倪云林风格的山水画。

　　对比中国摹本和西文铜版画，可以清晰地看到，第 1 图原画右上角云端的圣父和众多背景人物都被省略和简化了，左侧屋后 "耶稣受难" 的场景，也被替换成了后花园的中式假山。这种以山水风景代替人物的改编方法，在这 15 幅图中极为常见，莫小也认为可能是中国画家擅长山水，而不擅人物造成的。尤其是图中对耶稣钉十字架场景的省略，莫小也认为（2002）[113-115] 应当是出于不希望给中国人留下残酷的第一印象的考虑。

　　实际上，对原图背景故事和人物简化的处理方式，并不仅仅针对耶稣钉十字架这一特殊场景，在《诵念珠规程》中是十分普遍的。那么，无论这种省略是出于艺术技法还是宗教因素的考量，其产生的结果，首先体现在《诵念珠规程》对原图的 "去叙事化" 或者说 "去语境化" 的中国式重构上。以第 3 幅图 "耶稣基斯多的诞生"（即 "耶稣诞生" Nativity）为例（图 5.10），中国画家省略了原图右侧背景中部对天使报知守夜牧童一事的描绘（圣经·路加福音 2:8-10），代之以一株枝叶繁茂的矮树，同样，《诵念珠规程》的文字中也没有记述《圣经》中的这段背景故事，在这样改编和 "转译" 的过程中，西文图画中完整表述的《圣经》故事就被肢解成了《诵念珠规程》里的一个个场景和片段。

　　既然在多幅图像的处理中，背景故事和人物都被省略或替换，那么，第 3 图右侧背景中上部西式建筑群的保留就显得与众不同。事实上，这一背景建筑，在西文原图中，描绘的是万民至伯利恒上户籍一事（圣经·路加福音 2:1-6），但是，在中国版本中，不仅图中省去了原铜版画中的人物，在《诵念珠规程》的说明文字中对这一故事和伯利恒城也都只字未提。这样一来，在去掉西文 "语境" 的中国插图中，《圣经》中的伯利恒城就成了一个没有人活动、没有名字和故事等任何说明的背景。但是，值得注意的是，尽管这些西式建筑群已经失去了身份和故事性，中国画家仍将其保留下来。那么，在这里，可以说，这些西式建筑原本承担着厚重叙事性的存在价值，已经转换成了中国版本中供展示和观赏的异域风情。

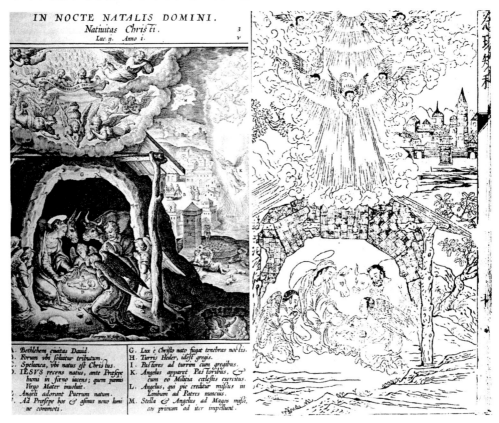

图 5.10 《诵念珠规程》第 3 图（右）与《福音故事图像》原图（左）[（罗儒望，2002）528，（Nadal,1595）3]

　　这一组从视觉上来说十分新奇的西洋建筑，也许比原图复杂的叙事性更具吸引力。中国人对西洋建筑的兴趣，在传教士书信中多有提及。比如，在肇庆仙花寺中，中国官员和学者们就对高高的西洋建筑甚有兴趣，"觉得很是危险，因为一所一所的都是层层的高楼"，甚至"有人愿意学习西洋的远景画法"，因为"它是和中国的画法丝毫不相同的"（裴化行，1936）282-283。《程氏墨苑》中的基督教图像出版后，其中西洋建筑也成为时人描绘异域风景的摹本（图 4.9）。那么，对西洋建筑物的好奇，应当也是促使《诵念珠规程》的中国画家没有用中国风景代替这一西洋背景的一个原因。

5.4.3　中国式隐喻的添加：以"圣母往见"为例

对西方原图构成元素的选择与省略，实际上也是西方文化艺术进入中国语境，遭遇"本土化"重构的一个过程。如果说《诵念珠规程》中的大多数插图都是对原图"简化式"的改编，那么，第 2 幅图"圣母往拜他的亲戚圣妇意撒伯尔"（即圣母往见 The Visitation）（图 5.11），则无论从空间布局、细节处理还是隐喻意义上，都对原图增添了丰富的本土化内涵。

这幅图描绘的是玛利亚得知久而不孕的姐姐已怀孕六月，遂前去探望的故事。首先，中国画家不仅仍旧将原图中的背景故事省去，代之以中式影壁和屏风，还将原图中的玛利亚姐妹见面的室内场景，放置到了一进中式院落中。其中，玛利亚姐妹二人和她们的丈夫两组人物的位置也发生了有趣的改变，原来处于室内的约瑟夫和匝加利亚（Zacharias），被安置到了院落入口处，而故事的主人公玛利亚姐妹则被放在了远离观众的室内，这样的改编可能是中国画家出于女子不出闺阁的考虑。虽则如此，绘者并未在视觉上弱化远处的玛利亚姐妹，并未遵循"近大远小"的透视原理，而是延续了中国人物画放大主要人物的传统。同样，虽然中国画家复制了原图地面上的网格纹，但也没有遵循原图中的透视法，显然，绘者对于西方透视法还不熟悉，或者说，并不理解西洋画使用格纹以展示透视技巧的含义。

值得注意的是，在"圣母往拜他的亲戚圣妇意撒伯尔"一图中（图 5.11），绘者别具匠心的在玛利亚的衣裙上绘制了花纹，西文原图中朴素的圣母，在中国画家笔下显得美丽华贵。这不禁使人想到就在不久前出版的《程氏墨苑》中，中国工匠将"万福玛利亚（Ave Maria Gratia Plena）"误写称了"有诱惑力、迷人的玛利亚（Ave Maria Gratia Lena）"（史景迁，2005）[355]。而与利玛窦的处理方式类似，罗儒望也并没有制止这种将圣母"世俗化"的行为。更为这幅插图增添中国意味的是，作者在整幅图的最右侧和右上方添上一株枝繁叶茂的梧桐树，这一方面可能是出于构图的考虑，另一方面，可能也含有"梧桐引凤"之寓意。按中国人的传统，梧桐乃祥瑞之树，自古就有将凤凰与梧桐树联系起来的传说，认为"凤非梧桐不栖"[21]。那么，画家在门前画上一株梧桐树，并将枝叶伸展到圣母所站之处，也许就暗含了梧桐树引贵之意。此

21　《诗经·大雅·卷阿》："凤凰鸣矣，于彼高冈。梧桐生矣，于彼朝阳。萋萋萋萋，雍雍喈喈。"《庄子·秋水》："南方有鸟，其名为鹓雏，子知之乎？夫宛（右鸟旁）雏，发于南海而飞于北海，非梧桐不止。"

外，画家还在右下角的院落外惟妙惟肖地绘制了一匹马，颇合中国传统对"有客"到访的暗示[22]。这些细节，都丰富和重构了这幅插图的艺术性和叙事性，赋予其浓郁的中国风格和独特的东方意境。

图 5.11 《诵念珠规程》第 2 图（右）与《福音故事图像》原图（左）[（罗儒望，2002）[524]，（Nadal,1595）[2]]

5.4.4 中国图像的激活与再造：以"园中祈祷"和"耶稣复活"为例

前文所述《诵念珠规程》中对一般故事和人物场景省略、同时对西洋建筑背景加以保留，也出现在第 6 图"耶稣受难前一夕在阿利九山园中祷告"中（即园中祈祷 Christ Prays in the Garden）（图 5.12a）。这幅图描述的是，在

---

22 《诗经·周颂·有客》"有客有客，亦白其马。有萋有且，敦琢其旅。有客宿宿，有客信信。言授之絷，以絷其马。"顾卫民也注意到了这一点，顾卫民::《基督宗教艺术在华发展史》，第 130 页。

与门徒最后的晚餐后，耶稣独自一人在橄榄山向天父祷告，祷告完毕即由犹大告密被抓之事（圣经·路加福音 22：39-46）。虽然罗儒望在行文中描述了耶稣后来被"恶众捕捉绑缚"，从画面上，却很难看出其中的叙事内容。通过对原图中部左侧门徒的省略，对耶稣面部和衣纹的中国化处理，以及对西方风景画的改编，中国画家似乎将耶稣塑造成了一位在山野中冥想的中国智者，或者更确切的说，耶稣俨然被刻画成了林中隐逸的禅宗高僧或道家神仙，中国化的天使也很容易使人联想到"飞天"（Bailey, 2003）[410]。

　　高居翰（2011）[116]认为吴彬的《罗汉图》（1601）（图 5.12b）可能正是受到了《福音故事图像》中同幅西文铜版画的影响。虽然一些学者对高居翰所说的董其昌、吴彬等晚明画作直接摹自西洋铜版画颇有微词，但是，学界普遍承认，晚明以来，西洋美术的确对中国画坛产生了影响。有学者认为，正是传教士带来的新的视觉图像激活了埋藏在中国传统艺术中的某些元素，使晚明以来，许多中国画家开始以"仿古"为口号进行绘画图像上的探索和创新（Vanderstappen,1988）[114]。

图 5.12a　《诵念珠规程》第 6 图（右）与《福音故事　图 5.12b　吴彬《罗汉图》
　　　　　图像》原图（左）[（罗儒望，2002）[540]，　　　　　　（1601 年）（高居
　　　　　（Nadal,1595）[107]]　　　　　　　　　　　　翰，2011）[116]

　　那么，这一过程在这幅图的改编中充分体现出来：中国画家关于中国绘画传统中描绘山林隐者的记忆被西文原图唤醒，继而自然而然地借鉴了中国传统对类似场景的描绘，将原铜版画中的山石树木全部加以"本土化"改造。

而对于中国读者而言，这样的改编，可能唤起的也是中国传统文化中对于林中隐居的禅者、智者的想象，画面中的西洋建筑则将他们从对中国传统的想象，引向对西洋文化艺术的理解与思考中来。可以说，借由西洋元素引发的对中国传统文化的想象，在中国人对西洋文化艺术的接受、误解到最终理解、并将其融入中国本土文化的过程中，是必不可少的环节。

在第 11 图"主耶稣复活"中（即耶稣复活 Resurrection）（图 5.13），同样可以看到这种"激活"与"再造"的"本土化"图像生产方式。西文原图中，复活的耶稣脚下踩着骷髅和魔鬼，象征着救世主最终战胜了死亡和魔鬼。在《诵念珠规程》中，耶稣脚下的骷髅被隐去了；长角的西方魔鬼被改编成了中国式怪兽，从图像上看，很像中国传统的镇墓灵兽。与西方代表邪恶的怪兽不同，中国的镇墓兽并非十恶不赦的"魔鬼"，而是镇摄鬼怪、保护死者灵魂不受侵扰的灵兽。那么，原图中的骷髅和魔鬼，在中国版本里，就被再造成了一种全然不同的意向。在 20 年以后出版的基督教插图本《天主降生出像经解》中，面对同样一幅铜版画的改编，中国画家干脆将骷髅和魔鬼全都删除，而鉴于《天主降生出像经解》对西文原图所作改动甚少，那么，这样一个细节，有可能反映出作者对此前《诵念珠规程》中将"魔鬼"塑造成"镇墓兽"的误读之担忧。

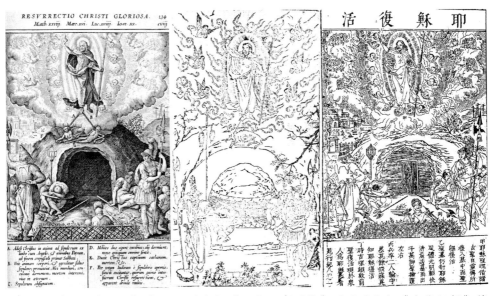

图 5.13 《诵念珠规程》第 11 图（中）、《福音故事图像》原图（左）、《出像经解》第47 图（右）[（罗儒望，2002）[560]，（Nadal,1595）[134]，（艾儒略，2002）[576]]

此外，在《诵念珠规程》第 11 图 "主耶稣复活" 中，有头无身的炽天使（seraphim）被祥云所取代（图 5.13 中、左），可能也是出于防止中国人将这种无身天使误为鬼怪的考虑，这样的改编在第 12 图 "主耶稣升天" 和第 13 图 "斯彼利多三多降临" 也可以看到，其中，中国画家还特意给第 13 图的炽天使画上身体。而与之形成鲜明对比的，则是后来艾儒略的《天主降生出像经解》中，对炽天使毫无忌讳地保留。笔者认为，从《诵念珠规程》图像的中国式再造到《天主降生出像经解》图像对原著尽量忠诚的变化，可能并非仅仅反应了中国画师对西洋技法的接受过程，决定这一变化的更重要因素，可能在于两个时期不同的传教环境、传教需求和传教策略。这在本章和下一章的小结中会有更为系统的论述。

5.4.5 中国式 "留白" 与 "意境" 的营造：以 "上十字架" 为例

如果说《诵念珠规程》的第 1、3、4 图中（图 5.9，图 5.10），中国绘者为了弥补省略透视效果和背景而造成的单调，因此别出心裁地添绘了屏风、花园和装饰花纹等中国式细节，那么，第 5 幅图 "耶稣满了十二岁与众老成学士讲道" 不仅没有表现出透视、省略了左右两侧的背景故事、简化了画面中的人数，甚至连装饰花纹也没有额外添加。在第 7 图 "受难被缚于石柱上鞭挞五千余下"、第 8 图 "被恶党将棘茨做冠箍在头上" 中也可以看到同样的 "简化"。从视觉效果上看，经由这种中国式省略，画面前景被衬托的格外突出。

中国人笔下这些空白的空间，对于习惯了画面被阴影线条和人物故事充满的西方人而言，乍看起来如同未完成的作品，因此，利玛窦等传教士虽对中国文化抱有敬仰之兴趣，对中国画家的绘画水平还是颇有微词（利玛窦，1986a）[18]。莫小也（2002）[114] 也从技术和媒材的角度出发，认为这种简化的原因，可能是木版画与铜版画媒介的差别，即铜版画易于雕刻细部，而木版画难以表现细致的人物和景色。鉴于《诵念珠规程》出版时间较早，此时中国画家可能尚未与西洋画有过多接触，因此，技术上的不完善和媒材转换上的不熟悉，似可作为这些 "简化" 的一个理由。但是，柯毅霖（1999）[248] 则从另一个层面出发，试图排除东西方技术差异之见，来理解中国画家这种 "简化" 倾向的意图：即，将这种 "简化" 与中国画 "留白" 的传统联系起来，认为这种 "留白" 乃是从艺术构思和宗教情感表达的角度，不仅是为了 "突出主题"，也是为了 "表现神性的临在"。

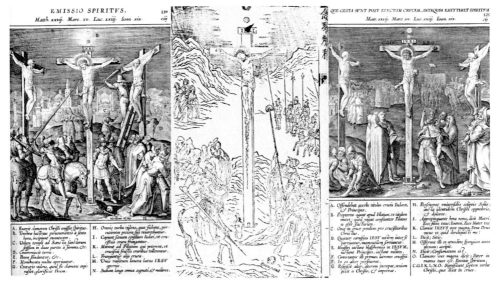

图 5.14 《诵念珠规程》第 10 图（中）和《福音故事图像》原图（左、右）[（罗儒望，2002）[556]，（Nadal,1595）[129,130]]

柯毅霖以《诵念珠规程》第 10 图"被钉十字架上而死"（即"上十字架" The Crucifixion）为例（图 5.14），证明中国画家以大量的留白空间，使十字架显得异常醒目，从而烘托耶稣受难之苦："只有一个十字架，钉着赤身的耶稣，在天和地之间，孤零零地突现出来，在一种可怕的沉寂中，仿佛只有天主目击这一场面……这幅画塑造了一个能给人以强烈的情感震撼的形象，是对主受难的深刻的中国式诠释"。据此，柯毅霖（1999）[248-249]认为，在耶稣会入华早期，中国人就已经能够理解耶稣救赎世人承受苦难的事实了。

的确，就第 10 图而言，与原图对比（图 5.14），一方面，中国画家继续坚持了其以中国风景替代背景故事场面的一贯改编方式，远处的士兵被代之以寸草不生的荒山，营造出空旷和凄凉之感；另一方面，在中国画家笔下，十字架被明显拉长了，通过这一夸张的改造，十字架上耶稣基督的形象与远景融为一体，成为空旷天地中唯一悲怆的存在，借景喻人，天人相融，烘托出耶稣为人类忍受巨大苦难的主题。此外，耶稣身旁的两个十字架也被删除，从艺术构思上讲，这样做的目的可能是为了将整个画面聚焦在耶稣身上，更好的突出主题。但是，值得注意的是，在罗儒望的行文中，同样没有交代与耶稣同钉十字架的两个犯人之事。鉴于反教人士对"天主"乃"谋反正法之贼首"（杨光先，1995）[460]的诋毁，罗儒望的文字改编、以及中国画家配图的改编，很可能是出于避免中国人将耶稣与一般犯人相提并论的考虑。

　　也许正是为了避免误会，中国画家才从艺术角度出发，力图将读者的注意力从耶稣身旁的两个犯人，引向耶稣受难之"苦难"。在这里，中国画家似乎花费了更多心思，除了上文中已经讨论过的这幅图背景氛围的营造外，值得一提的是，这幅图是中国画家颇费匠心的根据《福音故事图像》中的两幅铜版画改编的。中国版本中既保留了《福音故事图像》其中一图戏弄耶稣、用长矛给耶稣递"酸醋苦胆"的士兵，以突显耶稣所受之"苦难"；也保留了另一图中骑马的士兵，但原图中骑马的士兵正用长矛向耶稣刺去，而在中国版本中，可能是为了保持画面构图的平衡，这一骑马士兵手中的长矛并未指向耶稣，然而，耶稣的苦难并未因此而弱化，相反，这个士兵望向耶稣的脸、和已经抬起的手臂，都在告诉我们，他手中的长矛将要扬起、刺向耶稣，耶稣正在、正要遭受"苦难"。

　　如果说这幅"上十字架"是中国式正确诠释耶稣受难之奥义的良好开端，那么，在下文的叙述中，我们会看到，这一"良好的开端"并没有被很好的延续下去。以中国式的"留白"烘托耶稣之"苦难"，在之后的基督教插图出版物中，逐渐被添加中国式繁复的、具有生活气息的细节所取代，而关于耶稣受难的图像，甚至成为 17 世纪中后期第二次大规模反教运动中的罪证。从这样一个过程中，可以看到基督教图像在中国的"本土化"进程受到多重因素的影响，这正是西方文化艺术在中国传播、并对其自身产生正面或负面影响的一个鲜活案例。

5.5　小结：《诵念珠规程》的"本土化"改编及其成因

　　从《诵念珠规程》图像的"本土化"改编（如对背景人物和透视法的省略、中国传统符号和意象的引入、大量的"留白"以烘托主题）来看，这部宗教出版物在"西画东渐"的过程中扮演了十分重要的角色。在许多细节上可以看到这种"本土化"改编竭力对"误读"的避免，但是，在不同的社会文化"语境"下，图像"转译"的过程事实上也正是滋生"误读"的开始。尽管如此，必须承认，从艺术技法、构图、形象和意境的营造等艺术角度来说，《诵念珠规程》的"本土化"改编是成功的，后人将其附会为"董其昌"之作，可为肯定其艺术水平的一个明证。

　　但是，以往对《诵念珠规程》图像的研究，往往直接从图像入手，对其产生背景多有忽视，这就导致将图像的"本土化"改编解释为中国工匠的技法局限。笔者认为，中国工匠画师的"技法"，只是影响图像转译过程的一个方面。尤其是在西洋传教士组织出版的印有"圣像"的宗教书籍中，对图像的改编更不会仅仅以审美或"技法"为转移。

因此，对《诵念珠规程》图像"本土化"的研究，必须结合其产生的时代背景、制作主体等历史语境：耶稣会士罗儒望选择出版与多名我会深有渊源的《玫瑰经》，实则以讲述"圣母"生平事迹之《玫瑰经》，向更熟悉和偏爱"圣母"形象的中国人讲述基督教的奥义。一方面，"利玛窦时代"的耶稣会士十分注重对"圣母"图像而非"耶稣"形象的使用，这样的选择符合早期以利玛窦为首的耶稣会士所秉承的"文化适应"的传教策略；另一方面，《诵念珠规程》出版之时，正值明清之际基督教入华面临第一次大规模迫害，即"南京教难"前后，传教士在华正面临着晚明以来前所未有的危机，在这样的情况下，其宗教出版物必须以更为"温和"，或者说更为"本土化"的面目出现在中国人面前，以中国人喜闻乐见的形式传播教义的同时，还要避免引起更为激烈的非议。

在"南京教难"的历史背景下，耶稣会士罗儒望主持编译出版了这部第一本中文教义插图书，而正是鉴于这样的历史背景，结合传教策略，这本插图书被塑造成了中国基督教艺术"本土化"的一个典范。那么，随着时间的推移和传教环境的变化，在下一个历史节点，根据不同的传教需求和传教策略，基督教插图出版物又将发生什么样的变化？在下一章中，笔者将以20年后在福建出版的《天主降生出像经解》为例，继续探讨中国基督教图像在宗教领域的传播、转译和再造。笔者认为，对这些图像视觉表象上的变化，仅仅从审美和艺术技法等"去语境化"的角度加以解读，还是远远不够的。

第6章 艾儒略与《出像经解》:第一本中文《圣经》插图书的出版与改编

6.1 艾儒略与基督教图像的传播

6.1.1 "西来孔子"艾儒略

1610 年 5 月,利玛窦在北京辞世,由龙华民(Niccolo Longobardo)继任中国传教区会长,从此,"利玛窦时代"结束了,耶稣会在华传教进入第二阶段。就在利玛窦去世这一年,在罗马学院学习的意大利耶稣会士艾儒略(Giulio/Jules Aleni 1582-1649)始抵澳门。博通中文经典的艾儒略,被晚明中国人尊为"西来孔子"[(萧若瑟,1932)[200],(德礼贤,1934)[66,68],(费赖之,1995)[136]],连时人所撰反教著作中,也有对艾儒略"立言甚辨,持躬甚洁"的正面评价(方豪,2007)[132]。后人对其也评价甚高,方豪称,"在中国基督教外来传教士中,再也没有比艾儒略更受学者欢迎的……'西来孔子',这样崇高的尊称,连利玛窦也没有获得"(2007)[130];意大利学者柯毅霖称之为"第二代耶稣会最为杰出的传教士之一",是继罗明坚、利玛窦等第一代先驱者之后,汤若望、南怀仁等第三代入华耶稣会士之前,入华传教士的杰出代表(1999)[161-162]。

1610-1613 年间,初入中国的艾儒略就在学习中文方面显示出"资颖绝超"。在澳门期间,他的中文水平突飞猛进,"中华典籍,如经史子集、教九流诸书靡不洞悉"（叶农，2009）[119]。除了语言天赋外，艾儒略还曾在意大利学习哲学和神学，对数学和天文学也十分精通，1611-1612 年间，艾儒略就在澳门记录了成功观测月食的经历（荣振华，2010）[48]。1613 年初，艾儒略开始进入中国内地。因精通希伯来文，艾儒略先被派往开封府考察当地的犹太教经典[1]。返回北京以后，艾儒略结识了徐光启，于 1613 年秋随徐光启南下江南。

1613-1616 年间，艾儒略在南京、上海、扬州等地讲授西学，归化多人入教。1616-1619 年，"南京教难"期间，艾儒略同罗儒望等耶稣会士一起在杭州杨廷筠家中避难，进一步研习中文典籍，并在杭州继续交游和传教活动，为 250 人施洗。1619 年底-1620 年初，在徐光启的引荐下，艾儒略为扬州"大吏"马呈秀讲授西学，并归化马呈秀入教。1620 年，马呈秀赴陕西任职，艾儒略随行至陕西商州。1621 年，艾儒略赴山西绛州，创立基督教山西传教区。1621 年，艾儒略返回杭州，1623 年至江苏常熟开教。1624 年，与利玛窦等人交好的内阁首府、东林党人叶向高，因魏忠贤等宦官排挤，罢官还乡，途径杭州，因赞赏艾儒略的才学，遂邀艾儒略同返福建老家[（费赖之，1995）[133-134]，（荣振华，2010）[48-49]，（方豪，2007）[132]，（叶农，2009）[119]]。

6.1.2 福建开教与展示基督教图像

1625 年 4 月，艾儒略创建了福建教区，费赖之称其为"开教福建之第一人"[2][（柯毅霖，1999）[177]，（费赖之，1995）[134]，（荣振华，2010）[49]]。此后，艾儒略在福建各地传教，直至 1649 年病逝于福建延平。福建传教期间，艾儒略一方面延续利玛窦与知识阶层交游的传统，与当地文人士大夫交往密切；另一方面，与龙华民发展基层教徒的传教策略一致，艾儒略积极深入福建民间，向底层民众宣讲教义，还编著了《天主圣教四字经文》，至今仍在民间广为流传。到 1637 年"福建教案"爆发之前，在艾儒略等耶稣会士、及 1633 年进入福建的方济各会、多明我会士的影响下，整个福建省已发展基督教徒"万数之人"（叶农，2009）[120]。这样一个大教区有其发展的独特之处，即皈依的信众大多来自低级官员、下层文人和普通百姓，这与基督教在北京、南

---

1 艾儒略此行目的是继续利玛窦对中国犹太教的研究，但被当地犹太人拒绝，只参观了犹太教堂，遂返回北京（叶农，2009）[119]。

2 艾儒略并非第一个进入福建的传教士，此前已有方济各会和多明我会在福建地区活动，1594 年多明我会传教士即开始试图在厦门传教，但直到 17 世纪 30 年代以后，才最终在福建定居下来。

京等地较多归化上层文人士大夫的状况十分不同[（林金水，2006）[517]，（柯毅霖，1999）[166]]。

费赖之曾记载艾儒略在福建用"圣像"治愈病患之事，事后病患家人尽毁家中异教偶像（费赖之，1995）[137]。在福建期间，艾儒略还曾多次邀当地文人观看西洋基督教图像，在 1630-1631 年间完成的《口铎日钞》卷一和卷二中，就记有两次展示基督教图像之事，其中第一次展示 18 幅基督教"心图"，第二次又展示了一册西文插图书，其中有 10 幅图画，多为"寓言图"[3]。这些图

---

3 所谓"心图"，即围绕着"人心"这一图示符号展开描绘的寓言画。这先后展示的 28 幅图像在《口铎日抄》中都有相应的文字描述，是为重要的艺术史史料，但尚未受到足够重视，现择要抄录如下：第一次展示 18 幅"心图"分别为："图 1. 群圣共献一心：画一心居中，众人在下，各以两手捧之，如奉献状。图 2. 天神与三仇各有作为：画一心，虽半堕网中，有二天神居上，复有三人者在下。一裸形；一持刀兵，有狰狞状；一盛饰，有张大状。图 3. 主叩之心门：心有重门，如紧闭状。吾主持门环叩之，且侧耳以听。图 4. 人心正邪交战：心之门已启，但昏黑甚。吾主入其中，持炬照之，诸虫蛇虾蟆之属，种种毕见。图 5. 主赦免人的罪：画吾主持帚，将心中虫蛇虾蟆诸物，一切扫之。图 6. 人心被洗涤：吾主于心中，作洒水状。图 7. 人的灵魂被洁净：吾主在心中，五伤流血。有二天神，扶一婴孩，以血灌之。图 8. 人心迎主降临：心渐有光明状，吾主于中端坐，帷幔具设。图 9. 主讲解训导：作吾主垂经示训状。图 10. 人心常念四末：画心作四域：一死候、一审判、一地狱、一天堂。图 11. 人负己之十字架随主：作吾主负十字架像，诸受难之具，种种咸在。图 12. 人受主圣宠：则环心皆花，吾主于心中，复加种焉。图 13. 日渐喜乐：天神于四傍作乐，吾主心中，为之按节。图 14. 心灵舒畅：吾主于心中作乐，天神四傍，长歌和之。图 15. 世界不能动摇其心：有狂风怒涛之象，而吾主在心中晏然酣睡。图 16. 人因爱主而大发热心：画吾主弯弓，射火箭于心状。图 17. 内心更加火热：则心中有火，蓬勃上炎。图 18. 得胜而升天：则心中及四傍，遍画棕树，而吾主俨然居上。"之后，又有一次展示了一部西文书册，其中有图 10 幅，多为寓言："图 1. 用人象征时机：中画两人，一人头戴浑天仪，左持刻漏，而右农器。图 2. 天神魔鬼各有作为：画有十人，时机立其前一天神以手上指，二魔介焉，大者以网闭其目，小者持钩以钩之。图 3. 魔鬼喜人戏玩时机：画数人为玩戏状，有戏带浑天仪者，有戏弄刻漏者，有戏骑农器者。大魔鼓掌，小魔助之，天神则袖手立其前。图 4. 抓紧时机者天主宠佑：画有五人，向时机而执其手，吾主俨然在上，诸天神欲持花冠以赐之。图 5. 抓紧时机者天主乐而魔鬼恚：彼五人者，各执时机一物，若乘而有为之状。天神欣悦，小魔伏地，大魔望而逃。图 6. 时机将去亦可能挽回：作时机为将去状，有五人者，或扯之挽之，天神亦手招之。图 7. 失去时机者必被魔笑：则时机已去，五人者，或袖手、或遥望。旁有小魔持网罩云，大魔鼓掌而笑。图 8. 戏玩时机者将有大难：画一狮头，以状地狱，张口獠牙，口出火而鼻生烟。二魔用铁索系彼五人，俾入其中。五人相顾，

中既有面目狰狞的裸体人物，也有奏乐之天神，既有对"虫蛇虾蟆"等动物的描绘，也有对山水树木等风景的刻画。尤其值得一提的是，这28幅图像中不乏对"十字架"、"五伤流血"、"审判"、"死亡"、"地域"、"天堂"等直接指涉"基督论"核心内容之图示、符号的描绘。如果说此时的图像展示还只是在小范围里进行，那么，这种与以往耶稣会传教士不甚相同的图像使用策略，则在后来大量出版的《出像经解》插图书中得到了更为集中的体现。

此外，在福建传教数年间，据费赖之记载，在艾儒略的影响下，福州各府建有教堂8座、各小城建教堂15座[（费赖之，1995）[135]，（方豪，2007）[133]]，那么，这些教堂中应当不乏基督教图像的展示。1635年-1638年间，泉州附近相继发现十字架形古石块（阳玛诺，2010b）[173]，这一系列古迹的发掘，吸引了大量好古的中国人前往观看，也引发了中国人对基督教的热情，至1638年，仅泉州府就有教堂13座，明末福建各府县更是教堂林立，穷乡僻壤之地也有教徒"建祠设馆"[（费赖之，1995）[135-136]，（方豪，2007）[134-5]，（叶农，2009）[120]]。其实，早在17世纪20年代初，艾儒略就曾在杭州观桥西建一处天主堂，"设学讲论，问道者接踵"（方豪，2007）[133]。

关于这些教堂内部装饰的记载甚少，尤其是对乡间教堂的记述资料更是匮乏。1662年荷兰东印度公司水师提督巴连卫林（Balthasar Bort），曾参观了福州天主堂，并留下了关于教堂建筑和内饰的记载。南明隆武帝"嫌其湫隘"，故于隆武初年（1645）重修[4]（萧若瑟，1923）[231]，巴连卫林所见当为重修后的"敕建天主堂"。虽然福建普通的乡间教堂装饰不能与这座"敕建天主堂"比肩，但是，对福州天主堂内部装饰的珍贵记述可为我们了解福建地区的教堂提供一些帮助："教堂的外表是中国寺。风格，内部装饰也是中国化，祭坛与香炉雕刻着龙和其他头首，完全是异端的情调。只有有限的几张绘画与图片，如耶稣基督、圣母玛利亚、报喜天使加百利，才可以看出基督教的特征"（林金水，2006）[522]。可见，尽管福州天主堂整体呈中国建筑风格，其内部仍展示有基督教图像，以示其作为"天主堂"的身份，这一点应当也体现在艾儒略的民间教堂中。

若不欲行。图9. 天主救人脱离永苦：五人将及火中，俱回首跪向天神。天神以手上指，而吾主在上。二魔则抱头伏地狱前，铁索俱解。图10. 人的结局不同：画地狱吐火，有三人在火中，二魔虐之，三人相顾，若无可奈何状。上则有五人，欣然携手，天神作乐以乐之。"（艾儒略，2000）[451-454, 461-463]

4 福州天主堂由叶向高长孙叶益蕃等人创建于1625年。

可以看到，与此前利玛窦时代对于基督教图像的传播偏向于文人士大夫群体的传教方式不同，艾儒略格外重视在乡间广设教堂，那么，17 世纪 20、30 年代以来，随着福建民间教堂的兴建，基督教图像已经开始深入到了福建民间。这些教堂不仅是结社集会、传播信仰、展示基督教图像的场所，每一个教堂也同时是一所"刻书社"。艾儒略在华 30 余年间，著述颇丰，有中文著作 20 余种，其中绝大多数是在福建传教期间完成的[5][（黄晓红，2009）[149]，（林金水，2006）[523]，（叶农，2009）[120]]。在《大西西泰利先生行迹》一书中，艾儒略提到利玛窦曾希望后来的传教士"多携西书同译"（方豪，2007）[133]，那么，追随利玛窦入华的艾儒略所携"西书"应当也不在少数，这从艾儒略关于天文、地理、数学、医学、哲学、神学等各种学科的中文译介中可见一斑。《口铎日抄》中也有记载："司铎出书一帙，皆西文之未译者，间有图画，而多寓言，图约有十幅"（艾儒略，2000）[461]。虽然并不确定艾儒略究竟携带多少插图本入华，但艾儒略对图像的重视，从他出版的《万国全图》（1623）、《玫瑰十五端图像》（1637）和《天主降生出像经解》等刻印有大量图版的书籍中可以体现出来。

6.2 托钵修会入华与公开展示十字架

6.2.1 托钵修会入华及其早期对图像的重视

17 世纪 30 年代是基督教在华传播发生重要转折的时期。17 世纪 20 年代末、30 年代初，曾出现一个基督教中文书籍大量出版的黄金时期，但是，30 年代中期以后，随着第一批有影响的入华传教士和中国信徒的离世，情况开始发生变化（Standaert, 2003）[3896]。徐光启于 1633 年逝世，这一事件被称为"中国传教史第一章的结束"（邓恩，2003）[209]。就在徐光启逝世这一年，方济各会和多明我会也来到中国，他们秉承的"欧洲人主义"开始在教会中占据有利地位，耶稣会士"文化适应"的传教方式被指责为对基督教的"背叛"（邓恩，2003）[209]，各修会之间的冲突为 18 世纪的"礼仪之争"和基督教在中国再次出现的危机埋下了伏笔。

5　关于艾儒略中文著述的数量，从 19 种至 33 种，尚存争议，其中以 20 余种一说居多。

6　比如，杨廷筠逝于 1627 年，李之藻逝于 1630 年，徐光启逝于 1633 年，金尼阁逝于 1628 年。

　　1583 年 12 月，当利玛窦和罗明坚获准在肇庆长期居住后不久，西班牙使团曾试图出使中国，还通过耶稣会士给中国官员送去了礼物。这次出使并未成功，但礼物已经送到了中国各地[7]。对于这些礼物究竟包含什么，目前还未发现详细的记载。但值得注意的是，就在这次出使的几年前，也有一批西班牙使臣，带着礼物出使中国，最终只到达墨西哥，这批礼物包括"图画、器用"等物品[8]。那么，是否可以推断，同样在西班牙国王的赞助下，这前后两次礼物很可能类似？也就是说，后一批到达中国的礼物中，很可能就包含有"图画"。由于缺乏确凿的文献支持，这只能算是一种猜测。然而，无论这一推断是否成立，西班牙使臣中有随行"画师一名"、礼物中有"图画"这一事实证明，西班牙王室赞助的托钵修会在向海外传教初期已经注意使用"图像"推动基督教在海外的传播了。

6.2.2 托钵修会与耶稣会的冲突及其对图像的使用

　　虽然托钵修会和耶稣会都十分注重在传教中使用基督教图像，但是，在中国传教过程中，二者对题材的选取和使用方式十分不同。前文提到，罗明坚和利玛窦等早期耶稣会士向中国人展示的圣像以"圣母像"为主，而很少直接拿出"十字架苦像"，这种对于宗教图像的选择，应当是出于"文化适应"的考虑。事实上，早在 1579-1582 年间利玛窦入华之前，罗明坚就对其广州住所内陈列的基督教铜版画有所选择，"未列入'耶稣受难的图画'，因为在这时还没有人能够懂得"（裴化行，1936）[277]。直到 16 世纪末，为了解释救世主的救赎、避免人们将圣母像误以为是"观音"，曾用一幅日本画院尼古拉神父绘制的十字架苦像将圣母像换下[（McCall，1948）[47]，（裴化行，1936）[282]，（利玛窦 等，2010）[169]，（Bailey,1999）[91]]。然而，1601 年，利玛窦到达北京等待觐见万历皇帝之时，太监马堂一面对他们行李中的圣母像赞叹不已，一面又对十字架耶稣像感到十分愤怒，将其与巫蛊之术联系起来，认为这个十字架上的黑色身体会危害到皇帝（Spence,1986）[246]。之后很长一段时间，耶稣会士都没有公开展示十字架（McCall，1948）[48]。尽管耶稣会士们如此小心，十字架苦像仍然成为反教人士攻击基督教的口实（杨光先，1995）[460]。因此，为

7　这次未能成行的出使牵扯到葡萄牙人与西班牙人、耶稣会和托钵修会的利益冲突[（裴化行，1936）[221-235]，（利玛窦 等，2010）[186]，（夏伯嘉，2012）[90]]。

8　利玛窦的回忆录中也提到西班牙国王曾赠送中国皇帝贵重的礼物，但后来被误送到了墨西哥[（利玛窦 等，2010）[184]，（裴化行，1936）[59-60]]。

了避免中国人对基督教的误解和由十字架苦像而引发的反感，耶稣会士选择了在展示耶稣受难苦像上持暧昧态度；同时，他们并非完全放弃展示耶稣受难像，只是"没有在广泛的公共场合里展示耶稣受难的生动的图画"[9]，他们更倾向于向初次接触基督教的中国人展示更为赏心悦目的圣母像。

从罗儒望《诵念珠规程》对关于"圣母圣咏"的《玫瑰经》题材和"念珠"一词的选取，及其对西洋图像明显的"本土化"改编，可以看到，17 世纪 20 年代左右，即"南京教难"期间及之后不久，虽然耶稣会士已经试图向中国人讲述耶稣受难的故事，并已经开始展示经过艺术加工的耶稣受难图像，但这些努力仍然是在献给"圣母"的名义下进行的。从表面上看，耶稣会士在使用和讲述耶稣受难像上的这一"适应"策略，成为此后托钵修会向教廷控告耶稣会的罪状之一，这一伴随着"礼仪之争"的争论最终导致 18 世纪初基督教入华的再度受阻。

托钵修会对耶稣会士长期垄断中国及其"适应"的策略十分不满，转而坚持更为强硬的传教方式，这在他们对宗教图像的使用上可见一斑。1633 年，方济各会士利安当（Antonio de Santa Maria Caballero）与多明我会士莫若涵（Juan Baptista de Morales）一同进入福建，在传教方式上与艾儒略颇有不合。托钵修士们指责耶稣会士在公共场合藏匿十字架，而且耶稣会士的住所也没有明显的十字架标志（柯毅霖，1999）[97]。1637 年，最初到达北京的两位方济各会士曾在汤若望的耶稣会小教堂里看到一幅耶稣与 12 使徒的画，与西方绘画不同的是，画中的人都为"适应"中国文化而穿上了鞋，这使这两位方济各会士非常心痛，尤使他们不能容忍的是，他们发现，耶稣会教堂里，耶稣画像与异教的中国皇帝画像并置在一起[10]。

实际上，多明我会与耶稣会的冲突，并非仅仅在于传教方式的不同。他们分别受到西班牙和葡萄牙王室的赞助，而两国之间的政治冲突及其在远东的贸易冲突一直不断，这为分别代表两国利益的不同修会间造成了天然的不信任情绪。1659 年，多明我会修士闵明我（Domingo Fernandez Navarrete）被

9　然而，也有学者认为耶稣会士实际上隐瞒了耶稣受难及基督的特性，"耶稣会在 17 世纪驱使更多中国人皈依的功绩，归因于避谈耶稣基督的苦难奥秘"[（柯毅霖，1999）[99]，（邓恩，2003）[262-263]]。

10　两位方济各会士即艾肋德和艾文德，指责耶稣会的文件藏于罗马耶稣会档案馆。有可能，这两个方济各会士不了解中国风俗和语言，所谓中国皇帝的"画像"指的只是刻有汉字"皇帝万岁"的牌匾[（柯毅霖，1999）[97]，（邓恩，2003）[230-231]]。

"不守信"的耶稣会士抛弃，而最终被一个异教徒带入广州，对此，闵明我写道，"原来在澳门，葡萄牙修士和俗人从不组织西班牙人进入中国，漳州的中国异教徒和澳门的基督徒也不阻止西班牙人。麻烦来自另一处（即指耶稣会士）"（2009）[83]。

为了捍卫耶稣基督唯一真神的名，方济各会士和多明我会士则公开大肆展示耶稣受难苦像，采取了更为激进的传教方式：他们不顾官府反对，手持耶稣受难苦像，"高过头顶，大声宣告：……这乃是'真神和人的形象，世界救主'，所有的偶像和宗派都是虚妄的，魔鬼通过它们诱导人们，把人骗入地域"（邓恩，2003）[233]。这种公开宣传和展示耶稣受难像的布道方式，激化了欧洲传教士与中国官府之间的矛盾，加之当时台湾及福建沿海屡受荷兰人的军事威胁，最终导致当地政府无法顾及与耶稣会士的"友谊"，颁布驱逐传教士的法令，引发了 1637-1638 年间的"福建教难"，期间，艾儒略等传教士只得避难澳门。然而，即使在法令颁布以后，方济各会和多明我会士仍然"高举着十字架进入城镇"，并高声宣教，这种"故意要激怒当局"、"鼓励殉教"的传教方式（柯毅霖，1999）[170]，与耶稣会温和的"文化适应"策略截然不同，其使用的基督教图像、及其使用地点也因此不同。

6.3 《基督生平》与《出像经解》的出版与文字改编

6.3.1 《天主降生言行纪略》与《出像经解》的出版与再版情况

正是在这样复杂的背景下，崇祯八年（1635）至十年（1637）间，艾儒略在福建出版了八卷本《天主降生言行纪略》，又名《万日略经》，或《好报福音》[11]。"万日略"即拉丁文"福音（Evangelium）"一词之音译。全书共计 8 卷 165 个章节，每一章节都讲述了《圣经》四福音书中的一个故事，是第一

---

11 关于《天主降生出像经解》和《天主降生言行纪略》的出版时间和出版地尚存争议。关于出版时间：费赖之称《纪略》出版于 1635-1637 年，《出像经解》出版于 1635 年（1995）[137]；方豪称二书均出版于 1635-1637 年（2007）[135-136]；潘凤娟则认为二书均出版于 1637 年（叶农，2009）[120]；柯毅霖（1999）[249] 和 Sun Yuming（2003）[476] 都认为《纪略》一书出版于 1635 年，《出像经解》出版于 1637 年，但从柯毅霖所查马德里方济会稿案馆藏《出像经解》前言来看，艾儒略的计划应当是先出版《出像经解》。关于出版地：方豪称其出版于福州，但钟鸣旦（Standaert，2007）[3] 和 Sun Yuming 等学者认为《出像经解》初版地是泉州晋江。

部完整的中文耶稣传记，后人对其评价颇高[12]。《出像经解》就是为此书所配的插图单册，又名《天主降生言行纪像》[13]，被称为"艾儒略传教工作中的真正杰作"（柯毅霖，1999）[249]。

　　这两本图文并茂的教义书一经出版，就十分畅销，光绪十三年（1887）上海刊印的基督教图册《道原精萃·像记》中，称《出像经解》一书"为时人所推许，无何，不胫而走，架上已空"。自福建地区首版以来，《天主降生言行纪略》又于崇祯十二年（1642）、乾隆三年（1738）、嘉庆元年（1796）、咸丰二年（1852）、光绪二十九年（1903）于北京和上海等地多次再版[14]（费赖之，1995）[137]。《天主降生言行纪略》和《出像经解》的早期版本多为分开刊印，从 18 世纪开始，二书以合订本的形式出版，直到 20 世纪初才又分开刊印[（潘凤娟，2009）[135]，（柯毅霖，1999）[216]]。如此多的再版，可见这两部著作的畅销程度。

6.3.2　《天主降生言行纪略》与《基督生平》

　　据钟鸣旦的研究，《天主降生言行纪略》一书应当译自萨克斯聂(Ludolphus Saxonia) 所著《基督生平》(Vita Christi 1474)，该书在 16、17 世纪十分流行[（Standaert, 2003）[388]，（Standaert, 1999）[31-54]，（Criveller, 2003）[448]，（柯毅霖，1999）[239]，（潘凤娟，2009）[111-112]]，在"北堂藏书"中，也确有此书 1580年的版本（Verhaeren,1949）[622]。《基督生平》是促使耶稣会创始人罗耀拉皈依天主的重要读物之一，罗耀拉所著《神操》也深受《基督生平》的影响，不仅如此，"耶稣会"这一名称也很有可能出自《基督生平》一书[15]（潘凤娟，2009）[118]。

　　《基督生平》一书强调耶稣所受之"苦难"，力图展现耶稣基督"人性"的一面，这与"中世纪基督论救赎论"相一致（潘凤娟，2009）[116]。那么，与早期耶稣会对"耶稣受难"的回避相比，在 17 世纪 30 年代，艾儒略选择将

12　方豪称此书为"《圣经》最早的汉文节译本"（2007）[136]，徐宗泽称其"文笔流畅，耶稣一生之言尽在是矣"（2010b）[38]。

13　关于《天主降生出像经解》和《天主降生言行纪略》两种版本的分类，详见（Sun, 2003）[477 note 20]。

14　但方豪称这些版本"均无图"（2007）[136]。

15　《基督生平》中首次使用"Jesuitas"一词，应当是"耶稣会（Jesuits）"一词的出处。

《基督生平》一书译介为中文，应当有出于回应托钵修会指责的考虑。然而，维护耶稣会非"异端"的声名，并不是艾儒略在华传教的全部，而将拉丁文《基督生平》改编为中文《天主降生言行纪略》，向中国人大胆地讲述"耶稣受难的事实"，也并不能表示艾儒略完全放弃了耶稣会早期的"适应"策略。

相反，从这一跨语言文化的改编中，可以看到，艾儒略并不认同托钵修会在文化上毫不妥协的强硬传教方式，而是试图以中国人可以接受和理解的方式，将耶稣基督的事迹娓娓道来。比如，台湾学者潘凤娟认为，《基督生平》重视对耶稣童年和苦难的描写，重点在于展示耶稣基督的"人性"面向，而《天主降生言行纪略》则重视讲述神迹，强调耶稣基督的"神性"，并将之塑造成"教化者"的角色，其采用的叙述技巧也与晚明"神魔小说"和"超凡入圣"的杂剧十分类似（2009）[130-132]。

6.3.3 "译经"禁忌与《出像经解》的出版

17 世纪 30 年代，艾儒略面临的不仅是托钵修会入华的挑战，还有来自于罗马教廷的压力，这直接体现在艾儒略对"译经"一事的回避上。虽然艾儒略在《天主降生言行纪略》前言中，向中国读者介绍了《圣经》中的"古经"和"新经"，并通过"古经"中出现的人、狮、牛、鹗"四像"，介绍了撰写四福音书的"四圣"[16]，但还是在措辞上多次强调避免将此书与"译经"联系起来。在《万日略经说》结尾处，艾儒略写道，"今将四圣所编会撮要略，粗达言义，言之无文，理可长思，令人心会身体，以资神益，虽不至陨越经旨，然未敢云译经也。"在《天主降生言行纪略凡例》中，艾儒略也称"兹独编其要略，不复重纪详尽，若夫全译四圣所纪。翻经全功，尚有待也。"事实上，拉丁文圣经在罗马教廷一直占据至高无上的神圣地位，而西欧宗教改革运动中的一个重要组成部分就是对拉丁文垄断《圣经》书籍的反抗，不仅如此，在未经教廷允许下，私自译经也会受到严厉的惩罚。

1614 年，在龙华民的安排下，金尼阁回到罗马，向教廷汇报在华传教进展，1615 年 6 月终于获得教廷授权译写中文圣经[（Standaert, 2003）[378]，（魏特，1949）[43]]，但教廷对"译经"的态度仍十分严苛，"赦令不过为一纸死文"（潘凤娟，2009）[138]。17 世纪以来，西葡国力日衰，逐渐无力应付庞大开支，

---

16 对这"四像"的添加，也体现在《出像经解》卷首图《天主降生圣像》的改编中，纳达尔原作卷首图中并无"人、狮、牛、鹗"这四种表示圣徒的图像符号。

而控制在西葡手中的"保教权"事实上限制和削弱了罗马教廷的教权；同时，罗马教廷认为，殖民扩张者对宗教事务的干预，使人们将殖民者和传教士混为一谈，给传教事业带来了障碍[（The Catholic Univeristy of America, 2002）Vol 10, 977, Vol 11, 750，（孟德卫，2010）³]。在这样的背景下，1622 年，罗马教廷"传信部"成立了。传信部由教皇直接干预，与西葡保教权相抗衡，开始对远东传教事务加强直接管控，其中一项任务就是对"译经"的控制。到 1634 年，罗马教廷正式指示"翻译《圣经》是不必要的"（潘凤娟，2009）[138]。

　　正是在这样"内外交困"的传教背景下，艾儒略在福建出版了《天主降生言行纪略》和《出像经解》。从早期版本来看，《出像经解》共计插图 50 余幅[17]，均由纳达尔的《福音故事图像》铜版画改编而来。这 50 余幅木版画插图中，不仅全部保留了纳达尔原图的标题，将之译为中文，还将纳达尔原图中的文字注释部分保留下来，将"ABCD"的标注改为"甲乙丙丁"，并附在图像下方用文字加以一一说明。中国人对上图下文的插图版式并不陌生，但这种在图中标注"甲乙丙丁"的注释方法，对时人而言仍十分新颖[18]。虽然图片中的"甲乙丙丁"大体上是根据《福音故事图像》原图"ABCD"的位置标注的，但《出像经解》图像下方的中文注释则基本都是根据《天主降生言行纪略》的章节内容简写，且标注出"见行纪某卷"。这种文字配图的方式，使《出像经解》这本插图单册既可以作为《天主降生言行纪略》的图册，相互

17　《出像经解》现存 37 种版本（但罗马耶稣会档案馆 Jap. Sin. I. 188 版本报失，因此共存世 36 种版本），Sun Yuming（2003）[477note20] 按照书名将这些版本分为两组：第一组署名《天主降生出像经解》，通常收录有一幅耶路撒冷地图插页，以及 56 幅图像；第二组署名《天主降生言行纪像》，未收录地图，共有插图 51 幅。通过对 12 个版本的实地考察（其中包括梵蒂冈图书馆的 7 个早期版本，马德里方济会档案馆 1637 年的早期版本，台北辅仁大学神学图书馆 1738 年的 18 世纪版本，罗马城市大学图书馆收入《道原精萃》的 19 世纪版本），柯毅霖认为（1999）[259-260] 虽然不同版本图像数目不一，但通常在 50-55 幅之间。目前笔者使用的是罗马耶稣会档案馆的版本（艾儒略，2002）[527-582]，除封面画像外，共计 52 幅图像，其中"耶稣步海"和"起三十八年之瘫"均重印 2 次，因此，除去重印的图像、加上封面图像，罗马耶稣会档案馆署名《天主降生言行纪像》的这个版本共有图像 51 幅，属于 Sun Yuming 分类的第二组。与第一组署名《天主降生出像经解》的插图本相比，第二组缺少"16.救武官之病仆"、"19.起瘫证赦"、"47.耶稣圣魂降临地域"、"48.文武二仕殓葬耶稣"和"50.耶稣复活现慰圣母"五图。

18　这一图示方法曾出现在 1627 年出版的机械工程学译著《奇器图说》中，中国人为之"诧异"（徐宗泽，2010b）[225]。

参考阅读，也可以自成一体，通过图像下方以"甲乙丙丁"引导的注释文字"默想"图中叙述的故事。通过这种既可"读文"，又可"读图"了解《圣经》故事的方式，艾儒略将预设的受众群体，从精英阶层扩大到了"草根阶层"（何俊，2008）[90]。

6.4 "西化"的"本土化"：《出像经解》图像解读

6.4.1 忠于原作与明显的"西化"风格

从罗马耶稣会档案馆的《出像经解》早期版本来看，虽然中国画家在处理云纹、水纹等装饰细节时，仍不免使用中国传统的程式化画法（如第15图"中山圣训"中的卷云纹，第17图"渡海止风"中的水纹），也没有将阴影画法应用到对人像和人体的表现上（如第42图"耶稣一言仆众"中的人体），但总体来看，《出像经解》较为忠实保留了纳达尔原作的整体构图和画面细节，甚至在对建筑物的描绘中大量运用了阴影画法，并开始尝试使用透视法（如第1图"圣若翰先天主而孕"（图6.6）和第43图"击鞭苦辱"），虽不成熟，但已经显示出中国画家在使用西洋绘画技法上的探索，尤其与此前出版的《诵念珠规程》相比，体现出异常显著的"西化"特征。

除了图像中明显使用的西洋阴影画法和透视法，与《诵念珠规程》相比，《出像经解》最大的特点就是对西文原图"叙事性"的保留。通过图文相配的形式，以及一个画面中对多个故事场景的表现，《出像经解》不再只满足于表现一个场景或片段，图片不再只是文字的装饰，而构成了自足而丰富的叙事情节。在《出像经解》中，多个故事场景主次有序地展现在同一画面的前景和背景中，向读者完整讲述了整个故事的前后因果。这种叙事性的建构，完全符合耶稣会手册《神操》中所建议的使用图像辅助想象《圣经》故事的"默想"方法（柯毅霖，1999）[15-16]。此外，与《诵念珠规程》对画面"本土化"改编的处理方式不同，《出像经解》中的大部分画面都十分忠实于原著，不仅原样复制了画面构图，连人物表情都甚为相似。

《出像经解》的"西化"特征在与《诵念珠规程》的对比中能够更明显的显示出来。比如，《出像经解》第51图"圣母卒葬三日复活升天"和《诵念珠规程》的同一题材（图6.1，6.2），都是结合纳达尔原作的两幅图像而成，但两书对图像的选取和处理却有很大区别：《诵念珠规程》依据的是纳达尔"圣母之死"和"圣母升天"两图（图 6.1）；而《出像经解》则转而结合了"圣母送葬"和"圣母升天"两图（图 6.2），但为了故事情节的完整性，在右侧中部的背景中，用很小的篇幅描绘了"圣母之死"这一事件，且标号"甲"，在图像下方的文字中加以解释。《诵念珠规程》和《出像经解》的同题材图像中，都删除了原作中圣母脚下略显突兀的炽天使，而《诵念珠规程》更是将围绕着圣母的所有炽天使都删除了，《出像经解》则保留了这些无身的炽天使，且在图像下方以文字说明其"天神"的身份。通过两图对比，可以看到《出像经解》对纳达尔原作的着力模仿，尤其是在对云纹的描绘上，《出像经解》并未像《诵念珠规程》那样按照中国传统画法将其装饰化处理，也没有像《诵念珠规程》那样在圣母的被单上添上花纹。

　　与《诵念珠规程》相比，另一处有意味的删减，是《出像经解》第 47 图"耶稣复活"中（图 5.13），中国画家将纳达尔原作中耶稣脚下的魔鬼和骷髅删除了。《诵念珠规程》也复制了纳达尔的同一幅图，但是，如前文所说，《诵念珠规程》只将骷髅删除，将西方魔鬼改成了类似中国镇墓兽的样式。在倍受托钵修会诟病的情况下，这样的误读是艾儒略必须竭力避免的，可能正是因为这个原因，《出像经解》将容易给中国人和托钵修士都造成"误会"的骷髅和中国式魔鬼全部删除了。

图 6.1　《诵念珠规程》第 11 图（中）、《福音故事图像》原图（左右）[（罗儒望，2002）
　　　　572，（Nadal,1595）150,152]

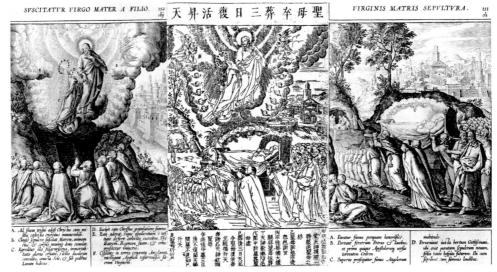

图 6.2　《出像经解》第 51 图（中）、《福音故事图像》原图（左右）[（Nadal,1595）[151. 152]，（艾儒略，2002）[580]]

　　前文提到，在《诵念珠规程》中，很多《福音故事图像》原图背景中的十字架场景都被隐去，改编成中国风格的园林风景，而《出像经解》则毫无隐瞒地将这些场景全部原样再现出来，在一些早期版本插页"大秦如德亚国协露撒稜都城地图"左下角也明确标示出 3 座十字架（Sun, 2003）[479]（图 6.3），这与艾儒略在《天主降生言行纪略》一书中用整整一卷 26 节的章节（第七卷）来讲述耶稣受难的做法相一致。更有意味的是，《出像经解》第 36 图"世界终尽降临审判生死"（即最后的审判 The Last Judgment）（图 6.4）并没有完全照搬纳达尔原作对应的"最后的审判"一图，而是结合了纳达尔原作中"末日审判到来之前"一图的上半部分，在中文版本中特别添加了十字架的形象，将天父与图像下半部分恐怖的地狱场景分隔开来，似乎暗示着通过信靠在十字架上受苦的耶稣，可以将即将堕入地狱的灵魂救入天堂。这样做的目的，不仅是为了满足福建地区普通民众对于"奇异故事"的喜爱（柯毅霖，1999）[407]，更重要的是，艾儒略在用实际行动，对托钵修会指摘耶稣会"隐瞒耶稣受难"、"隐藏十字架"这一罪状进行反驳，体现出 17 世纪 30 年代耶稣会士在传教策略上的调整。

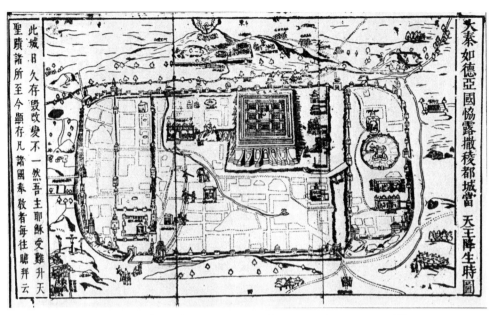

图 6.3　大秦如德亚国协露撒稜都城地图（Sun,2003）[490]

实际上，前文提到，早在艾儒略初入福建开教时，就已多次主动向中国人展示"十字架"、"五伤"（即钉痕）和"万民四末"（即死亡、审判、天堂、地域）的图像并加以讲解[19]。柯毅霖称，艾儒略这种严肃地阐释"万民四末"的态度"与道明会士和方济各会士的方法并没有太大区别"（1999）[407]。然而，《出像经解》绝非对原作亦步亦趋地简单复制，在将西洋铜版图像"转译"为中国木刻图像的过程中，艾儒略面临的问题十分复杂：一方面既要延续耶稣会"文化适应"的传教策略，选择让中国人可以接受的方式展示基督教图像；另一方面，面对托钵修会的质疑和耶稣会新任会长传教策略的调整，还要在利玛窦时代积淀的传教基础上，更进一步地将基督教奥义展示在中国人面前。

在这样的情况下，经由艾儒略的指导，《出像经解》的改编最终呈现出"西化"的"本土化"，即一方面力图还原西文原图、保留耶稣生平故事完整性、展示十字架等"受难"场景，另一方面又考虑到中国观众对这些图像的接受，在某些方面对图像进行了"本土化"的改编，甚至试图将中国人画到目睹耶稣升天的神圣场面中去，以示中国信徒乃是耶稣基督"救赎计划"的一部分。

---

19 艾儒略认为，"人既明理，又常念四末，常负己之十字架，则诸德咸备"（2000）[453]。

图 6.4　《出像经解》第 36 图（中）、《福音故事图像》原图（左右）[（Nadal,1595）[98,99]，（艾儒略，2002）[565]]

6.4.2 重塑图像"语境"的"本土化"尝试

　　虽然在《出像经解》中，艾儒略十分积极地向中国读者介绍"耶稣受难"的真相，但艾儒略并没有像托钵修会那样，强硬地把中国的圣贤、佛陀斥为魔鬼，而是试图与佛教展开对话，"释迦牟尼被描述为带着从天主而来的传教使命的人，但由于他的骄傲，这个传教使命没有完成"（柯毅霖，1999）[411]。在《出像经解》卷首图《天主降生圣像》的改编中（图 6.5），纳达尔原作中的基督全身像被改成半身，展示"钉伤"的手势也变成左手持地球、右手做祝福状，这一手势容易使中国人想起佛教"说法印"（何俊，2008）[89]，而通过对耶稣面部的中国式白描和衣袍边饰等细节的改编和添加，耶稣整体形象也呈现出"佛教造像的特征"（肖清和，2011）[336]。

　　将这样一种"佛像化"的耶稣形象放在卷首，作为引导读者认识基督的开篇，应当也是传教士试图通过中国人熟悉的"神"像，把基督教的"真神"介绍给中国百姓。这一改编方式与艾儒略将佛陀描述为耶稣基督的使者这一策略相一致。从中可以看到，经过艾儒略的改编，展示在中国人面前的耶稣基督形象被赋予了新的"语境"，陌生的西方世界的"神"，通过中国人熟悉的身体语言（手势）和视觉习惯，成功地转变成了可以用中文向中国人讲经说法的"救世主"。

图 6.5　《出像经解》卷首图（右）、《福音故事图像》原图（左）[（Nadal,1595）^{Frontispiece}，（艾儒略，2002）⁵²⁹]

　　《出像经解》对纳达尔原作"语境"重构和"本土化"改编的匠心，在对第 1 图的选择上也明显体现出来（图 6.6）。艾儒略并没有将纳达尔原作中首图"圣母领报"作为《出像经解》的第 1 图，而是将纳达尔的第 90 图"法利赛人和税吏的比喻"（圣经·路加福音 18：9-14）加以改编，作为《出像经解》的第一幅图"圣若翰先天主而孕"。这样的安排与《天主降生言行纪略》第一卷第一节"天主许生若翰将为前驱"相符，其目的应当是使整本书讲述的耶稣生平更为完整。

　　在将"法利赛人和税吏的比喻"一图赋予"圣若翰先天主而孕"内涵的过程中，中国画家不仅成功地按照透视法则将原图建筑复制下来，还在中景添加了嘉俾厄尔（即大天使加百列 Gabriel）和杂嘉礼亚（即意撒伯尔的丈夫匝加利亚 Zacharias）两个人物。通过这样的改编，原作中的人物身份和故事内涵完全发生了变化，中国读者根本无法从这一场景了解《圣经》

中的这个"法利赛人和税吏的比喻"所要表达的关于"骄傲和谦卑"的含义。经由艾儒略的文字改编，图中前景右侧独自站立一旁、自高自大、却被刻画的十分渺小的法利赛人，与最左侧谦卑而形象高大的税吏，都失去了他们在《圣经》原文中的身份，在中国人看来，他们都是在"外堂瞻礼仰候"的普通人。在这里，可以看到，即便是面对同一幅极为相似的图像，在传教士不同传教策略的引导下，中国读者和西方读者看到的内容却截然不同。

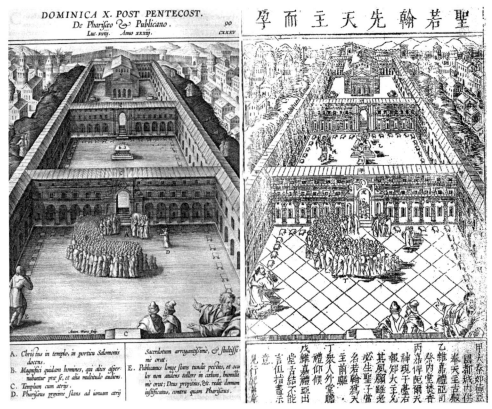

图 6.6 《出像经解》第 1 图（右）、《福音故事图像》原图（左）[（Nadal,1595）[90]，
（艾儒略，2002）[530]]

6.4.3 拼合"连环画"与"神迹"的显现

尽管《出像经解》对纳达尔原书图像改动甚少，通过对比，仍可看到其中中国画家的有意改编与创造。这些改动应当也是在艾儒略的授意下进行、或至少获得艾儒略认可的，因此，这些细节不仅体现了中国画家对西洋技法

的接受与掌握程度，也体现出艾儒略为其传教策略服务的目的。比如，《出像经解》中共有 4 幅单图是由西文原版的两图或三图合并而来。其中，第 10 图"耶稣四旬严斋退魔诱"的左下和上中部、右上部、中部分别取自纳达尔原作"魔鬼试探耶稣"、"魔鬼再三引诱耶稣"、"天使侍候耶稣" 3 图（图 6.7）。耶稣的形象在一幅图中出现了 4 次，这种叙事方式与中国传统人物故事画中（如《韩熙载夜宴图》），同一主要人物的多次出现相类似。

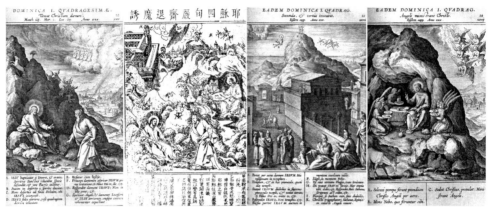

图 6.7 《出像经解》第 10 图（左二）、《福音故事图像》原图（左一、右一、右二）
[（Nadal,1595）[12,13,14]，（艾儒略，2002）[539]]

　　虽然，与《诵念珠规程》对此图"本土化"的改编相比，显然《出像经解》与原作更为相似，其改编也更多保留了原作的故事性。但是，第 10 图"耶稣四旬严斋退魔诱"除对原作中 3 幅图像的部分元素加以原样复制外，中国画家还将纳达尔"魔鬼再三引诱耶稣"一图中占据画面主体位置的西式"圣堂"加以改造，一方面将其安置在山林之中，使之在山野间隐现，另一方面，还为其画上中国建筑特有的"飞檐翘角"，这就将西式"圣堂"改造成了具有中国特色的"禅院"。中国画家还将图像左下角兔子的动态（Bailey, 2003）[409]、小块岩石的布局进行了改编，在这些微小的细节处，中国画家仍然坚持了传统的刻画方法，并未完全照搬原图。

　　这种"拼图"的形式，增强了图像的故事性，颇有"连环画"的效果。第 30 图"伯大尼亚邑起死者于墓"的左上部、下半部分、右上部分别改编自纳达尔原作"拉匝禄的姐妹差人报信"、"耶稣治愈拉匝禄"、"耶稣到伯大尼" 3 图，此 3 图讲述的是耶稣传道生涯中的最后一个奇迹"复活拉匝禄"（圣经·马太福音 11:1-45）。

上文提到，在《天主降生言行纪略》中，艾儒略将《基督生平》中对耶稣基督"人性"和"苦难"的描写重点，转移到了对耶稣神迹和"神性"的着力刻画上，这在《出像经解》对《福音故事图像》的取舍上也体现出来。作为《纪略》的插图本，《出像经解》共 50 余幅图像中，仅与耶稣救人和显圣之"神迹"相关的图像，就达 20 幅。在卷首图《天主降生圣像》（图 6.5 右）底部的诗文中，艾儒略明确表明了《出像经解》一书的主旨，其中就有"显神化以博爱"[20]，即通过种种"神迹"展示耶稣对世人之爱。对"神迹"的描述，很容易使中国人将"天主"与晚明神仙小说中下凡救人的"神仙"联系起来，更符合中国人对"神"的理解，还迎合了普通百姓对"神仙"治病救人的需求。继而通过"圣母感孕"等故事的铺垫，"下降人世的天主不是因为犯错被'谪'入凡间，而是为了使人类'超凡入圣'"，这就将中国人对"天主"的理解，从佛道"神仙"的层面上又上升一层，从而理解"这是一个史上唯一的降生故事，而非重复发生的'谪仙返本'故事"（潘凤娟，2009）[132]。因此，对耶稣"神迹"和"神性"的着力刻画，可算是艾儒略继续"文化适应"传教策略的一个集中体现。

6.4.4 中国人的参与和中国元素的添加

与拼合的改编方式并行的，是中国画家对图像元素和装饰纹样的添加，这集中体现在《出像经解》的后半部分。第 39 图"濯足垂训"讲述了耶稣被抓入狱前（图 6.8），为使徒洗脚的故事（圣经·约翰福音 13:1-13）。在中国画家笔下，耶稣手中的洗脚盆被绘上了中国式的花纹、水盆旁的水壶也完全变成了中国样式。在这些细节上，中国画家有了更多可供发挥的空间，艾儒略对此也并没有阻止。尤其值得注意的是，画面中对耶稣为之洗脚惊恐不安的彼得，俨然就是一个中国人的模样。

---

20 《出像经解》卷首图《天主降生圣像》下方诗文："立天地之主宰，肇人物之根宗。推之于前无始，引之于后无终。弥六合兮无间，造庶类兮非同。本无形之可拟，乃降生之遗容。显神化以博爱，昭劝惩以大公。位至尊而无上，昭理微妙而难穷。"一般认为，此诗作者为徐光启，题名《耶稣像赞》，但方豪（2007）[72]认为，此诗出自许乐善之手[（李杕，1962）[1]，（Sun, 2003）[481]]。

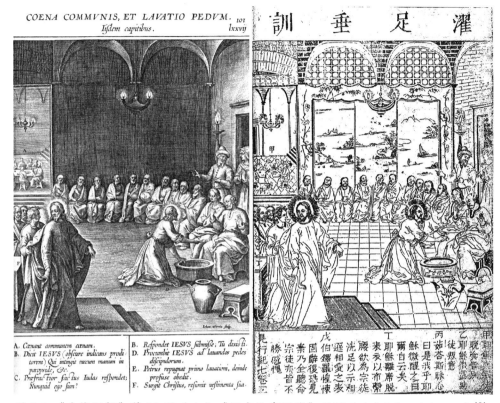

图 6.8　《出像经解》第 39 图（右）、《福音故事图像》原图（左）[（Nadal,1595）[101]，（艾儒略，2002）[568]]

　　将中国人加入耶稣生平故事、见证神迹的场景，在最后一图"圣母端冕居诸神圣之上"中也有体现（图 6.9），这样做的目的，应当是出于拉近基督教与中国人的距离的考虑。但是，这些细节上的改编，却可能使中国人对整个故事的理解发生变化。"濯足垂训"一事发生在耶稣已被犹大出卖之后、法利赛人尚未行动之前，整个故事充满了临行前的悲壮之感，而在这样悲伤的时刻，通过耶稣亲手为使徒洗脚一事，又展现出神之子对世人的爱。这样既悲伤又充满爱的场面，在纳达尔的"最后的晚餐和为使徒洗脚"一图中，很好的展现出来，尤其是使徒们身处空旷的室内空间，只有熹微的灯光照亮耶稣的身影，更增添了这一场面的悲壮。然而，中国画家似乎并不理解原作这样处理空间的含义，而在空旷的室内背景中添上了风景屏风，传达出的意境是一种截然不同的恬淡隐逸。通过这种中国式元素的添加，原作所传达的悲壮与"苦难"都被弱化了，可能正是出于这个原因，在基督教入华第四次高潮到来之时（清末民初），中国版本中对原作的改动又被删除了[21]。

图 6.9 《出像经解》第 52 图（右）、《福音故事图像》原图（左）[（Nadal,1595）[153]，（艾儒略，2002）[581]]

柯毅霖认为，既然在 19 世纪的版本中，图像数量增加了一倍，那么，其中删除的部分应当也并非出于偶然（1999）[252]，而《出像经解》最后一图"圣母端冕居诸神圣之上"就在后来的版本中也被删除了。这幅图与纳达尔的原图也有很大差异，许多学者都已经注意到了左下方人群中的中国人，以及图示"丁"所表示的中国建筑[（柯毅霖，1999）[251,408]，（莫小也，2002）[119-120]，（顾卫民，2005）[139]，（Sun, 2003）[484]]，为强调这些异国建筑，艾儒略还在图下方的文字中特别说明"天下万方恭建殿宇崇奉圣母受其种种恩庇"，这与《天主降生言行纪略》中艾儒略也特别添加"宗徒敷教万方"的文字相符。通过

---

21 柯毅霖注意到，"在'为宗徒洗脚'中所作的改动，都被 19 世纪的版本删除了"（1999）[252]。

这样的改编，艾儒略向中国人传达了"天下万方"均受救世主和圣母庇佑的信息，尤其强调了中国信徒已为基督教世界所承认，是耶稣基督"救赎史"和"救赎计划"（柯毅霖，1999）[252]的一个组成部分，从中可以看到艾儒略强烈的"文化适应"意识。

6.4.5 对"苦难"的中国式弱化

第 40 图"立圣体大礼"是对纳达尔"最后的晚餐"的改编（图 6.10），虽然原作上方中央圆框中的小图"最后的晚餐"、以及前景人物（包括使徒们的赤脚）和构图基本被保留下来，但是，在中国画家笔下，画面的空间被重新改造：

首先，原图中纵深的空间背景被一块缀满花朵的幔布隔开，背景墙的左右两侧还分别绘上了两幅西洋建筑画，既像是从窗户向外看到的景观，又像是挂在墙上的装饰画。通过添加这块碎花布的日常化的、装饰性的改编，原作纵深空旷的空间感以及由此而烘托出的"最后的晚餐"之凝重感，都被削弱了。

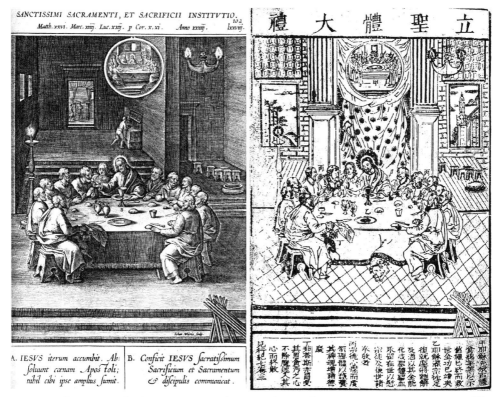

图 6.10 《出像经解》第 40 图（右）、《福音故事图像》原图（左）[（Nadal,1595）[102]，（艾儒略，2002）[569]]

其次，虽然中国画家尽力模仿原图中门徒愁容满面、或因悲伤而闭上双眼的神情，可能是由于木版画技巧不适于表现细微的人物表情，使得原铜版画中众门徒肃穆的表情，在中国木刻版本中很难体现出来，相反，原图中悲伤的门徒，在中国版本中，似乎面带微笑。

最为有趣的是，中国画家在原样复制餐桌左前方暗示犹大身份的魔鬼的同时，还别出心裁的在餐桌下方添上了一只趴在地面、露出脑袋的狗，原本平整的餐布上，也依狗的身形画上了皱褶。那么，经过这样有意（比如中国式的布幔和餐桌下方特别添上一条狗）或无意（比如可能是囿于技术而无法还原使徒脸上微妙的表情）的改造，与原图相比，这幅中国版"最后的晚餐"，缺少了应有的肃穆气氛，使整幅图看起来极具生活气息，仿佛是救世主与圣徒降临到中国家庭，其乐融融的共进晚餐。

正如柯毅霖在《晚明基督论》中所说，作为"基督论"之核心，耶稣的"受难"及"苦难"意识，在晚明社会中的传播实际上并不成功。柯毅霖（1999）[411] 在其著作结论部分略显遗憾地说，"艾儒略没有形成真正的中国基督论……他与中国人在一起逐渐中国化了，但他毕竟还是欧洲人。事情还能怎样呢？"的确，作为一个对中国画有着天然误解的传教士，作为一个在文艺复兴之"写实"的视觉文化传统中成长起来的外国人，即便是在中国生活了40年，艾儒略仍不可能完全从一个中国人的视觉文化方式和习惯出发，来完全、完整地以中国人不会误解的图像方式阐述他想表达的内容。明清之际基督教图像的传播的确给中国文化注入了新鲜血液，但是，中国人所看到的、理解的、汲取的，却远非基督教核心之"苦难"意识，因为，这种意识是中国传统文化所缺乏的，即便是传教士想要明确地通过图像将之传达出来，中国人（包括中国画师）对图像的阐释，仍然极大地将其弱化了。甚至，到了反教人士那里，关于阐释"苦难"和耶稣基督"道成肉身"之图像，恰恰成了他们误解的口实。

6.5 小结：《出像经解》的"西化"成因及意义

与利玛窦时代相比，17世纪30年代，艾儒略在福建的传教面临着更为复杂的局面。首先，利玛窦的继任者、中国传教区长上龙华民一改以往利玛窦"走上层路线"的传教方式，倾向于通过发展底层信徒扩大基督教在中国的影响，这种新的传教策略从艾儒略深入福建乡间的传教方式上可以体现出来。

但是，受到利玛窦精神鼓舞的艾儒略，从未放弃与上层人士的交游，相反，艾儒略的传教活动往往就是通过与中国官员的"友谊"展开的，艾儒略进入福建传教的契机，实际上也得益于他和叶向高等中国文人士大夫的"友谊"。从《天主降生言行纪略》和《出像经解》的图文合集来看，这样的合集既适合知识分子阅读，也同时方便目不识丁的底层百姓阅览，可见，艾儒略的传教方式，实际上是利玛窦"走上层路线"策略和龙华民深入基层策略的融合统一。

其次，相比"利玛窦时代"耶稣会垄断中国传教权的局面，艾儒略所处的 17 世纪 30 年代，既要面对来自耶稣会内部"上层路线"和"基层路线"传教策略的分歧，又要面对来自耶稣会外部与托钵修会关于"文化适应"传教策略的争执，尤其是在艾儒略传教的福建，这种争执更为严重，甚至引发了 17 世纪 30 年代后期的"福建教难"。不仅如此，这种基督教修会之间争执的扩大化，直接导致中国当局和罗马教廷之间"礼仪之争"的升级，其结果就是 18 世纪初的"全面禁教"，以及 18 世纪后期耶稣会的被迫解散。艾儒略虽未看到这些结果，但面对初入福建的托钵修会的指控，和来自罗马教廷的关于"译经"等问题的压力，艾儒略在 17 世纪 30 年代的传教策略，实际上也体现出他对这些问题的回应。一方面，艾儒略进入福建以来，大量出版中文著述，以此方式继续坚持利玛窦的"文化适应"的传教方式；另一方面，在这些中文著述中，与利玛窦相比，艾儒略更为明确地阐释并捍卫着基督教教义，尤其在遇到与儒家思想不同之处，艾儒略并未像利玛窦一样避之不谈，这样做可能也出于免遭托钵修会诟病及教廷指责的考虑。

而从这些图像半"本土化"半"西化"的改编中，既可以看到在 17 世纪 30 年代的复杂形势下，艾儒略与利玛窦等前人所不同的"本土化"传教策略，也可以看到中国画家对细节在某种程度上的自由发挥，不可避免地影响了中国人对基督教的认识和理解。此外，从中国画家对其中一些图像元素在改编基础上的再造中，可以看到，在 17 世纪 30 年代，中国画家已经能够按照西文原图比较忠实地复制西洋图像，已经可以在他们的再创作中，初步运用阴影画法和透视法了。更为可贵的是，中国画家已经能够根据艾儒略的改编需要，自如地在画面上添加西洋人物和建筑了。比如，最后一图"圣母端冕居诸神圣之上"（图 6.9）对圣父、圣母和圣子三个人物形象、服装、动作及手持法器的创造，这些都是纳达尔的原作中没有的。在卷首图《天主降生圣像》

中（图 6.5），中国画家不仅给四位使徒设计了"人、狮、牛、鹗"的象征图像，还巧妙改造了在左右上方环绕着耶稣基督的两个无身小天使，不仅为他们添上了胳膊，还为他们设计了动作。

在《道原精萃》（1887 年）按照纳达尔原著重新刻印耶稣生平故事以前，作为唯一一本较为详尽描绘四福音书故事的中文图册，《出像经解》为中国信徒使用了长达 250 多年（Sun,2003）[485]。对于基督教在中国的传播，这本书最为重要的意义是，作为《出像经解》的主人公，"天主"或"耶稣"被正式通过文字和传播广泛的图像介绍给中国人（Sun,2003）[486]。柯毅霖认为，艾儒略倡导以基督为中心的灵性，是第一位系统回答有关"基督"问题的在华传教士，但"艾儒略没有形成真正的中国基督论……中国基督论必定由中国基督教徒来完成"[（柯毅霖，2009）[410-411]，（Criveller,2003）[459]]。而通过《出像经解》等基督教出版物对西文原图的改编可以看到，这种只能由中国人完成的"本土化"的工作，并非始自文字著述，乃是从中国人对基督教"图像"的译介和改编开始的（Guarino, 2003）[429]。

第7章 汤若望与《进呈书像》：
17世纪欧洲羊皮卷画册
进入中国始末

　　本书第五章中提到，受中国教区会长龙华民的派遣，金尼阁于1613年启程赴罗马教廷汇报传教情况，并寻求教廷对耶稣会在华传教的支持。金尼阁于1614年底到达罗马，次年出版了利玛窦遗著《基督教远征中国史》，此书在欧洲获得很大成功，很快翻译成多种欧洲国家的语言，并多次再版，使金尼阁1616-1618年间的欧洲之行能够顺利展开。正是在这次欧洲之行中，金尼阁途经慕尼黑，拜访了巴伐利亚公爵马克西米连一世（Maximilian I 1597-1651在位）及前任公爵威廉五世（Wilhelm V der Fromme 1579-1597在位）。两位巴伐利亚公爵与耶稣会一直保持着良好的关系，威廉五世公爵不仅给予金尼阁慷慨的经济资助，还承诺此后每年为耶稣会中国传教团支付年金。两位公爵分别向耶稣会捐赠了制作精美的十字架、圣体匣、钟表等工艺品，希望由金尼阁呈送中国皇帝。其中，马克西米连一世赠送的一座六层乌木礼盒中，还装有一本描绘耶稣生平的彩色羊皮卷画册（Standaert, 2007）[20-22]（图7.5,7.6）。

　　如今，这些从西方远道而来的礼物都未能存世，这本手绘画册也没能保存下来。但是，值得庆幸的是，这本画册后来由汤若望改编出版，目前尚存世数本[1]。此外，在康熙初年的"北京教案"中，《进呈书像》中的3幅图像又

1　钟鸣旦称有四本（Standaert, 2007）[15]，其中一本保存在法国巴黎国家图书馆，一本在罗马国家中央图书馆，两本保存在奥地利国家图书馆（其一为残本）。肖清和（2011）[338]称法国巴黎国家图书馆应当还存一本，台湾中研院傅斯年图书馆也有一本，此外，中国国家图书馆也藏有一残本。本书采用的是钟鸣旦印刷出版的奥地利国家图书馆藏版本（Wien, Sin, 108）。

由反教人士再次改编翻印，直到 19 世纪的反教运动中，仍不断出现对这些图像的改编和再版。这些存世图像为我们了解其手绘本画册的原貌提供了一些依据，更具价值的是，从 17 世纪初期享有尊荣、备受重视的欧洲皇室礼物，到 17 世纪中期虔敬的传教士在中国民间倾力出版的木刻图册，直至 17 世纪中后期饱受嘲笑的反教证物，这部关于基督生平的画册在中国经历了数次语境转换，而对这一语境转换的研究，正是考察 17 世纪西方文化艺术如何进入中国、如何在中国传播以及中国人如何接受等问题的一个显例。

7.1 汤若望与基督教图像的传播

7.1.1 金尼阁与汤若望携德国皇家礼物入华

汤若望（Johann Adam Schall von Bell 1591/2-1666）出生于德国科隆一贵族家庭。16 世纪后期以来，坚持基督教信仰的科隆教区与巴伐利亚保持着良好的关系，组成了德意志各邦中捍卫基督教信仰的主要力量。汤若望从小在科隆接受耶稣会学校的良好教育，19 岁入耶稣会。当利玛窦等人打开中国传教事业的消息传到欧洲时，在罗马德意志耶稣会学校学习的汤若望也渴望着参加到这一福音"世界化"的壮举中来。尤其是金尼阁返回欧洲宣传耶稣会在中国的传教进展，并于 1614 年出版利玛窦遗著《基督教远征中国史》（即《利玛窦中国札记》）以来，欧洲各基督教国家开始了新一轮"到中国去"的热潮。作为德意志各邦派出的 4 位耶稣会代表团之一员，1617 年，25 岁的汤若望抵达里斯本，在当地等候次年印度洋春季信风的到来，以便与金尼阁等 20 余位来自欧洲各国的耶稣会士踏上奔赴中国的航程。从此，直到 76 岁高龄在北京病逝，汤若望再也没有回到欧洲，将其一生奉献给了遥远的中国（图 7.1），后人尊汤若望为继利玛窦之后，"中国传教会之第二创建人"（方豪，2007）[181]。

在这次航程中，最重要的礼物就是巴伐利亚公爵赠送的 6 层高乌木礼匣，以及金尼阁在欧洲各国收集到的"七千卷"最新出版的珍贵藏书[2]。当 1619 年 7 月 15 日汤若望等人抵达澳门时，同行的传教士已病亡大半。鉴于当时中国传教事业仍受到"南京教难"的影响，加之努尔哈赤的大军对明王朝步步紧逼，以及朝中宦官专权、政局动荡，汤若望等人只能暂居澳门圣保罗学院，在当地学习中国语言。直到 1622 年，汤若望随龙华民一同北上，1623 年 1 月

---

2 关于金尼阁与"七千卷"西文图书入华，详见本书第五章（5.1.2）

抵达北京。在北京，汤若望注重结交文人士大夫，向中国人展示了他带来的西文书籍和科学仪器，并准确地测算了月蚀，很快声名鹊起，甚至被一位中国官员誉为与利玛窦并驾齐驱的"卓越的人物"[3]。

图 7.1　左图为 1667 年耶稣会士基歇尔著作卷首图，其中利玛窦（右）与汤若望（左）手持绘有长城的中国地图；右图为基歇尔同一部著作中身着中国官服的汤若望像（Kircher，1987）frontispiece，104

7.1.2　汤若望与西安北堂：圣母堂里的耶稣圣像

1627 年，汤若望被派至陕西教区传教，在西安建立了当地第一座基督教堂，称"天主圣母堂"，这座教堂就是现今西安最古老的基督教堂"西安北堂"的前身。此类"圣母堂"或"天主女堂"，多为适应中国的礼仪习惯，供女性使用的专门教堂[（魏特，1949）108，（Standaert，2001）585]。以往耶稣会在中国的女性教堂内多陈设圣母像，《帝京景物略》（1635）中就有对利玛窦和熊三拔等人于 1610 年建成于宣武门附近的"天主堂"和"圣母堂"的分别描述，其中，天主

3　但此时初露头角的汤若望在耶稣会的地位及功绩还远不能与金尼阁、龙华民等资深传教士相比[（魏特，1949）97-102，（荣振华，2010）315，（费赖之，1995）168]。

堂内有"左手把浑天图，右叉指若方论说"的基督圣像，而其右侧的圣母堂中，则供有圣母子的图像（刘侗，2001）[222-223]。但是，汤若望并未延续耶稣会的这一传统，而是在这座西安"圣母堂"中摆上了"基督之圣像"（魏特，1949）[109]。此外，汤若望还负责监督修建这座教堂的外部建筑和装饰，他大胆地在房顶上安设了"镀金十字架一座"，是耶稣会"首次毫无阻力地允许一个十字架置于大庭广众之中"[（斯托莫，1989）[23]，（魏特，1949）[109]]。这些新奇的基督教形象激起了当地人的好奇心，人们纷纷来到教堂内外参观，汤若望和蔼地为他们一一讲解，于是，没过多久，当地就有 50 人付洗入教（费赖之，1995）[169]。

那么，可以说，基督教图像实为汤若望传教事业中不可缺席的一个重要组成部分，而与利玛窦等耶稣会士对"圣母像"的公开展示相比，在图像的使用上，汤若望更为大胆的选择在公共场所展示"十字架"和"耶稣圣像"。这一方面可以驳斥后来入华的托钵修会对于耶稣会在中国隐匿十字架和耶稣圣像的指控，另一方面也反映出汤若望在传教过程中，对耶稣圣像和基督行纪的重视。这种对图像的选择和使用方式，也与此后汤若望向中国皇帝重点推荐关于"耶稣生平"的羊皮卷手绘本、并面向中国民众出版这部《进呈书像》（而非另一部关于"圣母生平"的羊皮卷绘本）相契合，这在本章第二节亦有论述。此后，在汤若望主持修建的著名的北京"南堂"里，也仍然坚持将耶稣基督的圣像奉为首位。

7.1.3 汤若望与北京南堂：北京第一座巴洛克风格教堂

1630 年，北京钦天监任职的德国传教士邓玉函病逝，徐光启上奏引荐汤若望进京继任。于是，1630 年秋天，已在西安声望远播的汤若望再次回到北京。在明朝最后的十几年间，汤若望为崇祯皇帝制作了先进的天文仪器，甚至还成功制成了对付满洲军队的大炮和防御工事，作为奖赏，得到御赐"钦保天学"这样褒奖基督教的牌匾，挂在汤若望居住的传教会所里。

这座有 40 间房子的传教会所，位于宣武门内东隅，是 1605 年由徐光启等人捐款帮助耶稣会士购置的，其中最大的一间屋子就是"一座大而美丽的圣堂"，整个圣堂仍保留了中国传统建筑风格[（克鲁宁，1964）[200]，（利玛窦，1986a）[456]]。崇祯八年（1635）出版的《帝京景物略》中留下了关于这座"天主堂"（包括圣母图）内图像的珍贵记载："邸左建天主堂，堂制狭长，上如覆幔，旁绮疏，藻绘诡异，其国藻也。供耶稣像其上，画像也，望之如塑，貌三十许人。左手把混天仪，右叉指若方论说次，所指说者。须眉竖者如怒，扬者如喜，耳隆其轮，目容有瞩，口容有声，中国画绘事所不及。所具香灯盖帏，修洁异状。右圣母堂，母貌少女，手一儿，耶稣也。衣非缝制，自顶被体，供具如左"（刘侗，2001）[222]。利玛窦在回忆录中写道，圣堂建好后，"有社会上层的人，也有社会下层的人"，都纷纷前来参观，传教士们利用这个机会，向中国人宣扬基督奥义（利玛窦，1986a）[456]。汤若望进京后，一直住在利玛窦留下的这个传教会所，继续着以往传教士利用基督教图像，吸引中国人、向他们传扬基督教义的工作，1639 年，中央六部的 6 位尚书就曾亲临教堂，还在堂内"圣像"前叩首礼拜（魏特，1949）[178]，由此可略窥知此教堂及其内部图像对当时中国人的影响。

　　1640 年，汤若望进呈关于耶稣生平的羊皮卷绘本，这册精美的手绘画册曾在崇祯帝的授意下，在宫中展示达 10 天之久，之后，还常常被皇帝调出观赏[4]。汤若望进呈耶稣生平画册后不久，又适逢军饷告急，崇祯皇帝遂尽毁宫中所供之金银佛像，而此次"毁弃佛像"一事，被认为是崇祯皇帝可能一度为基督教感化的证明。无论此事是否可以作为崇祯为天主圣像所感化的证据，在崇祯朝任职期间，汤若望归化宫人、后妃、皇族多达数百人[5]，那么，汤若望所展示的基督教图像应当也在其中起到了一定作用（Standaert, 2007）[51]。

　　到 1644 年李自成和清兵先后占领北京城之时，汤若望所在的宣武门教堂成了避难之所，许多妇女幼童都隐匿于此。入清以后，顺治皇帝准许汤若望继续安居旧宅，并于 1645 年授予其钦天监监正一职，加太常寺少卿衔。与从未谋面的崇祯帝不同，顺治帝时常亲临汤若望住所，参观其中的教堂和圣像，这就为汤若望亲自面对中国皇帝宣教提供了方便（图 7.2）。顺治帝对汤若望的人品与学识一直十分敬重，尊之为"玛法"，汤若望在宫中各派政治势力间周旋，屡次立功，更为皇帝和太后所赏识。1650 年，皇帝及太后"赐地一方，建筑天主堂一所"[（费赖之，1995）[172-176]，（方豪，2007）[236]，（萧若瑟，1923）[226. 278-280. 283]]。这座天主堂采用巴洛克建筑风格，是为今北京最古老的宣武门"南堂"之前身[6]（图 7.3）。据称，此堂初建之时，可谓基督教建筑史上"一

4 详见本章第二节（7.2.3）。

5 方豪提供的数据约为 200 余人（2007）[231]，萧若瑟则称之为 540 余人（1923）[194. 198]

6 此堂在 18、19 世纪屡次受到毁坏后重建，今见之"南堂"乃是 20 世纪初重建。清人吴长元（1982）[125] 在其笔记中有对南堂在乾隆四十一年（1776）重建后的描述，其中不仅分别描写了"天主堂"和"圣母图"内饰和圣像种类、风格，还记述了教堂中装帧精美的西洋书籍。

件伟大工事"，南怀仁称其可列入"那些至绚烂华丽的建筑物中"，而这座新奇的建筑物，也吸引了络绎不绝的中国人前来观瞻[7]。

图 7.2　1667 年耶稣会士基歇尔著作中的顺治皇帝像，可能由一位耶稣会艺术家绘制[（Kircher，1987）[103]，（Lach，1993）[pl.311]]

图 7.3　清中期的北京南堂（张西平，2006）

　　鉴于汤若望在朝中的声望，这座教堂由皇亲贵戚捐资、大胆地建在北京城重要的城门旁，尤其与以往以中国式建筑为主的教堂不同，这是北京城里第一座真正意义上的欧式教堂。在魏特（Alfons Vath）根据汤若望德文《回忆录》撰写的《汤若望传》（1933）中，保存了关于这座教堂较为详细的记载：教堂采用当时盛行于欧洲的巴洛克风格建筑样式，由汤若望亲自绘制建筑图样；其内部为穹窿顶，绘有各色圣像；内设祭坛 5 座："正中大祭坛上供奉救世主大圣像，周围为天使与曲膝跪地上之宗徒所围绕，救世主一手托地球，一手伸出作祝福状。正坛左面即光荣的方面，设圣母玛利亚祭坛，坛上供罗

7　可能正是由于其宏大的规模、富丽的装饰以及在传教史上的重要意义，关于这座教堂原初的建筑过程、建筑风格及其内部装饰图像，都在文献史籍中留下了较多记载（魏特，1949）[249]。

马圣母玛利亚大教堂（Maria Maggiore）内所供奉施乃（Schnee）所制圣母慈悲大圣像之复本。右面祭坛上供圣弥协尔大天使（St. Michael）和其他天使。立柱之间设伊格纳爵和方济各·沙勿略祭坛（Ignatius and Franz-Xaver-Altar）。各祭坛前方皆以栏杆围绕"；教堂地面铺设精美的地毯；内墙装饰镀金牌饰，上面绘有基督和圣母生平事迹等图像；教堂旁还建有一座小堂，专供女性使用（魏特，1949）[250-256]。

教堂建成后的 10 多年间，顺治皇帝曾多次莅临"南堂"，对"天主经像"礼敬有加，甚至能背诵基督教经文，还多次将基督教书籍带回宫中阅览。汤若望及其天主堂更是屡次得到加封：1657 年获赐"通玄佳境"匾额，又得御制"天主堂碑记"，立于堂前，其文对汤若望及其所传宗教多有赞许；1658 年顺治帝再赐汤若望祖先三代一品封诰；1659 年又赐"钦崇天道"匾额一方，还特命孔子六十六代孙衍圣公，行大礼送至天主堂内悬挂；次年又赐汤若望"通玄教师"之号[8]（萧若瑟，1923）[282-289]。然而，进入康熙朝后，以杨光先为代表的鳌拜集团掀起了继晚明"南京教案"之后的第二次大规模反教运动，汤若望一度被判凌迟之刑，其天主堂也被封禁。1666 年，已经瘫痪的汤若望在教难中病逝。直到康熙亲政（1668）后，南怀仁接替汤若望在钦天监的工作，终为汤若望平反昭雪。

虽然教案风波在汤若望死后不久即得平息，反教的杨光先也获刑罢职而死于归乡途中，但吊诡的是，汤若望以德国皇室的珍贵礼物为原本，刊印出版的关于基督生平的木刻绘本，却在此后几个世纪中，因收入杨光先的反教集《不得已》，而为更多中国人所了解。《不得已》中的三幅基督教图像，可谓汤若望所使用的基督教图像中，在后世流传最广的，然而，却使基督教背上了数个世纪的"邪教"之骂名。与汤若望在教堂中展示的基督教图像相比，经由《不得已》集的数次再版和改编，德国皇室送给中国皇帝的宗教图像得到了更多的中国观众，然而，无论其含义还是对基督教的立场，都已被中国化演绎的面目全非，对宣教起到了适得其反的作用。

那么，这件"德国皇室的礼物"究竟缘何、如何进入中国？在中国的命运又缘何、如何跌宕起伏的呢？在下文中，笔者将就此问题展开讨论。笔者认为，这件 17 世纪欧洲皇室礼物在华之命运，实为明清之际以基督教图像为载体的西洋文明在中国经历去语境化的转译、误读和重构，最终被"妖魔化"

8　"通玄教师"之号在康熙年间因避讳改"玄"为"微"。

之集中体现，这一进程在事实上影响着 18、19 世纪，乃至更切近时代，中国人关于西方文明以及基督教文化的认知。

7.2 德国皇室礼物的入华

7.2.1 巴伐利亚公爵家族的礼物

16、17 世纪，宗教改革运动正在欧洲风起云涌。作为反宗教改革运动的坚定拥护者和领导者，16 世纪中期以来的几任巴伐利亚公爵都坚持维护宗教在教廷统治下的统一，尤其对耶稣会支持有嘉，比如，在有"虔诚的威廉五世"之称的巴伐利亚公爵支持下，16 世纪末，圣米歇尔耶稣会教堂（Michaelskirche）在巴伐利亚首府慕尼黑建成，既为耶稣会的驻地，也是巴伐利亚反宗教改革的中心。1597 年，威廉五世隐退，长子马克西米连一世继任巴伐利亚公爵。到 16 世纪末、17 世纪初，巴伐利亚的影响在德意志事务中达到顶峰。1623 年马克西米连一世被封为"选帝侯"，即具有选举德意志神圣罗马帝国皇帝的资格，显赫一时（沃纳姆，1999）[448-449]。

根据钟鸣旦的研究，金尼阁给马克西米连一世带去了中国书籍，可能还送给他一件印有"福寿"纹样的中国丝绸（Standaert, 2007）[26-27]（图 7.4）。在金尼阁返回中国之际，这位巴伐利亚公爵也委托他给中国皇帝送去礼物。罗马耶稣会档案馆内存有一份马克西米连一世赠予中国皇帝的拉丁文礼物清单，其中包括能自动演奏的小乐器和其他自动的小装置、香料和香水瓶、钟表、天文几何以及外科仪器，还有耶稣、玛利亚和圣徒的画像。此外，为满足中国人对白银的特殊偏爱，其中还特别准备了许多精美的银制品。这些物品都分门别类地存放在一座六层乌木礼匣的各个隔层中[（Standaert, 2007）[23-24]，（魏特，1949）

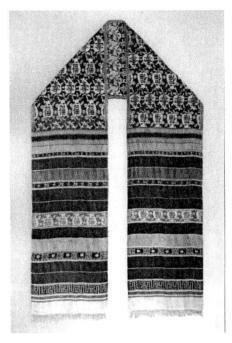

图 7.4　可能由金尼阁带回欧洲的中国丝织品（Standaert, 2007）[26]

48-49] （图 7.5 ）。关于其中的基督教图像并没有留下更多描述，但盒中一张 "三王朝拜" 的蜡画后来被制成木版画，刻印在汤若望出版的《进呈书像》中。此外，礼盒的第四层放着一本关于耶稣生平的羊皮卷手绘本，这就是《进呈书像》的西文原本（Standaert, 2007）27-29 （图 7.6 ）。

图 7.5　1617 年在巴伐利亚制作的另一件礼匣（Standaert, 2007）23-24

图 7.6　1620 年在德国（巴伐利亚或慕尼黑）制作的另一卷羊皮卷手绘本（Standaert, 2007）64-65

这卷精美的羊皮绘本只有巴掌大小，华丽的封面上装饰着各色珍贵的宝石，还绘有四福音书作者的图像及其象征（人狮牛鹰），并写有拉丁文"我主耶稣基督，天主之子，贞女玛利亚之子之一生，按照四圣史所绘之圣迹图；谨以此图送呈中国威德远扬之大皇帝与君主陛下，进呈者系莱茵宫中伯与两部巴燕国（即巴伐利亚）之大公爵马克西米良，时在公元后 1617 年"（魏特，1949）[49]，从这份隆重的题词可以看到，这卷羊皮绘本是巴伐利亚公爵专门为中国皇帝定制的。这本羊皮卷手绘本共 150 页，以 45 幅（一说 47、50 幅）表现耶稣生平的图画为主，配以金色的拉丁福音经文，其图"精妙绝伦，眉目逼肖栩栩欲活，见者莫不称奇"[（萧若瑟，1923）[194]，（Standaert, 2007）[45, 50]]。据钟鸣旦考证，这本羊皮卷的制作者应当是德国耶稣会士雷德（Matthaus Rader 1561-1634）。德国人为准备这些礼物花费了一些时间，当金尼阁于 1616 年 8 月离开慕尼黑时，这些礼物尚未准备就绪（从题词上看，至少关于耶稣生平的羊皮卷绘本直到 1617 年才完成），大约于次年，这件礼盒才由几位德国传教士送至金尼阁手中。1618 年 4 月 5 日，金尼阁在赴中国之行前，曾致信巴伐利亚公爵，报告礼物已平安到达里斯本，并致以感谢。这件价值连城的礼物在当时就引起了欧洲人的关注，一位里斯本教士曾打算出重金购买，许多欧洲文献和耶稣会资料中都有对这件礼物的记述[（Standaert, 2007）[29, 31, 35, 45]，（魏特，1949）[47. 52. 187-190]]。

7.2.2 艰难的航行与迟到的 20 年

1618 年 4 月中旬，这件礼盒并其中的礼物，与"七千卷"藏书一起，随金尼阁从里斯本出发。与金尼阁同行的共有 22 位耶稣会士，他们都是由教廷在权衡各国利益后，精挑细选派往中国传教的各个欧洲国家的耶稣会代表，其中有葡萄牙人 10 位，比利时人 5 位、意大利人 3 位、德国人 4 位。航船在途中遭遇着不可预知的瘟疫、风暴和海盗，经过一年多的艰难航行，终于在 1619 年 7 月抵达澳门。这次行程中，传教士死伤过半，仅 8 人幸存，其中就包括后来将巴伐利亚公爵的礼物献给中国皇帝的德国耶稣会士汤若望[（荣振华，2010）[315. 352]，（魏特，1949）[54-55]，（斯托莫，1989）[11-13]]。

金尼阁和汤若望一行到达澳门之时，正值"南京教难"期间，耶稣会正遭受着入华以来的第一次大规模冲击，这份价值连城的外交礼物也无法安全送至朝廷。教难平息以后，虽然耶稣会士再度进入北京继续开展传教工作，但由于这批来自巴伐利亚官方的礼物需以"进贡形式"才能呈报官府，可能传教士考虑到此举有违巴伐利亚公爵之外交初衷（邓恩，2003）[297]，加之当时明王朝忙于战事，金尼阁等人担心这件礼物落入他人之手，因而一直没有将这件礼物进献给中国皇帝。从金尼阁的书信中得知，直到 1624 年 10 月，这件礼物仍被藏在澳门。此后，直到 1640 年，没有留下关于这件礼物的任何文献记载（Standaert，2007）[44]，这件乌木礼匣是否完整运至京城也无从知晓。

7.2.3　汤若望进献崇祯帝的羊皮卷画册

在这件礼匣到达中国 20 年后，传教士们终于等到了进献的机会。为修理 40 年前利玛窦进献万历皇帝的西洋乐器，崇祯皇帝宣召西洋传教士，此时已在京居留 7 年之久的汤若望应诏。崇祯十三年（1640）9 月 8 日，汤若望将修好的古钢琴连同 20 年前金尼阁带来的礼物一并献给崇祯皇帝。汤若望对其中精美的羊皮绘本十分重视，他特别为其中的拉丁文福音标注了中文解释，用金字写在图画背面，还用中文撰写了《书像解略》一册，"附陈大要"，称此书为"臣本国王面赐臣等此书，听臣等携入中华，恭进"（2007）[101,117]。如此"翻译"的举措应当也是汤若望在特殊情况下做出的特殊选择：虽然汤若望在钦天监任职数年，且屡获崇祯帝嘉奖，但他并没有机会亲眼见到这位常年不理朝政的皇帝，与皇帝的交流也只能通过宫人往来传递（魏特，1949）[179]，因此，在不能亲见皇帝并为之讲解的前提下，如果汤若望仅将拉丁文羊皮卷原样奉上，恐怕不能确保皇帝能够理解这一绘本故事的含义。

关于中国皇帝对此的反应，根据汤若望的《回忆录》（据一个宫女亲眼所见），崇祯皇帝对这本关于耶稣生平的羊皮纸画册格外感兴趣，他极为专注的翻阅这本基督教手抄本，甚至忘记了吃饭。皇帝还召来皇后，指着书中画的幼儿耶稣对她说："他比我们所敬畏的古代圣贤更伟大"，皇后还在雕像前叩头行礼，并将这礼物在宫中供奉 10 日之久，之后皇帝还时常从库房将这本书拿回来翻阅（魏特，1949）[187-191]，（邓恩，2003）[297-298]，（斯托莫，1989）[45-47]，（萧若瑟，1923）[194-195]]。汤若望在两个月后出版的《进呈书像·自序》中，也记述了此次进呈获得的成功："幸荷圣明，并行鉴纳，是主教旨趣已洞彻宸衷，百世不惑矣"（2007）[101]。

值得注意的是，据记载，除这本描绘耶稣生平的羊皮卷绘本外，马克西米连一世的妻子伊丽莎白（Elisabeth of Lotharingen 1574-1635）还亲自准备了一本描绘圣母生平的羊皮画册，作为送给中国皇后的礼物，放在同一件乌木礼匣中（Standaert, 2007）[31, 63]。那么，当时可供汤若望进呈崇祯皇帝的基督教图画书可能并非耶稣生平羊皮册一卷。但是，汤若望的回忆录及《进呈书像·自序》中，并未有任何关于汤若望向中国皇帝进献伊丽莎白所赠圣母生平画册一事的记录。从《进呈书像》的出版来看，汤若望也并未像翻译耶稣生平画册那样翻译关于圣母生平的羊皮卷。这一方面可能由于圣母生平画册在途中散失，并未随汤若望进入北京；另一方面，这与前文所述汤若望在西安"北堂"和北京"南堂"大力展示"耶稣圣像"的图像使用策略一致。

那么，到崇祯十三年（1640）进呈羊皮画册为止，经由汤若望对耶稣生平羊皮卷的精心译介，德国皇室的礼物终于辗转到了中国皇帝手中，根据欧洲文献和基督教史籍的记载，此礼物得到了中国皇帝的敬重，为基督教在中国传教的硕果之一。然而，在中国方面的正史中，却没有任何关于"汤若望进呈羊皮卷、崇祯帝大为赞赏"一事的记载，更不曾论及此礼物在沟通中西交流和外交方面的重要价值。

明清易代之后，这些羊皮卷都不知所踪，唯有汤若望根据这本关于耶稣生平的手抄本翻译出版的木刻本《进呈书像》一书流传至今。利用可批量复制的图画书籍传播耶稣生平事迹，正是汤若望将羊皮卷手抄本编印为《进呈书像》一书的本意。向中国皇帝重点推荐、并向中国民众宣讲"耶稣生平"（而非"圣母生平"）图像，可能也是汤若望经过考虑作出的谨慎选择。然而，此后几个世纪中，《进呈书像》一书在中国的声名，却与反教出版物《不得已》紧密联系在一起，其中的图像也成为反教人士的证物，被多次改编、再版。这样的中国式"宣传"恐怕不仅是汤若望始料未及的，也与巴伐利亚公爵"送礼"的初衷背道而驰。

7.3 《进呈书像》的出版与传播

7.3.1 《进呈书像》的出版

关于汤若望进呈德国皇室礼物、并出版《进呈书像》一事，西方文献、尤其是关于远东传教的基督教史籍对此多有记述，然而在中国方面，此事却未出现在任何正史记录中。除汤若望后来出版的《进呈书像·自序》，以及反教出版物《不得已》中的记述外，只有晚清黄伯禄在其所辑《正教奉褒》中留下了关于此事的中文记载："崇祯十三年十一月。先是，有葩槐国（Bavaria）君玛西理（Maximlianus）饬工用细致羊鞟装成册页一帙，彩绘天主降凡一生事迹各图，又用蜡质装成三王来朝天主圣像一座，外施彩色，俱邮寄中华，托汤若望转赠明帝。若望将图中圣迹，释以华文，工楷誊缮。至是，若望恭赍趋朝进呈"。黄伯禄早年入教，精习拉丁文，因此，他这段关于汤若望进呈之记录，应当是从西方文献中翻译而来的。在参阅大量西文史料的基础上，钟鸣旦注意到，关于"进呈书像"一事中文文献的缺席和西文文献对此的重视，形成了鲜明对比（Standaert, 2007）[47]。

杨光先在《不得已·邪教三图说评》中记有："上许先生书后，追悔著《辟邪论》时，未将汤若望刻印'国人拥戴耶稣'及'国法钉死耶稣'之图像，刊附论首，俾天下人尽见耶稣之死于典刑，不但士大夫不肯为其作序，即小人亦不屑归其教矣。若望之《进呈书像》，共书六十四张，为图四十有八。一图系一说于左方"（1966）[1135]。作为一名激烈的反教人士，杨光先所谓"士大夫不肯为其作序"的论断虽不足为信，但这仅有的一段话，却是关于中国人对此书接受情况的珍贵文献。而关于《进呈书像》一书的出版，也仅有汤若望在《自序》中的只言片语可供参考。

根据《进呈书像·自序》，这本书应当是汤若望在进呈羊皮画册的两个月后，即 1640 年 11 月 14 日（"崇祯十三年岁次庚辰孟冬朔后一日"），将进呈之羊皮卷转印成木刻版画图册，在北京出版，"以公同志，俾皇仁不至于有替，而主名亦丕显于来兹云"（汤若望，2007）[101]。这部出版物由《自序》文、《天主圣教解略》文、《三王朝拜》像及文字说明、《解书面四像》文、《阅西画法》文、《中皆西文义见本解总题图》和《总说》文、以及 46 幅描绘耶稣生平故事的图文组成。

钟鸣旦根据大量西方图像实物的比对的研究，认定这 46 幅耶稣生平故事图像中，约有 30 幅来自于西方出版物插图：其中，至少有 10 幅都来自纳达尔的《福音故事图像》，9 幅选自三套关于《耶稣受难》（Passion of Christ）的安特卫普出版物，9 幅来自德国本土（慕尼黑及其临近的奥格斯堡）的出版物；此外，还有几幅图像的西方原型可能是德国和比利时等地的教堂绘画[9]。

---

9 虽从图像上看，有些来源尚存疑义，但钟鸣旦已逐一为《出像经解》图像到其可能、且较为可靠的西文原图（Standaert, 2007）[57-63]。

鉴于原羊皮卷绘本尚已不存，与对《诵念珠规程》和《出像经解》的图像研究相比，研究者难以将中国版木刻《进呈书像》与其慕尼黑版手抄摹本的图像一一对比，从而解读其中图像的跨语境转译。比如，钟鸣旦就指出，可能在慕尼黑工匠制作这本羊皮卷时，已经开始了对西方原图的"第一次改编"，这一点从羊皮卷的小尺寸上可以推断出来：小开本羊皮卷在制作的过程中，难免要省略掉原大图中的某些细节，虽然中国版《进呈书像》重新将尺寸扩大，但鉴于以羊皮卷为蓝本，很可能延续了微型羊皮卷对原图的节略，这可能就是中国版《进呈书像》与《福音故事图像》等插图相比，在人物数量和背景上均有不同程度减少的一个原因（Standaert, 2007）[68]。

7.3.2 从羊皮卷到中国木版画的转译

羊皮卷孤本的缺失的确给研究这件礼物的中西方转译过程带来了困难，但是，结合上文汤若望对基督教图像的使用策略，以及现存《进呈书像》刊印的图像，笔者仍试图从三方面对"从羊皮卷到中国木版画"这一图像的转译加以分析：

首先，从汤若望对基督教图像的展示和使用中，可以看到，他仍然延续着耶稣会以基督教图像吸引和教化中国人的传统，但他对图像的使用，又与早期耶稣会士不同。在利玛窦时代，传教士认为，"有关基督苦难之类的……目前他们尚不能了解"（利玛窦，1986b）[69]，罗明坚、利玛窦等早期耶稣会士，往往有意在公共场所展示圣母像，而使中国人误解基督教的"天主"乃是一妇人抱一幼儿，这样的误解直到 16 世纪末一直在南京流传着，更有中国人将基督教的神误认为是佛教的"观音"[（裴化行，1936）[282]，（McCall, 1948）[47]，（Bailey,1999）[91]，（史景迁，2005）[334. 358]，（利玛窦 等，2010）[169]]。而从汤若望在西安"北堂"和北京"南堂"陈设"基督圣像"，以及前所未有地将教堂设计成完全的欧洲样式等做法中，可以看到，经过利玛窦等先驱数十年的传教铺垫，到汤若望时代，已经可以更进一步地讲解耶稣受难的奥义、展示欧洲文明成果了。此外，在前文关于羊皮卷进呈始末的论述中，提到当时可供汤若望选择进呈崇祯皇帝的羊皮卷，应当不止"耶稣生平故事"一本，可能还有巴伐利亚公爵夫人打算送给中国皇后的"圣母生平故事"手抄本。那么，汤若望选择进呈、并翻译出版"耶稣生平故事"，应当也可以作为汤若望与利玛窦、罗儒望等早期耶稣会士采取不同传教策略的明证。

图 7.7　《进呈书像》卷首"三王朝拜"图（汤若望，2007）[106-107]

　　其次，与此前出版的基督教图册相比，《进呈书像》更为完整地保存了对耶稣从"神性"和"人性"两方面的刻画。正如肖清和博士在对《进呈书像》一书的研究中注意到的，在 42 幅以耶稣为"主角"的图像中，有 16 幅关于耶稣神迹的图像，还有 16 幅关于耶稣受难的图像，可见此书的重点是"向世人介绍耶稣神迹以及受难过程"，前者指向耶稣的"神性"，后者指向耶稣的"人性"（2011）[338]。一方面，关于汤若望对耶稣"神性"的刻画，除与以往中国基督教图册类似表现耶稣"神迹"的图像外，卷首的"三王朝拜"图像（图 7.7），可能也是汤若望出于强调耶稣非常人之身份的考虑。据现存《进呈书像·自序》及汤若望回忆录的记述，卷首"三王朝拜"一图应当是汤若望根据巴伐利亚公爵所赠礼盒中的一件"三王朝拜"的蜡画复制的（Standaert，2007）[14]。在根据汤若望德文《回忆录》撰写的《汤若望传》中，有记载崇祯皇帝对"三王朝拜"一像"最为喜欢"，"因为他在这张圣像上瞧见了与他身份相同的人物"，还让皇后向其中的小耶稣叩拜（魏特，1949）[190]。从这件事中，可以看到这位中国皇帝对耶稣之"神性"的明确感知，那么，在传达耶稣的"神性"方面，汤若望似乎获得了一定认可。

　　但是，另一方面，汤若望大胆地对"耶稣受难"的传达，却在中国这片土地上收效甚微，在这一点上，汤若望不可避免地延续着艾儒略试图让中国人理解"基督论"之核心精神的失败[10]。比艾儒略的失败更进一步的是，汤若望出版的基督教图像甚至成了反教人士的图证，最明显的例子就是，后来杨光先在《不得已》中将三幅关于耶稣受难（或即将赴难）之图像作为"耶稣乃谋反正法之贼首，非安分守法之良民"（1966）[1135]的证据。

　　与以往中国出版的基督教木刻画册相比，可以说，《进呈书像》中对"耶稣受难"（或者说耶稣"人性"）的强调是前所未见的：在本书第五章中，笔者分析了罗儒望《诵念珠规程》中的图像，其有意以风景和中式建筑替代多幅故事背景中"耶稣受难"场景的做法，与对图像"本土化"的改编都出于早期耶稣会士"文化适应"的传教策略；本书第六章也论及，虽然鉴于托钵修会入华和龙华民改变传教策略等背景，艾儒略的《出像经解》首次大胆地选择为《基督生平》做图解，但是，经由中国画师有意无意的改编，一改西文原著中对于耶稣"人性"和"苦难"的双重关注，而将重点放在讲述耶稣"神迹"上。

　　根据钟鸣旦所指认《进呈书像》46幅插图中的9幅都选自关于《耶稣受难》的出版物，或许可以推测，将"耶稣受难"的故事介绍给中国人，可能也是巴伐利亚公爵在为中国皇帝定制这件手抄本时，有意强调的。或者说，在巴伐利亚公爵等虔诚的基督徒眼中，"耶稣受难"理所应当的是基督教的奥义之所在。然而，无论对"耶稣受难"的强调是否出自巴伐利亚公爵之意，在中国版《进呈书像》的转译中，汤若望大胆地将其保留了下来。陈垣先生曾论及汤若望与木陈道忞禅师在对顺治帝关于"苦难"与"甘乐"的不同讲述：若望"言其苦"，而木陈"言其甘"，"甘则乐从，苦则难受"（方豪，2007）[235]，这可能是顺治帝虽曾一度亲近基督教、但最终转而向佛的原因之一。可见，对"苦难"的强调，既与汤若望以往对图像的使用策略一脉相承，也与基督教奥义不为中国人所接受、转而成为杨光先反教的直接图证构成了某种因果关系，其中反映出中西方"苦难"意识的不同，值得深思。

　　最后，单纯从《进呈书像》木刻图像的技法来看，与此前艾儒略出版的《出像经解》相比，更可见《进呈书像》中透视法和阴影画法的缺席；而无论是对人物表情、衣纹，还是对山石风景、云纹、水纹的处理，其"本土化"

---

10 关于艾儒略为传播"基督论"在中国所作的图像努力及其最终失败的论述，详见本书第六章（6.4.5和6.5）。

的刻画方式都是显而易见的；西文原图中西方人的面部特征，尤其是某些次要人物的服饰和发饰，更是全面中式化了。鉴于仅有两个月的改编、刻印和出版时间，这可能反映出中国刻工习惯性地对传统技法的坚持。但是，从另一个方面看，图像对人物形态（与原图相比明显体态肥胖、动作滑稽）和面部表情（多面露微笑）的处理（图 7.8），也在某种程度上，弱化了汤若望强调的"苦难"的视觉表达效果，使之最终成为杨光先等人发起"北京教案"、导致汤若望被判酷刑的图证。这样"本土化"的图像转译，也使耶稣受难像，在此后几个世纪中，被反教人士反复利用，成为嘲笑、"宣传"基督教为"邪教"的有力工具。

图 7.8　《进呈书像》"天主耶稣背负刑架像"（右）和铜版画原图（左）[11][（汤若望，2007）[284]，（Standaert,2007）[285]]

7.3.3　数次教难与反教运动中的基督教图像

　　基督教图像在吸引中国人、宣传教义上的作用一向为传教士所重视，不可否认，这些图像在某种程度上，也起到了向中国人传播西方文化艺术的作

11　钟鸣旦找到其可能原图（图 7.8 左）是 1596-1598 年间刻印的铜版画（Jacques de Gheyn II, Zacharias Dolendo, after Karel van Mander, The Road to Calvary）(Standaert, 2007)[285]。

用，其影响上至皇亲贵戚、下至平民百姓，这在本书前几章中已经多次论及。然而，与此同时，直观的基督教图像也往往成为反教人士手中的"证物"，在各种利益争夺中，被各种利益集团利用，并从原语境中斩断、剥离，进而赋予其新的语境，以证明传教士的"不轨"行为，这与传教士使用和引介这些图像的初衷大相径庭，却构成了基督教图像在中国"本土化"的一个不可忽略的过程。

早在万历四十四年（1616），即利玛窦去世第 6 年，一直心存不满的佛教徒联合保守的儒士，开始向基督教发难。"仇教"的南京礼部侍郎沈漼，在第一次上疏参奏传教士"治历"、"祭祖"等问题未得万历皇帝理睬的情况下，又第二次上疏，以南京教堂"起盖无梁殿，悬设胡像，诳诱愚民"等基督教建筑及图像为证据，指控传教士"阴谋不轨"，紧接着，在直接引发"南京教难"的第三次上疏中，又将矛头指向南京的西式教堂："所盖无梁殿，果于正阳门相去几何？是否缘城近堞，踪迹可疑？"[（方豪，2007）106，（王治心，2007）82-83，（德礼贤，1934）79，（江文汉，1987）31-34]。于是，万历皇帝终于下令驱逐传教士，各地教堂关闭，其中的书籍图像多被抄没。在对传教士的审讯中，关于聚众教堂、展示天主圣像的事情也被作为"罪状"记录下来[12]。

到天启二年（1622），在宦官魏忠贤的支持下，时任礼部尚书兼东阁大学士的沈漼，又借山东"白莲教"起义一事，再次掀起反教运动。虽然在徐光启、杨廷筠等人的保护下，传教事业并未遭到全面破坏，但直到崇祯年间（1627-1644），在沈漼离世、阉党得到惩治后，反教运动才平息下来，传教士才得再次获准进入中国。崇祯年间，基督教在华再次取得了一系列硕果，比如，前文所论述的基督教出版物、插图画册的层出不穷（《进呈书像》正是在此期间进呈和出版的），以及明朝皇室宗亲的皈依入教等，其中，汤若望及其展示、进呈、出版的基督教图像，也为推动西方宗教和文化艺术在明末、乃至后来偏安一隅之南明政权的传播起到了重要作用。

到满清入主中原后，顺治帝和孝庄皇后都对汤若望礼遇有佳，汤若望也多次为皇帝太后排解政事和生活上的问题，在核心政治人物的支持下，顺治

---

12 其中就包括："私置花园于孝陵卫，广集徒众于洪武冈……迫人尽去家堂之神，令人惟悬天主之像"（王治心，2007）84。

年间（1644-1661），基督教及其文化艺术在中国又获得新的发展。除上文所述，顺治帝赐汤若望建第一座巴洛克风格的北京"南堂"后，顺治十二年（1655），皇帝又赐耶稣会士利类思（Loius Buglio）、安文思（Gabriel de Magalhaens）银粮和房屋，允许再建西洋风格"若瑟堂"一座，即今日北京王府井"东堂"之前身。其中用三维画法绘制的"欧洲素描画的复制品"，使往来观看的中国人十分吃惊，后来康熙皇帝也为逼真的"透视法"所吸引，要求耶稣会派遣精通此法的专家入华[13][（顾卫民，2005）283-284，（费赖之，1995）241. 647. 684，（苏立文，1998）56，（萧若瑟，1932）127]。中文史料中也有利类思、安文思于顺治十二年（1655）4 月 3 日进献"天主圣像西画一本"和"西洋画谱一套"的记载（中国第一历史档案馆 等，1999）43。

　　然而，历史总是惊人的相似：与晚明万历朝后期的情况类似，到清初顺治朝后期，传教士在朝的显赫地位早已引起许多士人朝臣的不满，其中反教最为强烈的，正是后来成为康熙初年鳌拜集团一份子的杨光先。虽在中文史料中未有论及"民族问题"，但多有学者认为杨光先为回民，不满由汤若望任钦天监监正、打破以往"回回"把持钦天监的"传统"[（王治心，2007）102，（萧若瑟，1932）137]。从顺治十七年（1660）起，杨光先就多次上书弹劾汤若望，称其图谋不轨、邪教惑众、修订历法不利，但顺治帝均未予以理睬。杨光先遂转而将其所著反教文章编为《辟邪论》，并加以出版散布，以鼓动民间反教情绪。作为回应，耶稣会士利类思出版了《天学传概》一书，对杨光先的反教言论加以驳斥。为此，杨光先再编《不得已》，其中收录了包括《辟邪论》在内的更多反教文章，还翻印了《进呈书像》中的三幅图像（图 7.9），作为嘲笑基督教和诬之"谋反"的凭据。虽然利类思和南怀仁都分别著书与《不得已》论辩，但此一时期，适逢"护教"之"靠山"顺治帝驾崩，年幼的康熙帝继位（康熙朝 1661-1722）。在鳌拜集团的支持下，康熙四年（1665）汤若望被判凌迟之刑，1665-1671 年间，几乎所有传教活动再次中断，"堂宇查封，经像焚毁"（王治心，2007）105，是为 17 世纪中国第二次大规模反教活动，史称"北京教难"，或"熙朝历狱"，直到康熙九年（1670）铲除鳌拜集团之后，传教士才得平反昭雪。

---

13 后来"北京东堂"多经毁坏、重建，18 世纪郎世宁曾为之绘制壁画，今见之"东堂"为 20 世纪建筑。

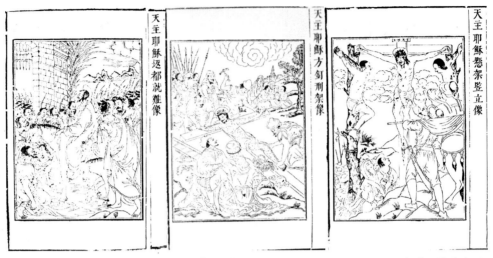

图 7.9 《进呈书像》"天主耶稣返都就难像"（左），"天主耶稣方钉刑架像"（中）和
"天主耶稣悬架竖立像"（右）（汤若望，2007）[224,288,294]

康熙四年（1665）汤若望被判刑之际，京城突发地震、彗星等不吉之"异象"，在孝庄太皇太后的力主下，汤若望终于获释。次年，年迈的汤若望病逝于王府井"东堂"，而此时，宣武门"南堂"已被时任钦天监监正的杨光先据为己有，其中的基督教"经像"也被毁坏殆尽。早在顺治十六年（1659）成文的《辟邪论》中，杨光先就多次以汤若望出版的木刻本《进呈书像》作为传教士"谋反"之"证据"，但并未附以图像。后来，在将《辟邪论》编印入《不得已》集时，不仅附以汤若望所撰《进呈书像·天主圣教解略》一文，"以备参览"（1966）[1130]，还特别翻印了《进呈书像》中的三幅图像（图7.9），并分别重新配以文字，总标题为"邪教三图说评"。汤若望去世之时，《进呈书像》中的这些图像和"邪教三图说评"，正随《不得已》在中国"流传日广，朝臣多信之者"（萧若瑟，1932）[138]。直至今日，《进呈书像》也因存世版本甚少，而难为国人所见，连许多学者对《进呈书像》的研究都不得不以流传更广的《不得已》所收录之基督教图像为依据，推测《进呈书像》的原图[14]。

杨光先翻印的三幅图像分别是《天主耶稣返都就难像》、《天主耶稣方钉刑架像》和《天主耶稣悬架竖立像》，均为关于耶稣"就难"之像（图7.9）。对于基督教"苦难"和"道成肉身"之"救赎"精神的不解，正是中国人难以接受这一"异域"宗教文化的原因之一，如前文所述，虽然汤若望在《进

---

14 向达称（2009）[399]，"若望所进呈之图像，后曾刊印行世，不知尚有传本否。"

呈书像》中，已经有意识地将这种"苦难"精神（或者说耶稣受难之"人性"）展示在中国人面前，但是，这样的传教尝试却为杨光先等反教人士所利用，甚至成为指控传教士在华"谋反"的证据，杨光先声称："其徒讳言谋反，而谋反之真赃实迹，无一不自供招于《进呈书像》说中。十字架上之钉死，政现世之剑树地狱。而云佛在地狱，何所据哉？"（1966）[1115]。

图 7.10　《进呈书像》"天主耶稣方钉刑架像"图（左），1665 年《不得已》首版图（中），1846 年《不得已》图（右）（Standaert,2007）[288-290]

值得注意的是，《不得已》一书在中西交流史上的意义，不仅在于彼时彼地对《进呈书像》所藏"谋反"之意的指控，更在于，在此后数个世纪中，此书被一再翻印（尤其是在 19、20 世纪）[15]，流布远甚于《进呈书像》，其中举证的基督教图像，也在屡次翻印中，一而再地发生了变化。通过将《进呈书像》原图、1665 年初版《不得已》收录之三图，以及道光二十六年（1846）和咸丰八年（1858）《不得已》之三图加以比较（图 7.10），可以看到，虽然杨光先在初版《不得已》中，对《进呈书像》的某些背景、细节和次要人物有所删减，但基本上并未改变《进呈书像》原图中的人物形态，可能出于刻印的时间相去不远之故，其刻印技法基本与木刻版《进呈书像》保持了一致；

---

15 关于《不得已》之刻本，目前所知应至少有康熙年初本、康熙或雍正年再版（不避乾隆讳，此本存南京图书馆）、道光二十六年（1846）、咸丰八年（1858，此本存北京大学图书馆）、同治八年（1869，此本存南京图书馆）、民国十二年（1923）、民国十八年（1929）等版本[（方豪 等，1966）[45]，（杨光先 等，1994）[10]，（杨光先，1995）[443]，（汤若望，2007）[228、290、297]]。

但是，在19世纪两个版本的《不得已》中，不仅背景、人物较之早期版本更为简略，在图像的刻绘技法上，也显得十分粗糙，尤其是其中的耶稣形象显得格外臃肿丑陋、滑稽可笑。经由《不得已》的多次再版，杨光先指责耶稣为"禽兽"、"无父之鬼"之语，最终在19纪后期的反教风潮中，被新一代反教人士重新赋以形象，构建了晚清关于"猪精"和"洋鬼"的"中国式"耶稣图像（图7.11）。

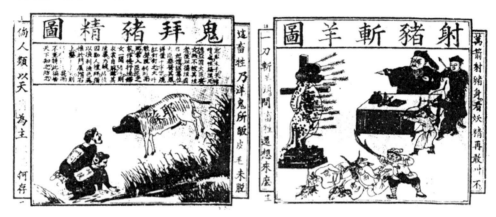

图7.11　1891年周汉编着，《圣谕谨遵辟邪全图》之《鬼拜猪精图》、《射猪斩羊图》

7.4　小结：从欧洲皇室的礼物到中国反教的证物

当利玛窦的回忆录行销欧洲，当得知中国传教的大门终于敞开，当日本德川幕府开始大规模驱逐传教士之时，欧洲人对这件将要进献给中国皇帝的礼物寄予了厚望。然而，这件在欧洲备受珍视的皇家礼物，满载着向远东传播福音、向中国皇帝示好的热切期望（如欧洲人得知中国人对白银的喜爱甚于黄金，便特意在这件为中国皇帝定做的礼物中，装满了各种精美的银器），漂洋过海来到中国时，中国方面，不仅没有像预期那样以同样热切的心情接受这件礼物，在中国的正史中，也没有关于这件礼物的任何记载。这件令欧洲人引以为豪的艺术品、这件在欧洲历史文献中被大书一笔的外交礼物，在中国的史籍中，并没有得到同等级的待遇，不能不说是中西方对此事认识和重视之不同。

不仅如此，这些作为皇室礼物的珍贵的基督教图像，在经过大半个世纪、跨越大半个地球和大半个中国的漫长"旅行"后，到17世纪中后期，又再度被中国人编入反教书籍，直到19、20世纪还多次改编再版，终于成为中国反教的有力工具。这与巴伐利亚公爵热切与中国建立联系的初衷，大相径庭，实是中西方文化艺术交流的一大憾事，堪比 18 世纪末英使马嘎尔尼（George Macartney）访华的失败之行。然而历史没有如果，这些失败的外交努力，虽然各有各的不同，却都有一个共同的原因，那就是中西方文化的不同与彼此之间的相互误解：中国人不理解西方最为核心的基督教文明之"苦难"精神，西方人不理解中国人的"礼仪"。

回顾汤若望一生，早年随金尼阁一行历经艰险、九死一生、携德国皇室礼物远赴重洋，几经中国政权动荡，苦等 20 年终完成进献礼物的使命，还将这件皇室礼物广为印制分发，并在其中大胆展现了"基督论"的核心"苦难"和天主的"人性"，不仅如此，入清以后，又与中国皇帝往来密切，"自上而下"皈化中国人的成就似乎指日可待。然而，在汤若望弥留之际，传教士心中神圣的基督教图像竟为反教人士广为翻刻，德国皇室的礼物最终沦为反教人士嘲笑的对象，甚至成为指控传教士"谋反"、直接导致"北京教案"和汤若望等人入狱的证物。继而，这一长达半个多世纪的图像传播过程并未随"北京教案"的平反而结束。在此后的数个世纪中，一代又一代反教人士通过对《不得已》一次又一次再版和翻刻，不断赋予图像新的语境，强化着基督教图像和基督形象"本土化"语境的再造。这样逐渐成形的基督教形象，一方面引导着后世中国人对基督教的认识，为此后数次反教活动所利用；另一方面，对基督教图像认识的错位，也在事实上强化了中西方文化间的误解，实为双方相互敌视的始作俑者。

第 8 章 《中国风圣母子》: 16、17 世纪中国圣母形象的形成及影响[1]

8.1 署名唐寅的《中国风圣母子》

　　在被工作人员重新整理发现之前，一卷中国淡彩人物画静静地躺在芝加哥菲尔德博物馆的仓库里（图 8.1），在黑暗中经历着时光的剥蚀，日复一日地褪色、模糊、腐坏。这是一幅淡彩水墨人物画，画中身裹白袍的中国妇人怀抱着一个红衣男孩，妇人呈全身、正面像站立，赤足，头后有红色光环，手垂流苏。这幅画正式的名字是"116027 号"（Grossman, 2008），仅是当年被劳弗博士（Berthold Laufer）带回的数万件东方古玩中的一件，她有确凿文字记录的历史也正是始于劳弗博士的中国之行，虽然也只有寥寥数语可查：1909年，博物馆馆员劳弗从陕西一个有名望的富人家中购得此画，1910 年，劳弗将此画连同其他近 8,000 件中国古玩艺术品带回了芝加哥菲尔德博物馆（Nash et al, 2003）[120-121]。这幅画背面写有"唐寅"的字样，虽然在大多数中国学者看来，这个假惺惺的签名实在没有什么实际价值，但也对这幅画的成画年代提供了某种证据：学者们普遍相信，这幅画作于晚明时期。目前为止，如同大多数中国古董一样，这幅画的历史仍处于待考之中，未解之谜不仅仅限于

1　本章在笔者《对晚明牙雕断代的再认识——以圣母子和送子观音像为例》一文基础上修改而成（董，2003）。部分资料和参考文献得益于美国亚洲学会罗有枝（Evelyn Rawski）教授的推荐，其中关于中世纪欧洲"圣母崇拜"的部分受到《装饰》杂志社周志老师的启发，特此说明并致谢。

她的作者和年代，就画中简单的人物衣着、画法、图解方式而言，也都承载着不小的信息量，显得谜团重重：许多熟悉基督教美术的学者惊叹道，这幅画显然就是著名的罗马圣母大殿圣母子像（Madonna Salus Populi Romani 图 8.4）的中国翻版（O'Malley, 2005）[25]；而有中国佛教美术背景的学者也在这幅画与送子观音的图像中找到了种种相似之处（Arnold, 1999）[150]，一些学者甚至将中国的送子观音与十四世纪方济各教会在中国传播的基督教圣母信仰联系起来（Yu, 1984）[173]。

　　然而，在 21 世纪重见天日之后，虽然这幅被中国学者称为《中国风圣母子》的画像已经引起了不小的轰动，有些西方学者也或多或少地注意到了这幅画特有的中国图像特征[(Standaert, 2001)[814]，(Bailey, 1999)[97]]，但是，学者们对她的研究也多是作为中国基督教美术的佐证一笔带过，还有很多背景问题并没有充分展开讨论，比如，融合了西方圣像画原型和中国风（如此画中的赤足、白袍、全身像）的圣母子图像是如何在中国产生和传播的？外来影响和中国本土

图 8.1　署名唐寅的《中国风圣母子》
（O'Malley et al，2005）[338]

风俗是如何在图像中达成一致和妥协的？或者，更大的问题是，这些融合是在何种程度上、缘何、如何产生的？笔者认为，仅仅指出哪个部分是中国风、哪个部分是西洋风还是远远不够的，我们还渴望了解，这些不同是如何发生、如何融合、如何影响东西方交流和人类历史进程的。

　　在本章中，笔者就以这幅《中国风圣母子》为个案研究对象，试图借此探寻基督教图像在中国传播的一个重要组成部分：圣母子形象在中国的

演变脉络及其影响。除了菲尔德博物馆的这幅"架上"圣母子画像之外，本章还将引入其他一般被认为"工艺美术"的基督教图像，比如徽州刻印的《程氏墨苑》中的圣母子木刻图像、福建出口的圣母像牙雕、瓷塑等。按照制作材料区分，往往廉价制品的接受群体更广、文化层次和经济地位可能更低，而贵重工艺品接受群体的社会、经济地位往往更高。通过对这些中国圣母子图像的研究，本章试图窥视中国文化缘何、如何接受、同化、拒绝西方基督教图像，以及基督教艺术如何渗入、影响、参与中国视觉文化的建构。

8.2 唐元明圣母形象溯源

8.2.1 景教"经像"在中国的第一次展示

7 世纪早期，景教作为基督教的一个支派"聂斯托利派"（Nestorius），已经由叙利亚籍教士阿罗本（Alopen）传入中国。著名的《大秦景教流行中国碑》记载了一队波斯景教传教士，在历经艰险的长途跋涉后，于公元 635 年进入大唐帝国的首都长安（今西安）。这些教士得到了官方的热情招待，唐太宗命仪仗陈列直至长安城西郊，由宰相房玄龄亲自将他们迎入城中的皇宫大内。一路上，这些身着白袍[2]的教士手捧"经像"于胸前，一直从城西走到城中。学者帕尔默（Palmer, 2001）[40] 称，这些"经像"既包括景教书籍，也包括耶稣像和圣母像[3]。那么，这应当是圣母像出现在中国的首次记录。在这个当时人口已近百万的长安城中，圣母像第一次展现在了围观的中国公众面前，虽然具体有多少人得见已无据可查，但是，试想一下，从长安城西郊一直到皇宫这漫长的一路上，围观的人群定不在少数。

接下来的 200 年，被称为基督教在中国传播发展的第一个黄金时期。从公元 638 年政府资助的第一个"景寺"落户长安城西北以来，到公元 781 年，已有百余所教堂出现在全国各大城市。景教信仰和仪式也一度流布至宫中，公元 742 年，唐玄宗又命高力士将他和之前四位帝王的肖像安置于"景寺"

---

2 《大秦景教流行中国碑》碑文："白衣景士。今见其人。"

3 需要指出的是，因坚持称玛利亚为"耶稣之母"，而反对将玛利亚奉为"天主之母"，景教（即聂斯托里派）的创始人聂斯托里在 431 年的以弗所大公会议中，被定为"异端"。虽然并不承认玛利亚的"神性"，反对将之奉为"圣母"，但景教仍然会使用作为"耶稣之母"的玛利亚图像。

内[4]（钟鸣旦 等，2004）[65]。除此之外，鲜有关于这数百所教堂图像陈设的信息流传下来。但是，至少有一件事是可以肯定的：根据《大秦景教流行中国碑》，至少在公元635年，圣母像就已经被"白衣景士"带入中国，并展现在了一部分中国公众面前。

景教曾一度在中西文化交流中扮演着活跃的角色，其贡献之一就是将一部分基督教理论翻译成汉语。在7世纪成书的译经《序听迷诗所经》中（大藏经·论藏·外教部），圣母的故事被第一次用汉语记录下来：耶稣之父耶和华之名被译成道教神祇的名号"天尊"；耶稣之名则音译为"移鼠"；圣母玛利亚（Madonna）之名被译为"末艳"，字面意思是"最不妖艳"的女子，是为"未染原罪之童贞女"之独特的中国式转译。这些语言的差异也为基督教传入中国提供了不同的语境，其影响一直延续到后世基督教在中国的传播中，比如，直到晚明时期，反教人士还将耶稣之名与老鼠、猪等在中国人看来十分不光彩的动物联系起来；在西方语境中圣洁无暇的圣母玛利亚，也在中国人的理解中似乎变成了一尊"送子娘娘"，甚至在一些商业出版物中变成了中国式的"美人图"。然而，尽管这些翻译不免给基督教在中国的传播奠定了一个并不高雅的格调，值得注意的是，这些景教徒已经借用佛经及道教词语，有意识的开始用中国人可以理解的方式来讲述基督教义，可谓基督教"本土化"的一个开端。

景教在唐朝的黄金时期自贞观初年到文宗末年，凡210年。但是，到了唐武宗会昌五年（845），即实行了著名的"会昌灭法"。是年，唐武宗下灭佛诏，诏令全面禁止包括佛教在内的其他一切外来宗教，如景教、祆教、摩尼教等，其目的不仅在于驱使僧侣还俗以增加国家税收，还在于"纯化"中国文化[5]。在这次官方发起的大规模宗教迫害运动中，百余所"景寺"遭到破坏，从此，景教在中国的合法地位被彻底剥夺，直到五百年以后，罗马教廷派来的方济各会士重新拜谒成吉思汗的皇宫，欧洲的基督教以及源自西亚的景教才又以"也里可温教"之名，在蒙古皇帝的支持下，在中国的土地上合法地传播开来。

---

4 《大秦景教流行中国碑》碑文："天宝初。令大将军高力士送。五圣写真。寺内安置。"

5 《旧唐书·武宗本纪》："显明外国之教，勒大秦、穆护、祆三千余人还俗，不杂中华之风。"

8.2.2 中国现存最早的圣母子图像

目前, 在中国发现的最早的圣母像雕刻在扬州出土的一个意大利人的墓碑上 (图 8.2), 这可能就与元王朝的方济各会士有关。墓碑上的拉丁铭文表明, 墓主人是多米尼克·德·维龙尼斯爵士 (Sir Dominico de Vilionis) 的女儿卡特琳娜 (Katerina), 她死于 1342 年 6 月 (Arnold, 1954) [138]。就在卡特琳娜死前的半个世纪中, 关于中国和亚洲的游记《马可·波罗行纪》(1296 年) 在意大利出版并风靡欧洲, 引发了欧洲人对于神秘东方的狂热向往; 同时, 也是在 13 世纪末 (1294 年), 意大利方济各修士孟高维诺来到了元大都 (汗八里, 今北京), 成功地获得了元世祖忽必烈的传教许可, 还获准在离皇宫相当近的地方修建起了教堂, 教堂的钟声在皇宫中清晰可闻。1307 年孟高维诺被教皇任命为汗八里总主教, 从此, 直到元朝末年, 基督教在中国繁荣了 60 年, 被称为基督教在中国传播的第二次高潮。从此, 西方传教士和东方使臣们携带着书信和礼物, 在中国与欧洲大陆上以及阿拉伯海、印度洋上和南海海面上穿梭不绝。

图 8.2　1342 年卡特琳娜墓碑 (左) 及顶部 "圣母子图" (右) (Arnold, 1999)

这块 1342 年圣母像墓碑在 1952 年出土于扬州旧城墙的南门附近，出土之前，这块墓碑很可能被用作城墙的一块承重石（夏鼐，1979）[532]。扬州城旧城建于 1357 年，距离墓碑上墓主下葬的时间仅有 15 年间隔（Rouleau, 1954）[349-350]，据此推断，这座刻有圣母像的墓碑展示在地面上的时间大概不会超过 15 年，因此，可以说，这个墓碑本身在向中国人展示圣母像方面，并没有产生长时间的影响。但是，我们并不能排除这个圣母像以其他方式产生影响的可能，最明显的可能就是，圣母像是根据什么绘制的、其原本（可能是不易保存、故今已无存的纸本小样）是否在扬州碑刻工匠中流传？

让我们带着问题回到墓碑中的图像上来。圣母子的图像刻于墓碑顶端，下方是圣凯瑟琳的殉道图和拉丁铭文。可以猜想，这些图像可能是根据方济各会士带来的欧洲绘画、插图或图样绘制的。然而，无论这些图像的原型是什么，无论刻工是中国工匠还是欧洲修士，这些墓碑上的图像都显示出鲜明的"非欧洲"绘画因素。比如，有学者指出，圣凯瑟琳的殉难图与欧洲原型相去甚远，而与佛教典籍插图《地狱图》的处理十分相似（Arnold,1954）[140]。此外，圣凯瑟琳的殉难图右下方有一个神秘的人物，他怀中抱一婴儿，衣着颇似中国的和尚服饰，这可能表明了基督教信仰与中国当地信仰（比如业已存在的佛教信仰）的某种融合互渗。单就墓碑顶端着长袍端坐的圣母像而言，胡天龙神父（Rouleau, 1954）[359]认为其坐器具有"典型的中国风格"。另外，学者阿尔诺德指出这幅圣母图从中国本土的观音图像中借鉴了许多微妙的细节，比如，圣母玛利亚背后的头光就很容易让人将这位女神与中国的水月观音联系起来。阿尔诺德更进一步推测，这幅扬州出土的圣母图像实际上很有可能影响了中国观音图像的演化，尤其是对送子观音形象可能产生了根本性的影响（Arnold, 1954）[140-141]。

8.2.3 《中国风圣母子》作者和年代的另一种可能

将扬州出土的这幅圣母像与芝加哥菲尔德博物馆购于西安的《中国风圣母子》加以比较，胡天龙神父对普遍认定的西安圣母像的年代（即晚明）提出质疑，他说，"至少有一位学者提出了这样的假设，那就是西安圣母像成画于耶稣会和欧洲地理大发现的现代时代（modern age）来临之前"（Rouleau, 1954）[358]。胡天龙神父依据扬州出土的元代圣母像认为，《中国风圣母子》很可能也成画于 14 世纪，也是方济各会士在元朝活动的产物之一。的确，必须承认的是，扬州出土圣母像和《中国风圣母子》有许多共同特征，比如，圣母玛利亚都身着一袭裹身白袍, 有头光, 目光谦卑, 双足露在长袍外, 且描绘方式均以中国传统线描为主。

然而, 二者的不同也是显而易见的: 首先, 扬州圣母像为明显的"奥狄基提亚式（Odigitria）圣母", 这是欧洲中世纪十分流行的一种样式, 而《中国风圣母子》并没有采用这一样式。其次, 就比例而言, 西安图像中站立的圣母显然比扬州图像中坐着的圣母更符合视觉再现的要求, 而前者的线描也比后者更为准确和成熟, 这些都挑战了胡天龙神父的观点。

但是, 胡天龙神父提出的年代问题的确给我们以启发, 因为我们长期以来对《中国风圣母子》年代的推测主要基于对晚明时期欧洲传教士开始大批入华这一事件的认同, 再加上此画的署名"唐寅", 人们一般就认为此画绘制年代应在晚明之后。然而, 笔者认为, 也并不能排除另一种可能, 即, 此画成画于晚明欧洲传教士入华之前, 其原因是: 一方面, 晚明以后欧洲传教士的入华并不一定是这幅画的成画背景, 这幅画也很有可能作为民间秘密流传的、承载基督教信仰的一种图示, 在晚明基督教入华前就已经存在; 另一方面, 署名"唐寅"并不等于此画一定晚于"唐寅"时代, 这个署名也有可能是后人为商业获利等目的后加上去的。

目前, 大部分学者们并不相信这幅购于西安的《中国风圣母子》为唐寅本人作于 16 世纪早期, 普遍的观点是这幅画作于 16 世纪晚期以后（晚明时期）, 署名"唐寅"无非是为了借其大名在市场上谋得一个好价钱。但是, 是否存在这样一种可能, 那就是这幅画是 16 世纪中期或早期, 在晚明耶稣会入华之前, 唐寅或其同时代的一位中国画家, 应其秘密信仰基督教的中国客户而做? 巧合的是, 学者韦勒克（Willeke, 1988）[68]注意到, 另一幅藏于伦敦大英博物馆的名为《佛教玛利亚》（Buddhist Madonna）的中国画也署名"唐寅", 这是一幅同样珍贵的"中国风圣母像"。韦勒克提到, 至少从绘画风格鉴定的角度出发, 艺术史专家舒勒教授（Professor Schuller）就坚持认为芝加哥菲尔德博物馆的《中国风圣母子》和大英博物馆的《佛教玛利亚》都出自唐寅之手（Willeke, 1988）[68]。目前, 虽然学者们普遍将《中国风圣母子》的绘制年代定为晚明时期, 这一断代的主要依据还是学界长期以来认定的"常识": 即元朝方济各会士传入的基督教在 1368 年明朝建立后就被根除了, 基督教艺术及其遗存要等到 16 世纪晚期由耶稣会士和其他欧洲传教士将基督教再次传入后才又在中国出现, 这被称为基督教在中国继唐、元之后的第三次复兴。然而，这一关于基督教艺术从明初以来就"中断"的"常识"很可能本身就有问题，正如韦勒克所考证的，由方济各会士传入元王朝的基督教及其艺术很可能秘密地存在于整个明王朝。

如果韦勒克的观点站得住脚，那么，对于《中国风圣母子》的绘者和绘制年代，也许会促成一个全新的结论、或者说是一种大胆的猜想：这幅画可能是明朝中叶或更早期的一位中国画家（不排除唐寅的可能）应某位中国客户的要求绘制的，这位中国客户可能是基督教的秘密信徒，其祖先可能是在元代方济各会士影响下皈依基督教的教徒，由于明代晚期之前官方严禁基督教，这位中国基督教徒只能以酷似中国送子观音的图样描绘他所信仰的上帝和圣母。事实上，将圣母以观音的形式表现出来的情况，在日本禁教期间也曾一度存在[6]（图 8.3）。而这幅圣母子的摹本可能与雕刻在扬州出土墓碑上的圣母像有着类似的来源，即均为简便易携的纸本小样，以至于即便在禁教中，这位中国客户的祖先或方济各会士仍将其秘密传递下来。此外，根据扬州的基督教考古发现，元代基督教徒大多来自蒙古等非汉民族（朱江，1986）[69]，这也是明王朝建立之初就将基督教作为外族异教严令禁止的重要原因之一。考虑到民族族属，及早期基督教家庭皈依的性质，如果将《中国风圣母子》的成画时间向前推进，那么，我们可以进一步推断，其最初的拥有者可能就是明中期生活在长江下游地区的一位非汉族的秘密基督教徒。

8.2.4 晚明圣母画像的传播

尽管西方学者韦勒克、舒勒、斯贝（Joseph Spae）等人认为两幅署名为"唐寅"的圣母图很可能就是元代方济各会士传入的基督教艺术在明朝早中期秘密流传的证据，但更多的历史遗存和文献资料都将基督教艺术在中国的再次出现归功于晚明时期欧洲传教士的入华。上文提到，从 16 世纪晚期到 18 世纪初著名的"礼仪之争"为止，这一个多世纪的时间，被称为基督教在中国的第三次复兴。耶稣会、多明我会、方济各会以及奥古斯丁会是这期间最早到达中国的基督教修会，其，耶稣会是最早获准入华、在晚明基督教传入中国的第一个 50 年中（1582-1630），唯一在中国活跃的修会。

6　17世纪初，日本德川幕府禁教并颁布"锁国"政策以后，被称为"隐切支丹"（Kakure Kirishitan）的一批隐匿信仰的日本基督徒，往往选择供奉"送子观音"像以替代他们心中膜拜的"圣母子"，因此，在日本工艺美术史上，留下了一批被称作"玛利亚观音（Maria Kannon）"的塑像。

图 8.3 日本禁教期间的"玛利亚观音"（Whelan, 1992）[371]

正式获准入华后，耶稣会士利玛窦随身携带着一批基督教图像和艺术品，从中国南方辗转到中国北方，在肇庆、韶州、南昌和南京建立起四处传教驻地。在旅行途中、在传教驻地，这些基督教图像得以不断向中国人展示，这些都在本书的第三章中有较为详细的论述，故而，利玛窦入华的这一年也常被看作是欧洲艺术影响中国的开端[（向达，2009）[396]，（Laufer, 1937）[100]，（苏立文，1998）[43]]。在上文中已经提到，根据文献记载，耶稣会士的起居室中央通常陈列着一幅圣母子画像，利玛窦在他的第一个广东肇庆教堂中陈列的就是罗马圣母大教堂中《圣母子》图像的复制品。而在一封写于 1586 年的信中，可以看到，对圣母的冥想和膜拜在耶稣会的布道中占据着十分重要的、甚至是"中心性"的地位（Spence, 1986）[242-243]。中国观众往往首先被这个看上去十分美貌且真实可感的女神像所吸引，人们甚至将圣母误认为基督教的"上帝"。在南京，直到 16 世纪末，人们还普遍认为基督教的"上帝"是一个怀抱着婴儿的妇人。对此，美国学者史景迁认为，很可能在晚明基督教入华初期，利玛窦并没有尽力去阻止这一误会的传播，因为，"在耶稣会的工作中，圣母图像的影响实在是太大了"[（史景迁，2005）[334. 358]，（McCall, 1948）[47]，（裴化行，1936）[282]，（利玛窦 等，2010）[169]，（Bailey,1999）[91]]。

利玛窦的中国客人往往对圣母像丰富的颜色、精准的线条和画中栩栩如生的人物赞叹不已，顾起元如是写道："所画天主，乃一小儿，一妇人抱之，曰天母。画以铜板为帧，而涂五采於上，其貌如生，身与臂手，俨然隐起帧上，脸之凹凸处正视与生人不殊"（1995）[1927]。然而，一个有趣的现象是，对"圣母子像"的接受与当地人对"耶稣受难像"的排斥形成了鲜明的对比。利玛窦在其回忆录中写道，当太监马堂给予圣母子像很高评价时，他对利玛窦同时携带的十字架耶稣像十分愤怒，将其与巫蛊之术联系起来，认为这个十字架上的黑色身体会危害到皇帝。直到 17 世纪中期，在反基督教出版物《不得已》中，"耶稣受难像"还被翻印出来以证明"与天下共见耶稣乃谋反正法之贼首，非安分守法之良民也"（杨光先，1995）[460]，足见中国人对耶稣苦像的忌讳和误解。

8.3 西洋"圣母子"圣像的"本土化"转译

根据圣母右手姿势，元代卡特琳娜墓碑圣母像（图 8.2）和《程氏墨苑》圣母像（图 4.7）均为"奥狄基提亚式圣母"，是在欧洲中世纪十分流行的一种圣母像样式，而署名唐寅的《中国风圣母子》则明显没有采用相同的手势。那么，从造型样式上看，《中国风圣母子》与罗马圣母大教堂的圣母像（图 8.4）更为类似[8]。罗马圣母大教堂的圣母像是一幅在欧洲基督教艺术史上十分重要的作品，相传为使徒圣路加根据亲眼所见描绘的圣母像，为典型的拜占庭风格，被称为"奇迹之画"（miraculous image），信徒相信，这幅出自圣徒之手的神圣作品，能够帮助传教士召唤异教徒皈依，为艰辛的传教之路赋予"奇迹的力量"[（Bailey,1999）[8-9,89]，（2003）[406]]。

7　类似的描述见姜绍书《无声史诗·卷七·西洋画》（1995）[578]。

8　1928 年香港出版的首期《公教报》上刊登图片，最早将《中国风圣母子》认定为罗马圣母大教堂圣母像的复制品（Lam,, 2003）[1154]。

罗马圣母大教堂圣母像在世界各地
的传播十分广泛，这与大航海时代耶稣
会士的努力密不可分。学界一般认为，
应当是在耶稣会成员德·保拉神父
（Father St. Francisco de Borja）的努力
下，罗马圣母大教堂的圣母像最终被规
范为一种宗教图示，其复制品随奔赴各
地的耶稣会士传播到世界的各个角落。
1569 年，经教皇庇护五世（Pope Pius V）
批准，德·保拉神父根据圣母大教堂的
圣母像制作了第一张复制品，此后数年
中，复制的图像越来越多。这些复制品
经由耶稣会成员的活动，在世界各地流
传，并被许多本土艺术家当作范本重新
复制 [（O'Malley, 2005）[25]，（Bailey,
2005a）[126]]。

据此看来，如果将《中国风圣母子》
的制作年代定位至晚明，那么则很有可
能是中国本土艺术家根据罗马的圣母子

图 8.4 罗马圣母大教堂《圣母子》
（O'Malley, 2005）[25]

图示加以复制的。而本土艺术家对外来艺术的复制过程，更大程度上是不同
语境下的艺术再创造过程。那么，下文中，笔者就通过对《中国风圣母子》
和圣母大教堂圣母像的比较，试图探究在文化传播和语境转换的过程中所发
生的这一"本土化"转译。

8.3.1 从拜占庭风格到中国圣母像

首先，在《中国风圣母子》中，欧洲人面孔的圣母和圣子都被描绘成了
亚洲人的面孔，小耶稣卷曲的头发变成了额前有额发的传统中国婴孩发式，
他手中的书也变成了中国传统的线装书。学者们还注意到，这些中国特色主
要通过线描而非阴影表现出来。至于线描和阴影两种不同的画法，利玛窦曾
对此有所解释："中国画但画阳不画阴，故看之人面躯正平，无凹凸相。吾国
画兼阴与阳写之，故面有高下，而手臂皆轮圆耳。凡人之面正迎阳，则皆明

而白；若侧立则向明一边者白，其不向明一边者，眼耳鼻口凹处皆有暗向"。利玛窦又说，"吾国之写像者解此法用之，故能使画像与生人亡异也"（顾起元，1995）[192]，看来颇有以西画为荣且孜孜不倦地像中国人介绍的热情。通过以中国本土的道家"阴/阳"理论解释西方艺术，利玛窦找到了一种更容易让中国人接受的传播西方文化的方式。在许多西方学者看来，《中国风圣母子》与西方绘画相比，显然更倚重中国传统的线描，然而，如果将《中国风圣母子》与之前的中国肖像加以比较，我们会发现，这幅画其实已经在很大程度上融入了新式技法，比如对衣纹的处理，以及面部的阴影造型。学界普遍认同的是，西方绘画技法至迟在晚明时期已经在中国肖像画中体现出来。那么，从利玛窦用"阴/阳"理论解释西方画法这一策略，从1629年毕方济出版《画答》一书[9]，从艾儒略不厌其烦地向中国人展示、并逐个解释绘有丰富人物和风景的西洋"寓言画"等事例都可以看到：传教士在将西画引入中国的过程中，常常扮演着阐释者和讲解员的身份，在对西方视觉文化的"本土化"译介中，曾发挥了不小的中介作用。

另一方面，罗马的半身圣母子肖像在《中国风圣母子》中变成了全身像，因此"尽管上半部分的衣纹精确地按照其范本加以描摹，下半身的衣纹则由典型的中国画法一扫而过"（Bailey, 2005a）[339]。的确，与欧洲肖像画相比，中国传统肖像画多为全身像和正面像（图8.5）。直到20世纪初，对于半身像的禁忌仍然在一些地区存在着。鲁迅在1924年的《论照相之类》中写道，"只是半身像是大抵避忌的，因为像腰斩。自然，清朝是已经废去腰斩的了，但我们还能在戏文上看见包爷爷的铡包勉，一刀两段，何等可怕……所以他们所照的多是全身"（1973）[152]。除了这些视觉上的禁忌，实际上，中国人的肖像，尤其是正式的肖像，多是对死者的描绘，其目的是供生者祭奠。这些肖像被供奉在祠堂之中，重要的不是画像的像与不像：对这些肖像的供奉和祭拜，往往是承袭宗族和财产的一种象征（Vinograd, 1992）[5-9]。有时，对前人肖像的所有权甚至关系到统治权力的合法化[10]。而在中国的宗教肖像中，全身像也更为常见。

---

9 《画答》被称为"利玛窦以后讲西画道理的第一篇专论"（戎克，1959）[49]。
10 比如，对前朝帝王像的占有往往是对本朝统治权力合法化的象征（Jing, 1994）[53]。

图 8.5 耶稣会士基歇尔 1667 年著作中的徐光启与利玛窦像，其中背景圣母子像为半身像（左）；清末民初上海徐家汇天主堂住院内的巨幅油画《徐光启与利玛窦谈道图》，其中背景圣母子像为全身像（右）[（Kircher,1987）[105]，（李超，2004）[35]]

数个世纪以来，装裱在画框中的拜占庭风圣母子像在罗马圣母大教堂宏伟的祭坛上供人膜拜，而画在丝绢上的《中国风圣母子》究竟是否是宗教肖像、是否用作宗教用途仍是未解之谜。即便《中国风圣母子》是被中国人用作宗教膜拜的"圣像"，其供奉于罗马圣母大教堂原图的语境也已发生了中国式变化，比如，龙华民就在韶州的一个村子里"吃惊地"看到，"圣母子"的画像与其他 50 多个异教偶像一起被中国人供奉膜拜（利玛窦 等，2010）[503]。传教士将中国人的多神崇拜认为是对"圣像"独一无二性性的亵渎，而中国人却不以为然。除这样"中国式"的宗教用途外，也不能排除这幅画用作其他功能的可能性，比如，这幅画可能仅仅是中国艺术家对新奇的外来艺术品的复制，用于艺术技法的探讨和欣赏，可能并非出于宗教意图。也有可能，在复制原画的过程中，《中国风圣母子》失去了其原有的宗教语境，而转换成了一幅流通在市场上的商品画。那么，接下来的问题是，这种可能发生的语境转换说明了什么？原因是什么？在转换的过程中保留了什么、改变了什么？

在《中国风圣母子》中，拜占庭圣母像的头光被保留下来，而小耶稣的头光被移除了。与圣母同为神祇的耶稣在中国语境中被彻底转换成了一个梳着中国发髻的孩童，而圣母的"神性"则通过头光得以保留和强化。此外，拜占庭圣母的黑袍在《中国风圣母子》中变成了一袭白袍，在《诵念珠规程》、《出像经解》和《进呈书像》中，也有对"白袍"圣母的刻意凸显，而在中国民间语境中，"白袍"这一图像符号与"白衣观音"紧密联系在一起。"白衣观音"图像在中国最早出现于 10 世纪，到晚明时期，已经成为中国传统木刻、牙雕、瓷塑等工艺美术的经典题材之一。在明代以前，白衣观音作为一个女性神祇出现，并没有怀抱婴儿，直到明代以后，"送子观音"的图像才在白衣观音的基础上发展而来，有学者认为这一变化与圣母子形象在中国的影响和变形有关，也就是说，是欧洲基督教的入华促成了"送子观音"图像的出现（Yu, 2001）[258]。另一方面，当圣母的头光与白袍赋予其在中国语境中更高的神性时，小耶稣的图像在中国的境遇则与之形成了鲜明的对比，甚至有时裸体的圣子雕像被中国工匠仿制成了女性裸体的"春宫图"，这些都是西方的圣母子图像在中国文化语境中经历的"去语境化"转译。

　　无论《中国风圣母子》是否用作宗教用途，一个确定的事实是，这幅画并不是一幅正式的中国人物肖像画。在中国传统中，脚被看作是私人身体的一部分而禁止公开展示，因此描绘妇女的足部在正式的肖像画中是绝对禁止的。只有在春宫画中，才会出现对足部的描绘，但是，同样不允许出现裸露在外的赤足，有学者认为这与中国人对脚和身体的观念有关：脚长期以来被视为挑逗男性的性符号，而它的诱惑之处恰恰在于它的遮掩和隐藏（Ko, 2005）[260]。而在对女性神祇观音的图像描绘中，赤足往往被一览无余的表现出来。从这个角度来说，即便《中国风圣母子》并非用作宗教膜拜，画家在绘制过程中也必然参考了观音图像，而着意将圣母描绘成一个具有神性的宗教人物。

　　利玛窦笔下的一个小故事或许能更好地帮我们理解中国人复制圣母像的原因和方法。1600 年，在利玛窦经由京杭大运河北上北京的途中，山东济宁漕运总督刘心同家中停留，期间，他向刘心同展示了随身携带的圣母子画像。这位官员回家后，兴致勃勃地向他的妻子描述了这幅画像，是夜，这位官员的妻子居然梦到了圣母玛利亚。她相信这个梦必有深意，于是想找当地画师从利玛窦那里复制一幅圣母子画像。但利玛窦认为当地画师不可能精确复制圣像，最后，利玛窦让他的随从（即中国基督徒画师游文辉）绘制了一幅复制作品，赠予这位官员的妻子[（利玛窦，1986a）[333]，（利玛窦 等，2010）[387]，（苏立文，1998）[44]]。

在这个故事中，我们看到了中国妇人和西方传教士对于画师的不同选择：利玛窦担心中国画师的画技不足以完成精确的复制，而中国妇人并不认为这是个问题。利玛窦对于中国工匠的态度也体现在他给欧洲朋友的信中。利玛窦认为，中国工匠在复制欧洲基督教图像的过程中缺乏诸如比例和阴影等绘画的"基本"技法和常识（利玛窦，1986a）[18]。然而，对那位中国妇人而言，中国画师和欧洲画师的区别从未与绘画"基本"常识的有无联系在一起。

可以说，对中国人而言，利玛窦所说的"常识"并不是绘画的必须，相反，这只是一种视觉选择，或者视觉文化习惯。虽然深受中国文化吸引、对中国人也抱着友好交往的态度，利玛窦对中国艺术的解释基本还是基于欧洲绘画标准和以欧洲为中心的思考方式，这在当时的欧洲人中是十分普遍的。而对中国人来说，也许，"形似"的重要性还是落于"神似"之后，这一主导着文人士大夫的审美标准可以一直追溯到 4 世纪顾恺之的"传神"说。那么，东西方两套标准在利玛窦记述的故事中产生了碰撞：对欧洲人来说，中国艺术的问题在于缺乏基本的再现技巧；而对于传统中国人来说，他们可能并没意识到外形的再现有多么重要，对他们而言，也许更重要、更高超的是表现内在的"神"和"气"。

8.3.2 市场上的圣母像和送子观音

利玛窦适应政策的成果之一，就是圣母图像普遍受到了中国士人官员和宫廷贵族的喜爱。正如上文所说，鉴于中国人对耶稣受难像的禁忌，用美丽的圣母像替代苦难的耶稣像在公共场所展出，应当是耶稣会传教初期的一个策略。然而，问题的讨论不应仅限于贵族和上层人士，事实上，正如美国学者柯娇燕（Crossley, 1990）[3-4] 指出的，尤其是在市民文化和商业教育兴起之后的近代中国，社会下层和底层百姓也参与、甚至改变着西方文化的"中国化"进程，其中对于市场和商业生产的研究都为我们更好地理解所谓"中国化"提供了重要的节点。

就基督教图像而言，在晚明时期，圣母子图像通过在各种群体中以不同方式的流通，不再仅仅作为一种"中国化"的艺术品、或产品而存在，这些图像有时也成为东西方文化交流的媒介，活跃在日常的市民文化和商品经济中。其中最明显的一个事实就是，仅就宗教归化而言，对于不同阶层的接受群体，这些图像往往发挥着比文字说教更为有效的作用。在广东肇庆利玛窦创建的第一处传教驻地，当地普通民众就因为圣母像的栩栩如生而将之视为神灵，纷纷在圣母像前磕头祭拜。这些基督教图像也通过其他形式传布到中国各地，其中一个例子就是，一位肇庆官员曾索要一幅圣母像的复制品，将之寄给远在绍兴老家的父亲。图像的力量对文人士大夫阶层的影响也不容小觑，徐光启最初就是被一幅精美的镀金圣母子像吸引，最终走上了皈依之路。而对于普通信众来说，类似年画的木版印刷品更易获得，一些信众就纷纷在新年和其他宗教节日张贴圣母画像（Spence, 1986）[244]。

圣母像除了在宗教领域传播、起到宣教作用外，在出版业相当发达的晚明时期，宗教印刷品也在大众出版物中广泛传播。本书第四章中讨论的《程氏墨苑》中的四幅基督教图像，就不仅作为书籍流通，还随同墨一起在市场上出售，这无疑为这些基督教图像提供了更广泛的流通方式和更大的影响范围。这四幅基督教图像中，《圣母子像》印在最后一幅，有学者称其复制水平"令人惊讶的准确"（Standaert, 2001）[811]。然而，正如第四章中论及的，利玛窦有意无意的，容忍了中国工匠关于拉丁文的笔误，"万福玛利亚"变成了"富有吸引力的玛利亚"。这幅《圣母子》一而再地脱离了其最初的语境，进入中国的商业流通领域，圣母从圣洁的神坛上走下，变成了"富有吸引力的玛利亚"，被商人用于招徕顾客，以一种"意料之外"的方式，实践着基督教艺术对中国民间文化的影响。

除国内市场上出售的基督教图像外，为国外市场制作的基督教绘画、牙雕和瓷塑也在同一时期的福建大量生产出来。第二章提到，早在 1561 年底，耶稣会成员路易斯·弗洛伊斯就收到了一个葡萄牙贵族关于中国工匠制作基督教绘画的报告，报告中尤其提到了一幅"极其精美"的条幅，上面绘有圣母子坐在地球上，头上有云朵笼罩，其绘画风格是正在西班牙和葡萄牙流行的弗兰德斯的文艺复兴样式。这份报告将中国手工艺人描述为"从不放弃任何获利机会，获利是他们最根本的、唯一的目的"（Bailey, 2003）[395]。贝利称，这些"中国制造"的基督教绘画有一个"专门的、高度专业化的目标群体和清晰的目标市场：这就是，耶稣会学校或耶稣会支持的团体"（Bailey, 2003）[395]。报告中所说的基督教图像的中国制作者，主要指生活在马尼拉和明朝疆域之外的中国手工艺者，在 1590 年的一封信中，菲律宾多名我会主教就称赞马尼拉华人制作的基督教绘画"精确"、"完美"、且价格低廉。即使如今我们不能目睹这些基督教绘画的真面目，我们仍可以从大量出口牙雕中窥见一斑。

16 世纪晚期开始，牙雕生产在福建省发展起来，尤其是在福建西部沿海的漳州。福建政府在漳州设置了外贸管理机构，一方面起到了限制其他地区海上贸易的作用，另一方面也保障了漳州外贸通商的合法性。从漳州到当时的西属马尼拉只需八天航程，交通十分便捷。作为当时中国对外的贸易中心，漳州在 16 世纪中国的商贸地位大致可相当于 20 世纪的香港[（Jose, 1990）[12]，（Watson,1984）[35]]。福建牙雕的影响深远，在明清时期，被称作"福建风格"的牙雕产业随后分别以广东、北京、上海、厦门等地为中心广泛建立起来[11]（Watson,1984）[77]。"圣母像"是这些"福建风格"牙雕作品的常见题材。学者吉尔曼（Derek Gillman）认为，这些牙雕作品带有很强的线描感，其原因大概是受到了木版画的影响（Watson,1984）[35]。可见，虽然鉴于对海外目标客户群体的定位，大部分出口牙雕都明显以西方传教士带来的图像为范本，但本土木刻版画的传统仍深深影响着这些作品。于是，在外国人看来，这些"中国制造"的牙雕作品具有很强的中国特色，而在中国人看来，这些牙雕又为迎合外国人的口味而"洋气"十足（图 8.6）。

图 8.6　晚明圣母子牙雕（左）和送子观音牙雕（右）
[（Watson,1984），（关氏，1990）[178]]

---

11 虽然广东也有可能是中国第一个牙雕出口中心（客户群是澳门的葡萄牙人），但对此并无记录。

在这些"亦中亦洋"的牙雕作品中，"圣母子像"和"送子观音像"是比较常见的题材，二者的图像也往往十分相似。葡籍多明我会会士克路士在1556年冬天曾游历到中国南部，他怀疑中国的送子观音像实乃基督教的圣母子像，由传说中向东方传教的圣多马（St. Thomas）及古基督徒所制，因而猜测中国古代可能有基督教存在[（Watson,1984）[41]，（博克塞，1990）[150]]。许多学者同意这一观点，即中国的送子观音信仰实际上受到了基督教的影响（Watson,1984）[41]，其中一个理由就是：观音怀抱婴儿的图像，直到明朝才开始出现，而大量关于观音送子神迹的经文也都出现在晚明以后（Yu, 1996）[81]。

自六朝以来，观音菩萨这一神祇就随印度佛教传入中国，观音信仰逐渐在中国流行开来。但观音早期图像均被描绘为男性形象，直到宋朝以后，男性观音才逐渐被女性观音图像所取代。观音信仰研究专家于淳芳提出"为什么观音菩萨只有在中国才经历了性别转换"，并给出她的回答："这是一个永远得不到满意答案的问题。但是，在我看来，我们至少需要考虑两个因素。第一个因素与中国文化和宗教有关。第二个因素与观音的'历史'在佛教典籍中的匮乏相关。也许正因为缺乏一个完整的观音神话，使得在中国创造出新的神话成为可能。这些关于观音的神话，正是根据中国人关于神祇的理解创造出来的，因此能够满足中国人对宗教的需求"（Yu, 2001）[15]。而学者帕尔默则认为，观音形象在华女性化的现象应当与基督教传入中国有关："在观音菩萨的性别发生变化的时期，除了基督教的圣母，并没有其他女性神祇（尤其是抱着孩子的女神）曾出现在中国。这就足以说明，在将男性观音变成一个慈悲的、仁爱的、美丽的女神这一创举中，基督教入华所带去的圣母像，与佛教神学的贡献不相上下"（Palmer, 2001）[244]。虽然帕尔默的论点并没有考虑中国传统中实际存在的其他女神（比如，早在两汉时期就已流行于民间的西王母），但她的确向我们提供了这样一种可能：毕竟，在845年的宗教迫害运动中，中国早期基督教很可能并没有被根除，而对圣母的崇拜可能以对佛教神祇的崇拜秘密流传下来，进而与中国文化相结合，促成了男性观音向女神形象的最终转变。这一观点也得到其他一些学者的支持，比如，苏帕(Soper, 1959)[159]以"观世音"一词最早被写作"光世音"为例指出，在早期入华的基督教典籍中，"光"这一符号与上帝紧密联系在一起，早期观音信仰的形成应当受到了传入中国的早期基督教（景教）影响。

　　如果这些早期基督教的影响成立的话，那么，就有可能颠覆我们对送子观音和圣母子牙雕作品制作年代的判定。毕竟，在 16 世纪欧洲传教士入华之前，福建就存在着一个雕刻偶像的传统（Watson,1984）[46]，然而，至今却鲜有断代为宋元时期的牙雕作品流传下来，有学者认为，这是十分不正常的现象（Arnold,1954）[151]。毕竟，碳十四检测技术只能断定象牙的年代，而对牙雕作品的断代，并没有准确的科学依据。因此，一些学者认为所谓明代在托钵修会和耶稣会影响下的基督教题材牙雕，实际上应当早在这些传教士 16 世纪入华之前就已经被生产出来，很有可能是在元代方济各会的影响下生产的[12]（Arnold,1954）[151]。如果事实如此，那么，基督教和西方文化对中国的影响从 14 世纪以后从未间断过。而 16 世纪入华的欧洲传教士起到了一个催化剂的作用，是他们重新激活了这些已经埋藏在中国本土文化（比如观音信仰）中、已被中国人视为己出的外来因素。于是，当东方和西方相遇，有趣的事情发生了：当 16 世纪的欧洲传教士看到中国本土的送子观音时，他们欣喜地将其理解为早期基督教遗留在中国的圣像；而当中国人看到欧洲人带来的圣母子图像时，他们乐于相信，本土的送子观音也广受欧洲人的尊崇。正是在这样双重误解的背景下，圣母子和送子观音的牙雕被大量生产出来：用流苏取代十字架、去掉婴儿手中的鸽子、增加高领或佛教的拱形披巾，圣母的形象就被巧妙地变成了送子观音（Watson,1984）[41]。

　　学者吉尔曼认为，这些福建牙雕在中国南部十分流行的一个可能原因就是"它们的新奇性和外来性"，这与 18 世纪欧洲流行"中国风"的原因相通："中国塑像因其异域魅力而价值倍增，对它们的拥有也是财富的象征"（Watson,1984）[41]。然而，正如在圣母子和送子观音像的例子中可以看到的，这些"新奇性和外来性"受到了中国人有意或无意地拣选，并非完完全全的"外来"。换句话说，对于这些"新奇性和外来性"的接受，或多或少地建基在熟悉性之上。以圣母子和送子观音像的互相转化为例，大部分中国人难以完全接受将一个外来神祇作为他们的保护神或祈福对象，更不会全然摒弃他们的传统思维方式、毅然决然地放弃原有的生活方式。中国思维始终内在主宰着中国人对外来文化的接受，在将圣母子图像的某些元素用于送子观音图

---

12 但是，根据当地县志记载，在 16 世纪晚期之前，漳州并不出产牙雕，因此，至少漳州基督教题材的牙雕生产，应当是受到 16 世纪晚期传教士入华的影响而发展起来的（Watson,1984）[39]。

像的过程中，西方文化最初只是作为加之于本土信仰之上的外来图像装饰。随着外来视觉符号的逐渐内化，它们也成为被建构起来的"中国化"的一部分，而失去了原有的"新奇性和外来性"，继而，越来越多的外来文化在这样往复的过程中，不断以融入和内化的方式参与了"中国化"的建构。正是在这样一个过程中，"中国化"的边界得以不断丰富和扩张。

8.4 小结：圣母形象的"本土化"与中西文化交融的一种可能

通过对唐、元以及明清之际流传至今的各种媒材圣母子图像的考察，笔者期冀可以重现基督教艺术在中国被忽视的历史、及其在中国社会的特殊存在方式。比如，基督教图像作为宗教符号，出现在扬州出土的意大利人墓碑上，而这种宗教符号又融合了某些佛教元素和中国本土图像元素。以送子观音图像为例，可以看到，基督教图像以一种特殊的内化方式影响着、改变着、参与着中国传统文化的进程。

正如本章中的大胆猜想，如果我们将菲尔德博物馆藏《中国风圣母子》定为明朝中期唐寅或其同时代人所作，而将基督教图像牙雕的断代也提前到明代中期（甚至更早），那么，普遍认为的基督教艺术传入中国的历史以及东西文化交流史将被大大提前。而从上文可以看到，这样的提前并非没有可能，原因之一就是，目前关于中国基督教图像断代的一个主要依据就是对基督教入华史的分期，然而，如果这个分期存在问题，那么，一部分基督教图像实物，尤其是难以用科学手段精确断代的绘画、牙雕等作品，其断代的依据本身就成了问题。

另外，基督教图像从西方语境中脱离而转译入中国语境，发生了各种值得深入探究的变化，以圣母从传入中国之初的译名"末艳"为例，圣洁的玛利亚，在中国则与佛教之观音造像及仕女画的观看经验联系起来，尤其是在民间木刻版画和商业广告中（如墨苑），圣母像成为招徕顾客的手段之一。而基督教图像在进入中国后，经由中国人的复制，保留了什么、改变了什么，这些都为解读当时中西方的文化认同提供了切入点，比如西方比较普遍的半身像经由中国画师的复制后，变成了中国传统的全身正面像，对西方绘画基本要求的"再现"也变得没那么重要，而这又造成了中国人和西方人对同一件作品、同一种绘画方式的不同理解（比如利玛窦就认为中国绘画的问题在于缺乏"基本技巧"）。但是，这些理解又并非固定不变，在东西方交流的过程中，双方都在发生着或大或小、或多或少的变化，其中往往有许多微妙的变化是以往被我们忽视、却又蕴含深意的。

最后，基督教图像不仅经由不同的存在方式参与到"本土化"的建构过程中，还通过作用于不同接受群体，比如基督教皈依者、皇家贵族、文人士大夫、商人、本土艺术家等等，在不同的群体中产生着不同的理解方式，其影响也是千姿百态、不可一以概之。可以说，这些基督教图像在中国不同群体中有着不同的存在方式，它们曾在"本土化"建构的进程中产生了影响，无论是对中外文化交流史的研究，还是对中国本土信仰及艺术宗教学的研究，都不应被忽视。

第9章 结 语

9.1 中国基督教图像"本土化"进程及其影响

通过上文的个案分析，可以看到，在中华帝国晚期的历史进程中，来自欧洲的基督教文化并未完全遭到排异，而是部分融入中国文化之中，产生了微妙的中国式变化。对于"身份"（identity）问题的研究，在当代学界已成显学，但是，当我们使用"中国文化"或"中华民族"这样的概念来定义我们的"身份"时，豪迈的民族自尊心和自豪感固然可嘉，同时，必须承认，其中外来文明的影响也是这一"身份"建构的重要组成部分。这些外来文明，往往是推动"中华文明"和"中华民族"不断繁衍至生生不息的一大动力。

反观中国历史上出现的基督教图像，其中具有浓重"本土化"的基督教艺术形态早已长久地存在，一个比较早的例子就是 8 世纪的中国式建筑"大秦寺"（图9.1），而明中期以来"送子观音像"的大量涌现可能就受到了西方传入"圣母子"形象的影响。进入 18 世纪以后，当 16、17 世纪轰轰烈烈展开的基督教入华第三次高潮接近尾声时，虽然臭名昭著的"礼仪之争"最终升温至中国官方对基督教传播的全盘禁止，但是，在此后几个世纪的中国近现代历史进程中，基督教文化艺术仍然在中国的视觉文化发展史上产生着不容忽视的影响。

图 9.1　西安周至县唐代大秦寺（Palmer，2001）

　　比如，18 世纪初，耶稣会画师郎世宁与朝臣年希尧共同翻译出版了我国第一部介绍"透视学"的中文专著[1]，短时间内的再版，一定程度上反映出这本插图书受欢迎的程度。在再版序言中，年希尧再三赞叹西洋画法之"精妙"，称其出版目的为，"精思以殚其蕴，而质诸高明君子，藉所裨益"。那么，在

1　此书为当时在欧洲新近出版的《绘画和建筑的远近法（Perspectiva Pictorum et Architeretorum）》（1672-1702 年），由传教士带入，原作者为意大利著名建筑师安德鲁·波佐（Andre Pozzo）。其中文首版名为《视学精蕴》（1729 年），翻印了波佐书中的 30 余幅插图，再版改名《视学》（1735 年），其中增加了年希尧亲自绘制的 59 幅图，此外，还收录有其他 95 幅图形，可能是郎世宁及其学生绘制，也可能来自其他西文插图书（韩琦，1993）[709]。

年希尧看来，不仅"透视法"本身是中土所不及的一种"精妙"技法，愿意接受和学习"透视法"的人也是"高明"的有识之士。更值得注意的是，《视学》书中一插图以年画画法为例（李晓丹等，2006）[29]，可见此书的目标读者应不乏民间手工艺者。这与 18 世纪中期，江南地区"突然产生一种'全面地接受西洋技巧'的'姑苏版'"（莫小也，2002）[263]（图 9.2）、"仿泰西"画法的年画在苏州桃花坞大量印制并在江南集市商铺里出售的现象不无关系[2]。可以说，18 世纪"透视学"及"仿泰西"画法的流行，绝非"突然"事件，16、17 世纪传教士所携西洋图像及其在中国的"转译"与传播，实为其最直接的基础与铺垫。

从年希尧等达官显贵对透视法的好学不倦，到民间对西方新的视觉形式的需求，可以看到，到 18 世纪中期，经由一个多世纪以来，传教士从各个方面对西洋文化和视觉方式的引介，上到高官

图 9.2　姑苏阊门图（莫小也，2002）[273]

下到百姓，对西方绘画技法和新的观看方式已经逐渐开始接受了。而在中国最上层的宫廷审美中，最明显的例证就是乾隆时期盛行的西洋建筑以及对异国风味的追求，这与 16 世纪末、17 世纪初万历皇帝对西方视觉方式的拒绝构成了鲜明的对比[3][（利玛窦，1986a）[348]，（利玛窦 等，2010）[406]]。此后，一直到 20 世纪初基督教在中国的"本地化"思潮中，基督教图像及其西方视觉方式都或隐或现地影响着从上层社会到底层民众的中国文化建构的方方面面。

---

2 这些"姑苏版"年画不仅完全用西方的"焦点透视法"取代了中国传统的"散点透视法"，在对景物的描摹中注重明暗光影的变化，还常常在画中特别题上"仿泰西"之辞（莫小也，2002）[262-292]。

3 详见本书第三章关于"利玛窦和庞迪我进呈万历皇帝的图像"一节（3.5）。

9.2 基督教图像跨"语境"的"转译"模式

就 16、17 世纪中国基督教图像实物而言，其目前可见遗存主要是由耶稣会成员在华制作并进行传播的。在前文对欧洲耶稣会及其图像使用的论述中（详见 2.3.2 和 2.4.1），笔者论及耶稣会自其创立之初就有使用图像进行传教的理论架构和实践传统，总的来说：在理论架构方面，其创始人圣伊纳爵·罗耀拉在耶稣会成员必读手册《神操》（Spiritual Exercises）中，着重强调了中世纪"默想"圣经故事和场景的宗教习得方式，而在 16、17 世纪的西方文化传统中，"图像与想象"之间存在着受到普遍认同的密切联系，这就促使耶稣会成员在《神操》的指导下，注重实用圣像和宗教故事"图像"辅助宗教"默想"的顺利进行；在实践传统中，进入中国大陆之前，自 16 世纪中期的印度、日本之行以来，耶稣会成员就不仅多有随身携带圣像和插图书籍的记录，还曾在印度和日本设立可印制图片的出版社、及专门培养艺术人才的"画院"，且其中不乏中国华侨信徒的身影。

在教廷为推动"反宗教改革运动"而加大力度的赞助下，耶稣会艺术风格可谓引领了 16、17 世纪欧洲艺术和建筑风格的变化，即从晚期文艺复兴样式主义到巴洛克艺术风格。尤其是其成员艺术家自 16 世纪后期开始倡导的"巴洛克艺术"风格（1568 年始设计的"罗马耶稣会教堂"即为"第一座巴洛克建筑"），逐渐成为 16 世纪末至 17 世纪欧洲艺术的主流，以至于"耶稣会风格"往往被等同于"巴洛克风格"，因此，可以笼统的说，此一崇尚华贵富丽、充满律动的风格即为耶稣会艺术在欧洲艺术风格的主要表现。

除了在欧洲本土进行艺术创作外，作为欧洲"反宗教改革运动"的一个重要组成部分，耶稣会成员还肩负着大规模向海外传教、为天主教争取更多领土以对抗新教和伊斯兰教的使命。因此，随着海外殖民扩张和传教活动，耶稣会主导的"巴洛克艺术"也随之传至其行迹所到之处，使"巴洛克艺术"成为人类历史上"首个"真正遍布全球的艺术风格。但是，前文提到，耶稣会士在进入中国大陆传教以来，与托钵修会相比，更加注重"本土化"的传教方式，这也体现在其对图像的使用和"中国式"的再创造上。

与同一时期欧洲本土的耶稣会艺术风格相比，其传入中国、在中国经历"转译"和"再造"的艺术风格，一方面保留了文艺复兴以来欧洲的某些绘画技法和读图习惯（比如透视法和阴影画法的运用、《出像经解》对原作叙事性读图方式的保留等）；另一方面，更重要的是，在跨语境的"转译"和"再造"中，当欧洲本土新近生发的主流艺术风格，进入具有深厚艺术语言底蕴和视觉文化传统的古老中国时，受到种种因素的影响（比如中西方不同的绘画技法和读图习惯的因素、中西方对宗教不同理解的因素、教派利益纷争的因素、中国统治阶级内部权力斗争的因素等），使 16、17 世纪在中国制作和传播的基督教图像产生了与同一时期欧洲本土基督教艺术十分不同的特征，而正是对这些复杂因素和不同图像特征及其"转译"模式的分析，构成了本书以个案研究的形式展开的写作主体。

欧洲本土基督教艺术在中国发生的具体变化及其保留的特征，已在第 4-8 章的个案研究中分别进行了具体描述，在此不再赘述。在此基础上，笔者将其变化的几种"模式"提炼归纳如下：总的来说，笔者认为，纵观 16、17 世纪基督教图像在中国"本土化"的传播，其参与中国文化的进程至少应分成四种"转译"模式：

首先，通过西洋传教士、中国艺术家和手工艺者对图像的选择和"转译"，西洋题材的图像虽在一定程度上得到了"本土化"再造，但仍然保有一望即知的异域色彩。这样的"转译"有可能是传教策略的需要，有可能是出于应对特殊传教环境和平衡冲突的考虑，也有可能是中国工匠在对原图像复制过程中忠于原作的"西化"痕迹，而在商业领域则更多是迎合大众的"尚奇"需求、保持商业竞争力的自发选择（比如伪造罗马字）。

其次，西洋图像在跨越大半个地球终于进入中国之后，基督教图像本身失去了神圣的宗教土壤，其展示和传播"语境"都发生了变化。通过随意而日常的观看行为，在普通中国人的不同理解中，生成了独特的中国意象，比如，在中国传统节日里将基督教圣像用作"门神"、或与其他佛道众神一并供养，甚至将"圣洁的玛利亚"当成"美人图"把玩、将裸体的耶稣基督小塑像用作"春宫图"的模特。于是，经过与"神圣的观看"大相径庭的"日常观看"过程的"洗礼"，基督教图像再一次被"本土化"了。

再次，基督教图像中的某些因素，在与中国文化的融合中，逐渐内化为中国文化的一部分，甚至不为中国人所察觉。比如，晚明刻本《观音菩萨慈容五十三现》中，就赫然收录了身着洋装的耶稣像（图 9.3），作为观音慈容的一种显现（张总，2002）[49]；主要描写道教神仙的通俗出版物《历代神仙通鉴》中，也出现了圣母和耶稣的形象（图 2.11），不仅耶稣成了"孝道"的典范，圣母也被安排和道教神仙展开了对话；还有学者认为，明清以来始在中国流行的"送子观音菩萨"图像实际上直接受到了"圣母子"图像的影响[（Palmer, 2001）[244]，（Yu, 1996）[81]，（Soper, 1959）[159]]。这些，都是明清之际基督教图像逐渐内化为中国文化的实例。

图 9.3　晚明《观音菩萨慈容五十三现》着洋装耶稣像（张总，2002）[49]

除这三种渐进的"转译"模式（或称基督教图像在中国"本土化"的三个阶段）外，还需要注意基督教图像在反教出版物中的存在，它们构成了中国人对基督教文化艺术认识和理解的另一种特殊"模式"。以汤若望进呈的德国皇室礼物为例，其从最高规格、备受欧洲各国重视的官方礼物，沦为中国反教人士之口实，甚至在此后数个世纪的再版中，愈演愈烈地丑化着基督教文化与西方文明。这种对基督教图像的"转译"模式，在事实上强化了中西方文化间的误解。反教人士杨光先的名言"宁可使中夏无好历法，不可使中夏有西洋人"（1995）[1249]，也为后世保守派奉为圭臬，以此作为"闭关锁国"的借口之一，终至中国近代落后百年之屈辱。

9.3　对中国基督教图像"本土化"及其"失败"的思考

在谈到中国的宗教问题时，儒释道三家往往被作为"本土"思想加以优先考虑。事实上，基督教在不晚于 7 世纪前半叶已传入中国，这比佛教传入中国的时间大约晚了 7 个世纪。然而，直到今天，整整 14 个世纪过去了，大部分中国人还是习焉不察地将基督教视为外国人的宗教，与之形成鲜明对比的是，同为外来宗教的佛教被认为是深深影响并扎根于中国文化中的、本土传统的一部分。今天，大部分中国教堂都将受难基督、圣母玛利亚及使徒的形象描绘成西方面孔、忠实地保留着西方基督教图像形态，这更加深了人们对基督教作为外来宗教的认知，从这个层面上看，基督教在中国的"本土化"尝试并未取得成功。

笔者认为，同佛教与中国文化的融合相比，基督教图像"本土化"尝试的"失败"有其更为深刻的内在原因。从明清之际基督教文化与图像传入中国的历史进程来看，中国人对西洋艺术与文明的接受，虽则与一部分传教士高尚的道德、人格感化密不可分，却始终未能习得其精神中的核心部分，即意大利学者柯毅霖所谓"基督论"的缺失。作为"基督论"的核心问题，"耶稣受难"这一奥义难以为明清之际的中国人所接受，不仅引发了托钵修会对耶稣会的指责和"礼仪之争"的开始，甚至屡次成为反教人士控诉传教士以"反贼"为"主"则必藏"谋反"之心的罪证。这样的"误解"实际上反应了中西方文化语境的差异：中国人难以理解西方基督教文化中的"苦难"精神。尤其是在表现耶稣之"人性"的图像上，虽然在《诵念珠规程》中曾有过中国式诠释"苦难"的良好开端（图 5.14），但是，在《出像经解》、《进呈书像》等更多的插图出版物中，图像中对"苦难"的表现实际上已经在中国画师笔下大大弱化了。以顺治帝虽亲近传教士，却终向佛为例，陈垣先生就言及其中基督教的"苦难"精神实难为中国人接受。这不能不说是中西方文化及文明进程差异的一个显例。而在当今面临愈加多元的本土化和全球化碰撞的世界，如何"求同存异"，而不是简单的，甚至强权迫使一种文明放弃本土差异而全盘接受另一种文明，应当是我们在中国基督教图像"本土化"得失探寻过程中的题中之义。

9.4 "全球化"与"共赢"的可能性

经历百年"落后挨打"之历史屈辱，我们可能已记不起 16、17 世纪，当欧洲近代史伴随着大航海时代的到来徐徐展开序幕之时，亚洲文明已经发展到相当高的程度，中国无论从城市规模、文化教育水平、经济发展程度还是政治体制的完善程度上，或许都比欧洲任何国家更胜一筹。16 世纪的多明我会修士克路士交口称赞"中国的船要高级许多"（博克塞，1990）[82]，葡萄牙人伯来拉也赞叹道，"中国的大省可和强国匹敌……是世界上治理的最好的一个国家"（博克塞，1990）[2]。在 17 世纪的中国海域上，活跃着来自东亚、东南亚以及欧洲的商船。这些贸易曾以中国为中心展开，中国的丝绸是外国商船最重要的目标，但这些贸易并非是其他国家一厢情愿的结果。有数据表明，中国不仅进口外国奢侈品，对外国一般消费品、药品、家畜、贵金属材料等也有着强大的需求[（Deng, 1997）[272-273 table 10]，（Klein, 1989）[73-82]]。可见，17 世纪的中国并不是一个孤立的国家，而是"全球化"体系的一个重要组成部分，有学者认为，国际贸易（尤其是白银进口）的波动甚至对明王朝的灭亡产生了重要影响[（Klein, 1989）[75]，（Atwell, 1982）[68-90]]。

16 世纪末畅销欧洲的《中华帝国志》将中国描述成高度发达的东方强国，继中世纪的《马可·波罗行纪》后，这本书"可以说在欧洲形成一个对马可波罗的契丹的新传说。欧洲知识界现在认为中国是一个值得称羡的国家，还有和平及自我克制，艺术和工业发展到不容置疑的高度，甚至欧洲引以为傲的印刷术，被发现在中国早已有之。只有在最重要的基督教方面，中国没有达到西方最高成就，但是上帝将肯定在适当时候弥补这个缺点"（博克塞，1990）[61]。而在无限憧憬东方的传教士看来，这个"适当的时候"、这个"弥补"东方之宗教"缺点"的时候，显然已经到了。16、17 世纪，迎来了基督教入华的第三次高潮，同时，中华文明也随着传教士及其书信传到了欧洲，有学者认为，中华文明对欧洲启蒙运动产生了影响，法国学者赫德逊称，"在 19 世纪以前，亚洲对欧洲的影响要比欧洲对亚洲的影响深刻得多"（1995）[17]。这并不是说中华文明博大精深、应有尽有且泽被全球而可以沾沾自喜，相反，应该反思和学习的，也许正是彼时欧洲人向中华文明学习的态度，其包容外来文明的胸襟及将异质文明内化吸收、同时又保有本土特色的方式方法。

时至今日，当新一轮"全球化"迎面而来之时，如何在"全球化"的语境下保持本土文化、艺术的发展，并持续为之注入新的活力，是我们正面临的问题。以史为镜，可以看到，16、17 世纪中华文明的灿烂辉煌绝非单一民族、种族、文化单向发展的结果，其中丰富多彩的"异域"文化跨语境"转译"与"本土化"的内化，为中华文明注入了新鲜生命力和多重可能性，而中华文明也为世界文明的繁荣做出了贡献：传教士的入华给中国人带来了新的天文地理和军事知识，使中国人看到了新式的建筑绘画和书籍；中华文明又经由传教士及其书信著述传到欧洲，引发了 18 世纪欧洲的"中国热"。

与此同时，16、17 世纪中华文明的辉煌背后，也潜伏着问题和隐患，中国和欧洲的一切都在 16、17 世纪发生着变化，虽然其结果直到数个世纪后可能才显现出来。从 16 世纪中期到 18 世纪初，传教士以"文化适应"的"本土化"策略为开端，以"礼仪之争"中对"本土化"的全盘否定为结束，经过一个多世纪的努力，在"教权"与"皇权"相互不可妥协的情况下，中国的大门终于再次关闭。回顾基督教在中国传播的历史，"教案"与"禁教"往往发生在政权、或统治者更替之时，即当一个强有力的"护教"统治者或"向教"达官显贵在位时，虽微词不断，但基督教在当局庇护下仍能发展，然而这样的"发展"绝不是长足稳定的。当政权更迭，当"护教"、"向教"团体成员撒手人寰，基督教、或者说"西学"就可能成为某种利益或斗争的牺牲品，在中国的厄运一而再地上演着。基督教图像在中国的传播亦随这样的跌宕起伏，而经历着或广为传布、或禁绝焚毁的命运。

比"禁教"之于基督教及其图像在华传播的伤害更为严重的是，由此引发的"闭关锁国"带给中国社会经济发展和中华文明数百年的落后与屈辱，而其中，对异域图像的误读（有意或无意）所带来的影响也不容忽视。那么，在今日之"全球化"互动中，如何避免诸如"礼仪之争"之类造成人类历史上"两败俱伤"的交流和文化错位再次发生，如何以实现"共赢"为世界发展的最终目的，如何实现交流双方的"文化适应"、"本土化"和互相之间的理解和尊重，可能是对未来发展更为重要和实际的问题。尤其是进入"读图时代"以来，看似不受语言文字限制的"图像"，实际上，正在这一"全球化"的交流与理解中，不断实现着去语境化和语境重构的过程，往往发挥着十分重要、却常常被忽视的作用。

参考文献

1. 艾儒略. 口铎日抄// 郑安德. 明末清初耶稣会思想文献汇编(第一卷第九册), 北京大学宗教研究所, 2000: 379-659。

2. 艾儒略. 天主降生出像经解//钟鸣旦, 杜鼎克. 耶稣会罗马档案馆明清天主教文献. 台北利氏学社, 2002: 527-582。

3. 爱森斯坦. 作为变革动因的印刷机: 早期近代欧洲的传播与文化变革. 何道宽, 译. 北京大学出版社, 2010。

4. 艾田蒲. 中国之欧洲(上卷). 许钧, 钱林森, 译. 桂林: 广西师范大学出版社, 2008。

5. 白谦慎. 傅山的世界. 北京: 三联书店, 2006。

6. 毕尔麦尔. 中世纪教会史. 雷立柏, 译. 北京: 宗教文化出版社, 2010。

7. 毕方济. 画答//钟鸣旦, 等. 徐家汇藏书楼明清天主教文献. 台北.方济出版社, 1996: 423- 461。

8. 毕拱辰. 《泰西人身说概》序// 徐宗泽. 明清间耶稣会士译著提要. 上海书店出版社, 2010b: 231-232。

9. 伯格. 观看之道. 戴行钺, 译. 桂林: 广西师范大学出版社, 2007。

10. 博克塞. 明末清初华人出洋考. 中外关系史译丛(第一辑). 朱杰勤, 译. 北京: 海洋出版社, 1984: 91-109。

11. 博克塞. 佛郎机之东来. 中外关系史译丛(第四辑). 中外关系史学会, 复旦大学历史系.上海译文出版社, 1988: 290-322。

12. 博克塞. 十六世纪中国南部纪行. 何高济, 译. 北京: 中华书局, 1990。

13. 博克塞. 十六——十七世纪澳门的宗教和中转港之作用. 中外关系史译丛（第四辑）. 中外关系史学会，复旦大学历史系. 上海译文出版社，1991：81-103。

14. 柏朗嘉宾，鲁布鲁克. 柏朗嘉宾蒙古行纪、鲁布鲁克东游录. 耿昇，何高济，译. 北京：中华书局，1985。

15. 波罗. 马可·波罗行纪. 冯承钧，译. 上海书店出版社，2001。

16. 伯希和. 利玛窦时代传入中国的欧洲绘画与版刻. 李华川，译//董小明，宋源文：中国版画年鉴. 深圳：海天出版社，2002：144-148。

17. 陈垣. 陈垣学术论文集. 北京：中华书局，1980。

18. 程大约. 程氏墨苑. 北京：中国书店，1990。

19. 褚潇白. 圣像的修辞：耶稣基督形象在明清民间社会的变迁. 北京：中国社会科学出版社，2011。

20. 戴裔煊. 关于澳门历史上所谓赶走海盗问题. 澳门星光出版社，1987。

21. 道森. 出使蒙古记. 吕浦汉，译. 北京：中国社会科学出版社，1983。

22. 董丽慧. 对晚明牙雕断代的再认识——以圣母子和送子观音像为例. 装饰，2013，238（2）：80-81。

23. 德礼贤. 中国天主教传教史. 王云五. 上海：商务印书馆，1934。

24. 邓恩. 从利玛窦到汤若望.晚明的耶稣会传教士. 余三乐，石蓉 译. 上海古籍出版社，2003。

25. 杜赫德. 耶稣会士中国书简集（三卷）. 郑德弟，等译. 郑州：大象出版社，2001。

26. 鄂多立克，等. 海屯行记、鄂多立克东游录、沙哈鲁遣使中国记. 何高济，译. 北京：中华书局，1981。

27. 方豪，吴相湘. 天主教东传文献. 台北：台湾学生书局，1965。

28. 方豪，吴相湘. 天主教东传文献续编（三卷）. 台北：台湾学生书局，1966。

29. 方豪. 方豪六十自定稿. 台北：台湾学生书局，1969。

30. 方豪，吴相湘. 天主教东传文献三编（六卷）. 台北：台湾学生书局，1972。

31. 方豪. 中西交通史. 长沙：岳麓出版社，1987。

32. 方豪. 中国天主教史人物传. 北京：宗教文化出版社，2007。

33. 方闻. 董其昌和艺术的文艺复兴. 宋晓霞，译. 美术研究，1993（3）：21-28。

34. 方闻. 评高居翰《气势撼人：十七世纪中国绘画中的自然与风格》. 新美术，2008（3）：11-19。

35. 福柯. 知识考古学. 谢强，马月，译. 北京：三联书店，2003。

36. 费赖之. 在华耶稣会士列传及书目. 冯承钧，译. 北京：中华书局，1995。

37. 卓新平. 澳门学与基督宗教研究. 广东社会科学，2010（4）：73-80。

38. 高华士. 清初耶稣会士鲁日满：常熟账本及灵修笔记研究. 赵殿红，译. 郑州：大象出版社，2007。

39. 高居翰. 气势撼人：十七世纪中国绘画中的自然与风格. 王嘉骥，等译. 北京：三联书店，2011。

40. 高居翰. 山外山：晚明绘画（1570-1644）. 王嘉骥，译. 北京：三联书店，2012。

41. 高龙鞶. 江南传教史（第一册）. 台北：辅仁大学出版社，2009。

42. 顾起元. 客座赘语. 续修四库全书（卷1260）. 上海古籍出版社，1995：75-284。

43. 顾卫民. 基督宗教艺术在华发展史. 上海书店出版社，2005。

44. 顾卫民. 近代中国基督宗教艺术发展史. 香港道风山基督教丛林，2006。

45. 关氏所藏中国牙雕. 香港中文大学文物馆，1990。

46. 关卫. 西方美术东渐史. 熊得山，译. 上海书店出版社，2002。

47. 哈里斯. 新艺术史批评导论. 徐建，译. 南京：江苏美术出版社，2010。

48. 韩琦. 视学提要//任继愈. 中国科学技术典籍通汇·数学卷（四）. 郑州：河南教育出版社，1993：709-710。

49. 韩琦，吴旻. 熙朝崇正集、熙朝定案：外三种. 北京：中华书局，2006。

50. 赫德逊. 欧洲与中国. 王遵仲，等译. 北京.中华书局，1995。

51. 何俊，罗群.《出像经解》与晚明天主教的传播特征. 现代哲学，2008(4)：86-93。

52. 亨特. 新文化史. 姜进，译. 上海. 华东师范大学出版社，2011。

53. 胡玲. 罗耀拉与耶稣会教育. 淮阴师范学院学报（哲学社会科学版），2002，24（5）：679-680。

54. 惠泽霖. 北堂书史略//惠泽霖. 北堂图书馆藏西文善本目录. 李国庆，译. 北京遣使会，2009：（附录）16-24。

55. 惠泽霖. 北堂图书馆藏西文善本目录. 李国庆，译. 北京遣使会出版，2009。

56. 黄启臣. 澳门通史. 广州：广东教育出版社，1999。

57. 黄庆华. 中葡关系史：1513-1999（上册）. 合肥：黄山书社，2006。

58. 黄晓红. 艾儒略中文著述内容考. 大家，2009（11）：148-149。

59. 黄一农. 两头蛇：明末清初的第一代天主教徒. 上海古籍出版社，2006。

60. 《基督教词典》编写组. 基督教词典. 北京语言学院出版社，1994。

61. 计翔翔. 十七世纪中期汉学著作研究. 上海古籍出版社，2002。

62. 基歇尔. 中国图说. 张西平，杨慧玲，孟宪谟，译. 郑州：大象出版社，2010。

63. 贾晋珠. 吴勉学与明朝的刻书世界// 米盖拉，朱万曙. 徽州：书业与地域文化. 北京：中华书局，2010：20-49。

64. 贾立言，冯雪冰. 基督教史纲. 上海广学会，1930。

65. 姜绍书. 无声史诗. 续修四库全书（卷1065）. 上海古籍出版社，1995：481-580。

66. 江文汉. 明清间在华的基督教耶稣会士. 上海：知识出版社，1987。

67. 卡伊丹斯基. 中国的使臣卜弥格. 张振辉，译. 郑州：大象出版社，2001。

68. 科尔特桑. 葡萄牙的发现（第五卷）. 王华峰，周俊南，译. 北京：中国对外翻译出版公司，1997。

69. 克鲁夫特. 建筑理论史：从维特鲁威到现在. 王贵祥，译. 北京：中国建筑工业出版社，2005。

70. 克鲁宁. 西泰子来华记：利玛窦传. 思果，译. 台中：光启出版社，1964。

71. 克罗齐. 历史学的理论和实际. 傅任敢，译. 北京：商务出版社，1986。

72. 柯律格. 明代的图像与视觉性. 黄晓鹃，译. 北京大学出版社，2011。

73. 柯毅霖. 晚明基督论. 王志成，思竹，汪建达，译. 成都：四川人民出版社，1999。

74. 勒戈夫. 中世纪的知识分子. 张弘，译. 北京：商务印书馆，1999。

75. 李超. 上海油画史. 上海美术出版社，1995。

76. 李超. 中国早期油画史. 上海书画出版社，2004。

77. 李超. 泰西之法：中国早期油画研究. 文化杂志（澳门），2007，63：180-183。

78. 李天纲. 中西礼仪之争. 历史文献和意义. 上海古籍出版社，1998。

79. 李杕. 增订徐文定公集. 台北：徐懋禧印，1962。

80. 李杕. 徐文定公行实// 宋浩杰. 中西文化会通第一人：徐光启学术研讨会论文集. 上海古籍出版社，2006。

81. 李晓丹, 王其亨, 吴葱. 西方透视学在中国的传播及其对中国绘画的影响. 装饰, 2006, 157（5）: 28-30。

82. 李之藻. 刻《职方外纪》序//徐宗泽. 明清间耶稣会士译著提要. 上海书店出版社, 2010a: 240-241。

83. 李之藻. 译《寰有诠》序//徐宗泽. 明清间耶稣会士译著提要. 上海书店出版社, 2010b: 147-149。

84. 利玛窦. 利玛窦全集: 利玛窦中国传教史. 罗渔, 译. 台北: 光启出版社, 辅仁大学出版社, 1986a。

85. 利玛窦. 利玛窦全集: 利玛窦书信集. 罗渔, 译. 台北: 光启出版社, 辅仁大学出版社, 1986b。

86. 利玛窦. 利玛窦题宝像图（附赠墨苑文）// 陶湘. 涉园墨萃本（第二册）. 北京: 中国书店. 1991: 35-41。

87. 利玛窦. 利玛窦中文著译集. 朱维铮. 上海: 复旦大学出版社, 2001。

88. 利玛窦. 利玛窦中国书札. 芸娸, 译. 北京: 宗教文化出版社, 2006。

89. 利玛窦, 金尼阁. 利玛窦中国札记. 何高济, 等译. 北京.中华书局, 2010。

90. 林金水. "西来孔子"与福州基督教的传播. 闽都文化研究. 2006（2）: 515-52。

91. 林丽江. 晚明徽州墨商程君房与方于鲁墨业的开展与竞争// 米盖拉, 朱万曙. 徽州: 书业与地域文化. 北京: 中华书局, 2010: 121-197。

92. 林中泽. 早期基督教及其东传. 上海古籍出版社, 2011。

93. 刘尚恒. 徽州刻书与藏书. 扬州: 广陵书社, 2003。

94. 刘侗, 于奕正. 帝京景物略. 上海古籍出版社, 2001。

95. 龙思泰. 早期澳门史. 吴义雄, 等译. 北京: 东方出版社, 1997。

96. 鲁迅. 坟. 北京: 人民文学出版社, 1973。

97. 罗儒望. 诵念珠规程//钟鸣旦, 杜鼎克. 耶稣会罗马档案馆明清天主教文献. 台北利氏学社, 2002: 515-574。

98. 马克思, 恩格斯. 共产党宣言. 北京: 人民出版社, 1959。

99. 梅娜芳. 墨的艺术.〈方氏墨谱〉和〈程氏墨苑〉. 中国美术学院 2011 年博士学位论文。

100. 梅娜芳. 从〈程氏墨苑〉的"宝像图"看利玛窦的传教策略. 新美术》2012 年第 1 期, 第 23-28 页。

101. 孟德卫. 1500-1800 中西方的伟大相遇. 江文君，等译. 北京：新星出版社，2007。

102. 孟德卫. 灵与肉：山东的天主教 1650-1785. 潘琳，译. 郑州：大象出版社，2009。

103. 孟德卫. 奇异的国度：耶稣会适应政策及汉学的起源. 陈怡，译. 郑州：大象出版社，2010。

104. 米盖拉，朱万曙. 徽州：书业与地域文化. 北京：中华书局，2010。

105. 闵明我. 上帝许给的土地：闵明我行记和礼仪之争. 何高济，等译. 郑州：大象出版社，2009。

106. 莫小也. 17-18 世纪传教士与西画东渐. 杭州：中国美术学院出版社，2002。

107. 潘凤娟. 述而不译？艾儒略《天主降生言行纪略》的跨语言叙事初探. 中国文哲研究集刊，2009（3）：111-167。

108. 裴化行. 天主教十六世纪在华传教志. 萧浚华，译. 上海：商务印书馆，1936。

109. 裴化行. 利玛窦评传. 管震湖，译. 北京：商务印书馆，1993。

110. 裴培，李在芹. 新大陆发现的宗教因素. 世界历史，1990（2）：91-100。

111. 戚印平. 远东耶稣会史研究. 北京：中华书局，2007。

112. 翟屯建. 程大约生平考述. 中国文化研究，2000,29：48-53。

113. 戎克. 徽派版画中的复制西洋作品问题. 安徽史学通讯，1958(4)：46-48。

114. 戎克. 万历、乾隆期间西方美术的输入. 美术研究，1959（1）：48-56。

115. 荣振华，等. 16-20 世纪入华天主教传教士列传. 耿昇，译. 桂林：广西师范大学出版社，2010。

116. 瑞德. 东南亚的贸易时代：1450-1680 年（第二卷）. 孙来臣，等译. 北京：商务印书馆，2010。

117. 史景迁. 利玛窦的记忆之宫：当西方遇到东方. 陈恒，梅义征，译. 上海远东出版社，2005。

118. 史正浩.《程氏墨苑》中西洋图像的相关问题研究. 艺术百家，2008,105（6）：113-116。

119. 施雪琴. 论西班牙基督教在菲律宾传播的历史背景. 南洋问题研究，2001（3）：36-45。

120. 施雪琴. 菲律宾天主教研究. 厦门大学出版社，2007。

121. 斯托莫. "通玄教师"汤若望. 达素彬, 张小虎, 译. 北京: 中国人民大学出版社, 1989。

122. 宋黎明. 神父的新装——利玛窦在中国（1582-1610）. 南京: 南京大学出版社, 2011。

123. 苏立文. 东西方美术的交流. 陈瑞林, 译. 南京: 江苏美术出版社, 1998。

124. 陶东风, 和磊. 文化研究. 桂林: 广西师范大学出版社, 2006。

125. 汤开建. 澳门开埠初期史研究. 北京: 中华书局, 1999。

126. 汤开建. 明清之际天主教艺术传入中国内地考略. 暨南大学学报（人文社科版）, 2001, 23（5）: 123-131。

127. 汤开建. 陈青松. 明清之际天主教的传播与西洋宗教画的关系. 安徽师范大学学报（人文社科版）, 2005, 33（6）: 662-668。

128. 汤开建. "西来孔子"——艾儒略中文著述与传教工作考述. 暨南大学学报（哲学社科版）, 2009（5）: 119-123。

129. 汤若望. 进呈书像// Standaert, Nicolas. An Illustrated Life of Christ Presented to the Chinese Emperor: The History of Jincheng shuxiang（1640）. Sankt Augustin, Germay: Monumenta Serica, 2007: 100-320.

130. 万明. 中葡早期关系史. 北京: 社会科学文献出版社, 2001。

131. 王徵. 远西奇器图说录最//徐宗泽. 明清间耶稣会士译著提要. 上海书店出版社, 2010b: 226-228。

132. 王镛. 中外美术交流史. 长沙: 湖南教育出版社, 1998。

133. 王治心. 中国基督教史纲. 上海世纪出版集团, 2007。

134. 魏特. 汤若望传. 杨丙辰, 译. 台北: 台湾商务印书馆, 1949。

135. 沃纳姆. 新编剑桥世界近代史（第三卷）. 中国社会科学院世界历史研究所组, 译. 北京: 中国社会科学出版社, 1999。

136. 吴长元. 宸垣识略. 北京古籍出版社, 1982。

137. 吴凤斌. 东南亚华侨通史. 福州: 福建人民出版社, 1993。

138. 吴历. 吴渔山集笺注. 章文钦, 笺注. 北京: 中华书局, 2007.

139. 吴琼. 视觉文化的奇观: 视觉文化总论. 北京: 中国人民大学出版社, 2005。

140. 吴于廑, 齐世荣. 世界史: 近代史编（上卷）. 北京: 高等教育出版社, 2007。

141. 希提. 阿拉伯通史. 马坚, 译. 北京: 新世界出版社, 2008。

142. 夏伯嘉. 利玛窦：紫禁城里的耶稣会士. 向红艳，李春园，译. 上海古籍出版社，2012。

143. 夏鼐. 扬州拉丁文墓碑和广州威尼斯银币. 考古，1979（6）：532-537，572。

144. 夏泉. 明清基督教教会教育与粤港澳社会. 广州：广东人民出版社，2007。

145. 肖清和. 诠释与歧变.耶稣形象在明清社会里的传播及其反应// 卓新平，许志伟. 基督宗教研究（第十四辑）. 北京：宗教文化出版社，2011：316-354。

146. 小野忠重. 利玛窦与明末版画. 莫小也，译. 新美术，1999（3）：26-34。

147. 向达. 明清之际中国美术所受西洋之影响// 向达. 唐代长安与西域文明. 重庆出版社，2009：422-442。

148. 向达. 中西交通史. 长沙：岳麓书社，2012。

149. 萧若瑟. 天主教传行中国考. 沧州：河北献县天主堂，1923。

150. 萧若瑟. 圣教史略：卷三.近世纪. 沧州：河北献县天主堂，1932。

151. 谢和耐，等. 明清间耶稣会士入华与中西汇通. 耿昇，译. 北京：东方出版社，2011。

152. 徐道，程毓奇. 历代神仙演义. 沈阳：辽宁古籍出版社，1995。

153. 徐宗泽. 中国天主教传教史概论. 上海书店出版社，2010a。

154. 徐宗泽. 明清间耶稣会士译著提要. 上海书店出版社，2010b。

155. 燕鼎思. 基督教中国教理讲授史. 田永正译，石家庄.河北信德室，1999。

156. 杨伯达. 明清牙雕工艺概述// 关氏所藏中国牙雕. 香港中文大学文物馆，1990：116-125。

157. 杨光先. 不得已// 方豪，吴相湘. 天主教东传文献续编（三卷）. 台北：台湾学生书局，1966：1070-1332。

158. 杨光先，等. 不得已（附两种）. 合肥：安徽古籍出版社，1994。

159. 杨光先. 不得已.续修四库全书（卷 1033）. 上海古籍出版社，1995：443-502。

160. 阳玛诺.《景教流行中国碑颂正诠》序// 徐宗泽. 明清间耶稣会士译著提要. 上海书店出版社，2010b：172-173。

161. 杨廷筠. 代疑篇//方豪，吴相湘. 天主教东传文献. 台北：台湾学生书局，1965：471-632。

162. 叶农. 明清之际西画东来与传教士. 美术研究，2004（2）：82-84，93-95。

163. 叶农. 西来孔子：艾儒略中文著述与传教工作考述. 暨南学报（哲学社科版），2009（5）：118-123。

164. 于君方. 观音——菩萨中国化的演变. 北京：商务印书馆，2012。

165. 余三乐. 徐光启与利玛窦. 北京：中华书局；上海：上海古籍出版社，2010。

166. 袁宝林. 潜变中的中国绘画：关于明清之际西画传入对中国画坛的影响. 美术，1995（4）：32-41。

167. 邹一桂. 小山画谱. 济南：山东画报出版社，2009。

168. 张铠. 庞迪我与中国. 北京图书馆出版社，1997。

169. 张天泽. 中葡早期通商史. 姚楠，钱江，译. 香港：中华书局，1988。

170. 章文钦. 澳门历史文化. 北京：中华书局，1999。

171. 张维华. 明史欧洲四国传注释. 上海古籍出版社，1982。

172. 张西平. 跟随利玛窦到中国. 北京：中信出版社，2006。

173. 张秀民. 中国印刷史. 杭州：浙江古籍出版社，2006。

174. 张泽洪. 澳门族群与多元文化：16-18 世纪澳门基督教与中国传统宗教. 中华文化论坛，2004（3）：129-132。

175. 张总. 说不尽的观世音. 上海辞书出版社，2002。

176. 郑安德. 明末清初耶稣会思想文献汇编. 北京大学宗教研究所，2000。

177. 郑振铎. 中国古代木刻版画史略. 上海书店出版社，2006。

178. 郑振铎. 劫中得书记. 上海古籍出版社，2007。

179. 中国第一历史档案馆，澳门基金会，暨南大学古籍研究所. 明清时期澳门问题档案文献汇编（第一卷）. 北京：人民出版社，1999。

180. 钟鸣旦，等. 徐家汇藏书楼明清天主教文献. 台北.方济出版社，1996。

181. 钟鸣旦，杜鼎克. 耶稣会罗马档案馆明清天主教文献. 台北利氏学社，2002。

182. 钟鸣旦. 杨廷筠：明末天主教儒者. 圣神研究中心译，北京.社会科学文献出版社，2002b。

183. 钟鸣旦，孙尚扬. 一八四零年前的中国基督教. 北京：学苑出版社，2004。

184. 钟鸣旦. 礼仪的交织——明末清初中欧文化交流中的丧葬礼. 张佳，译. 上海古籍出版社，2009。

185. 钟鸣旦，杜鼎克，蒙曦. 法国国家图书馆明清天主教文献. 台北利氏学社，2009b。

186. 周萍萍. 十七、十八世纪天主教在江南的传播. 北京：社会科学文献出版社，2007。

187. 周绍良. 重印程氏墨苑序// 程大约. 程氏墨苑. 北京：中国书店，1990：1-6。

188. 周绍明. 书籍的社会史：中华帝国晚期的书籍与士人文化. 何朝晖，译. 北京大学出版社，2009。

189. 朱江. 扬州发现元代基督教徒墓碑. 文物，1986（3）：68-69。

190. 卓新平，许志伟. 基督宗教研究（第十四辑）. 北京：宗教文化出版社，2011。

191. Aradi, Zsolt. Shrines to Our Lady around the World. New York: Farrar, Straus and Young, 1954.

192. Arnold, Lauren. Princely Gifts and Papal Treasures: the Franciscan Mission to China and Its Influence on the Art of the West, 1250-1350. San Francisco: Desiderata Press, 1999.

193. Atwell, William. International Bullion Flows and the Chinese Economy circa 1530-1650. Past and Present, 1982, 95: 68-90.

194. Bailey, Gauvin Alexander. Art on the Jesuit Missions in Asia and Latin America, 1542-1773. Toronto: Univ. of Toronto Press, 1999.

195. Bailey, Gauvin Alexander. The Image of Jesus in Chinese Art during the Time of the Jesuit Mission （16th-18th Centuries）// Malek, Roman. The Chinese Face of Jesus Christ, vol.2. Sankt Augustin, Germany: Jointly published by Institut Monumenta Serica and China-Zentrum. 2003:395-416.

196. Bailey, Gauvin. Italian Renaissance and Baroque Painting under the Jesuits and Its Legacy throughout Catholic Europe, 1565-1773// O'Malley, John W. The Jesuits and the Arts. Philadelphia: Saint Josephs University Press. 2005a:123-198.

197. Bailey, Gauvin. Jesuit Art and Architecture in Asia// O'Malley, John W. The Jesuits and the Arts: 1540-1773. Philadelphia: Saint Josephs University Press. 2005b:311-345.

198. Blackman, Winifred S. The Rosary in Magic and Religion. Folklore, 1918, 29 （4）: 255-280.

199. Cahill, James. Wu Pin and His Landscape Painting// National Palace Museum （Republic of China）. Proceedings of the International Symposium on Chinese Painting. Taipei: National Palace Museum, 1970: 637-698.

200. Cahill, James. The Compelling Image: Nature and Style in Seventeenth Century Chinese Painting. Cambridge: Harvard Univeristy Press, 1982a.

201. Cahill, James. The Distant Moutains: Chinese Painting of the Late Ming Dynasty. New York and Tokyo: Weatherhill, Inc., 1982b.

202. Carroll, Michael P. Praying the Rosary: The Anal-Erotic Origins of a Popular Catholic Devotion. Journal for the Scientific Study of Religion, 1987, 26（4）: 486-498.

203. Gernet, Jacques. China and the Christian Impact. New York: Cambridge University Press, 1986.

204. Clossey, Luke. Salvation and Globalization in the Early Jesuit Missions. New York: Cambridge University Press, 2008.

205. Criveller, Gianni. Preaching Christ in Late Ming China: the Jesuits' Presentation of Christ from Matteo Ricci to Giulio Aleni. Taipei: Ricci Institute for Chinese Studies, 1997.

206. Criveller, Gianni, P.I.M.E. Christ Introduced to Late Ming China by Giulio Aleni S.J. （1582-1649）// Malek, Roman. The Chinese face of Jesus Christ, vol.2. Sankt Augustin, Germany : Jointly published by Institut Monumenta Serica and China-Zentrum, 2003: 437-460.

207. Crossley, Pamela K. Thinking About Ethnicity in Early Modern China. Late Imperial China, 1990（1）: 1-34.

208. Grossman, Ron. Field Museum's Chinese Scroll of Madonna and Child Shows Christianity's Spread. Chicago Tribune, 2008-01-02 [2012-04-07]. http://articles.chicagotribune.com/2008-01-02/news/0801010132_1_christiani ty-chinese-history-scroll

209. Guarino, Carmen. Images of Jesus in Matteo Ricci's Pictures for chegnshi moyuan// Malek, Roman. The Chinese Face of Jesus Christ, vol.2. Sankt Augustin, Germany: Jointly published by Institut Monumenta Serica and China-Zentrum. 2003: 417-436.

210. Deng, Gang. The Foreign Staple Trade of China in the Pre-Modern Era. International History Review, 1997,19（2）: 253-85.

211. Glovers, Noel. A Chinese Imitation of a Flemish Allegorical Picture Representing the Muses of European. T'oung Pao, Second Series, 1995,81 （4/5）: 303-314.

212. Gombrich, E.H. Eastern Inventions and Western Response. Daedalus, 1998,127（Winter）: 93-205.

213. Guarino, Carmen. Image of Jesus in Matteo Ricci's Pictures for chengshi moyuan// Malek, Roman. The Chinese Face of Jesus Christ, vol.2. Sankt Augustin, Germany: Jointly published by Institut Monumenta Serica and China-Zentrum, 2003: 417-436.

214. Jing Anning. The Portraits of Khubilai Khan and Chabi by Anige （1245-1306）, A Nepali Artist at the Yuan Court. Artibus Asiae, 1994,54 （1/2）: 40-86.

215. Jose, Regalado Trota. Images of Faith: Religious Ivory Carvings from the Philippines. Pasadena: Pacific Asia Museum, 1990.

216. Kircher, Athanasius, S.J. China Illustrata（Translated by Dr. Charles D. Van Tuyl from the 1677 original Lation edition）. Indian University Press, 1987.

217. Klein, Peter W. The China Seas and the World Economy Between the Sixteenth and Nineteenth Centuries: The Changing Structures of Trade// Holtfrerich, Carl-Ludwig. Interactions in the World Economy: Perspectives from International Economic History. New York: New York University Press, 1989: 61-89.

218. Ko, Dorothy. Cinderella's Sisters: A Revisionist History of Footbinding. University of California Press, 2005.

219. Lach, Donald, Edwin van Kley. Asia in the Making of Europe（Vol 3: A Century of Advance）. Chicago and London: The University of Chicago Press, 1993.

220. Lam, Anthony S.K. The Image of Jesus in Kung Kao Po 1928-1930// Malek, Roman. The Chinese Face of Jesus Christ, vol.3a. Sankt Augustin, Germany: Jointly published by Institut Monumenta Serica and China-Zentrum. 2003: 1149-1188.

221. Laufer, Berthold. Ivory in China. Chicago: Field Museum of Natural History, 1925.

222. Laufer, Berthold. Christian Art in China: Reprinted from Mitteilungen des Seminars für Orientalische Sprachen Yahrgang XIII. Peiping: Wen Tien Ko, 1937.

223. Lee, Thomas H.C. China and Europe, Images and Influences in Sixteenth to Eighteenth Centuries. Hong Kong: The Chinese Univ. Press, 1991.

224. Lin, Li-chiang. The Proliferation of Images: The Ink-stick Designs and the Printing of the Fang-shih mo-p'u and the Ch'eng-shih mo-yuan[Ph.D. Dissertation]. Princeton University, 1998.

225. Lopez, Donald. Religions of China in Practice. Princeton: Princeton UP, 1996.

226. Malek, Roman. The Chinese face of Jesus Christ, Vol.2. Sankt Augustin, Germany: Jointly published by Institut Monumenta Serica and China-Zentrum, 2003.

227. Masini, Federico. Western Humanistic Culture Presented to China by Jesuit Missionaries. Rome,1996.

228. McCall, John E. Early Jesuit Art in the Far East I: The Pioneers. Artibus Asiae, 1947, 10（2）: 121-137.

229. McCall, John E. Early Jesuit Art in the Far East IV: in China and Macao before 1635. Artibus Asiae, 1948, 11（1/2）: 45-69.

230. Menegon, Eugenio. Spanish Friars, Christian Loyalists and Holy Virgins in Fujian during the Ming-Qing Transition. Monumenta Serica, 2002, 51: 335-65.

231. Nadal, Jerome, S.J. Illustrations of Gospel Stories. 1595. [2007-03-15] http://catholic-resources.org/Art/Nadal.htm

232. Nadal, Gerónimo. Annotations and Meditations on the Gospels: The Infancy Narratives. Philadelphia: St Josephs University Press, 2003.

233. National Palace Museum (Republic of China) . Proceedings of the International Symposium on Chinese Painting, Taipei, 1970.

234. Needham, Joseph. Science and Civilization in China, Vol. 4. Cambridge, England: Cambridge University Press, 1965.

235. O'Malley, John W., Gauvin A. Bailey, Giovanni Sale. Jesuits and the Arts 1540-1773. St Josephs University Press, 2005.

236. Palmer, Martin. The Jesus Sutras: Rediscovering the Lost Scrolls of Taoist Christianity. New York: Ballantine Wellspring, 2001.

237. Pelikan, Jaroslv. Mary Through the Centuries. New Haven: Yale University, 1996.

238. Ricci, Matteo. China in the Sixteenth Century: the Journals of Matthew Ricci, 1583-1610. New York: Random House, 1953.

239. Ronan, Charles E., S.J., Bonnie B.C. Oh. East Meets West: The Jesuits in China 1582-1773. Chicago: Loyola University Press, 1988.

240. Rouleau, Francis A. The Yangchow Latin Tombstone as a Landmark of Medieval Christianity in China. Harvard Journal of Asiatic Studies, 1954, 17 (3/4) : 346-465.

241. Smith, Terry, Okwui Enwezor, Nancy Condee. Antinomies of Art and Culture: Modernity, Postmodernity, Contemporaneity. Durham & London: Duke University Press, 2008.

242. Soper, Alexander Coburn. Literary Evidence for Early Buddhist Art in China. Ascona: Artibus Asiae, 1959.

243. Spence, Jonathan. The Memory Palace of Matteo Ricci. New York: Elisabeth Sifton Books, Penguin Books, 1986.

244. Standaert, Nicolas. Handbook of Christianity in China: Volume One (635-1800) . Leiden: Brill, 2001.

245. Standaert, Nicolas. Methodology in View of Contact between Cultures: the China Case in the 17th Century. Hong Kong : Centre for the Study of Religion and Chinese Society, Chung Chi College, The Chinese University of Hong Kong, 2002.

246. Standaert, Nicolas. The Transmission of Renaissance Culture in Seventeenth-century China. Renaissance Studies, 2003, 17 (3) : 367-391.

247. Standaert, Nicolas. An Illustrated Life of Christ Presented to the Chinese Emperor: The History of Jincheng shuxiang（1640）. Sankt Augustin, Germay: Monumenta Serica, 2007.

248. Stuart, Jan, Evelyn Rawski. Worshiping the Ancestors: Chinese Commemorative Portraits. Stanford University Press, 2001.

249. Sullivan, Michael. Some Possible Sources of European Influence on Late Ming and Early Ch'ing Painting// National Palace Museum（Republic of China）. Proceedings of the International Symposium on Chinese Painting. Taipei: National Palace Museum, 1970: 595-634.

250. Sullivan, Michael. The Meeting of Eastern and Western Art. Berkeley: University of California Press, 1989.

251. Sun Yuming. Cultural Translatability and the Presentation of Christ as Portrayed in Visual Images from Ricci to Aleni//Malek, Roman. The Chinese face of Jesus Christ, Vol.2. Sankt Augustin, Germany: Jointly published by Institut Monumenta Serica and China-Zentrum, 2003: 461-498.

252. The Catholic Univeristy of America. New Catholic Encyclopedia, Vol.1-16. The Gale Group, Inc., 2002.

253. Vanderstappen, Harrie, S.V.D. Chinese Art and the Jesuits in Peking// Ronan, Charles E., S.J., Bonnie B.C. Oh. East Meets West: The Jesuits in China 1582-1773. Chicago: Loyola University Press, 1988: 103-128.

254. Verhaeren, Hubert Germain. Catalogue of the Pei-T'ang Library, Peking: Lazarist Mission Press, 1949.

255. Vinograd, Richard. Boundaries of the Self: Chinese Portraits, 1600-1900. , England: Cambridge Cambridge University Press, 1992.

256. Watson, Williams. Chinese Ivories from the Shang to the Qing. London: The Oriental Ceramic Society, 1984.

257. Weider, Marsha. Latter Days of the Law: Images of Chinese Buddhism 850-1850. Lawrence: Spencer Museum of Art, U of Kansas, 1984.

258. Whelan, Christal. Religion Concealed: the Kakure Kirishitan on Narushima. Monumenta Nipponica, 1992,47（3）:369-387.

259. Winston, Anne. Tracing the Origins of the Rosary: German Vernacular Texts. Speculum, 1993, 68（3）: 619-636.

260. Willeke, Bernward H, OFM. Did Catholicism in the Yuan Dynasty Survive until the Present? Tripod 47, Hong Kong, 1988.

261. Wu, Xiaoxin. Encounters and Dialogues: Changing Perspectives on Chinese-Western Exchanges from the Sixteenth to Eighteenth Centuries. Sankt Augustin: Monumenta Serica Institute, 2005.

262. Yu Chun-fang. Guanyin: The Chinese Transformation of Avalokiteshvara// Weider, Marsha. Latter Days of the Law: Images of Chinese Buddhism 850-1850. Lawrence: Spencer Museum of Art, U of Kansas, 1984: 151-182.

263. Yu Chun-fang. A Sutra Promoting the White-robed Guanyin as Giver of Sons// Lopez, Donald. Religions of China in Practice. Princeton: Princeton UP, 1996.

264. Yu Chun-fang. Kuan-yin: the Chinese Transformation of Avalokiteśvara. New York: Columbia University Press, 2001.

265. d'Elia, Pasquale M. Le origini dell'arte cristiana cinese, 1583-1640. Roma: Reale Accademia d'Italia, 1939.

266. Jennes, Jos. L'art chrétien en Chine au début du XVIIe siècle（une gravure d'Antoine Wierx identifiée comme modèle d'une peinture de Tong k'i-tch'ang）. T'oung Pao, Second Series, 1937, 33（2）:129-133.

267. Pelliot, Paul. La peinture et la gravure européennes en Chine au temps de Mathieu Ricci. T'oung Pao, Second Series, 1920-1921, 20（1）: 1-18.

268. Pelliot, Paul. Les influences européennes sur l'art chinois au XVIIe et au XVIIIe siècle. Paris: Imprimerie nationale, 1927.

269. 河野純德. 聖フランシスコ・ザビエル全書簡 1. 東京：平凡社，1994.

270. 青木茂、小林光宏. 中国の洋風画展－明末から清時代の絵画・版画・挿絵本. 日本町田市立国際版画美術館，1995.

271. 佐伯好郎. 支那基督教の研究（第三卷：明時代の支那基督教）. 東京：春秋社松柏館，1943.

后　记

　　这本书稿原是我在清华大学的博士毕业论文，两年前收到花木兰出版社《基督教文化研究》约稿，但彼时我正专注于第二本博士论文的写作，无心顾及这本书稿。如今，不得不感慨时光飞逝，距这本书稿的完成已过去了四年。在这里，首先，我要由衷感谢我的导师岛子（王敏）教授十余年来对我无私的帮助、谆谆教诲、无微不至的关怀、鼓励和批评。十五年前初识导师，那时的岛子老师是诗人，是艺术批评家，而我还只是个十几岁不懂事的孩子。不知不觉间十五个春秋流走，我读书、长大，我的孩子读书、长大，导师黑发变白发。近年来，岛子老师的身份又多了一个画家，正是在观摩岛子老师画作的过程中，他那以中国水墨形式创作的"圣水墨"作品，最初激发了我对基督教图像在中国传播流变的研究兴趣。

　　回想我在艺术史领域沉浸的十余载，从早些年我关于中国和西方先锋摄影的论文，到这本关于明末清初基督教图像的研究，以至于新近完成的关于晚清肖像的英文书稿，看似无序，于我而言，这些研究实际上都围绕着中西方交流这样一个主题。对这一系列问题的兴趣，以及我对中国文化、现代性问题、中国身份、对中西方交流的误读等相关问题的好奇，大概与我这些年频繁往来于中美两国的研究学习经历有关，是我作为一个中国人对生活在其中的全球化时代的思考。

　　在这本书的写作过程中，我尤其要感谢清华大学美术学院艺术史论系的各位老师们，无论是尚刚老师的蒙元工艺美术史，还是张敢老师主讲的文艺复兴美术史，无论是李静杰老师的佛教美术考古，还是陈岸瑛老师的视觉文化研究，以及陈池瑜老师关于中国画史画论和岛子老师十分看重的美术史方法论，祝重寿老师关于中国插图和出版史的讲授，还有杭间、杨阳、张夫也、李砚祖等各位老师秉承的对中外工艺美术史、设计史的传承和讲述……他们的启蒙和教导，一字一句、某个片段或画面，常常在本书的写作过程中浮现在我的脑海里，使我获益匪浅。

我还要感谢我在美国匹兹堡大学的导师高名潞教授，他对于"现代性"和建构中国艺术史方法论的持续探索、对"图像"及其"语境"相关问题的解读，也都曾对本书的选题和写作产生了重要影响。我还要感谢美国亚洲学会明清史研究专家罗有枝（Evelyn Rawski）教授和考古学家林嘉琳教授（Katheryn M. Linduff），她们的热心指导、帮助和鼓励，以及她们对学术研究的方法和热忱，让我看到了女性作为学者应有的追求和担当。我还要感谢在清华大学博士开题报告、中期检查和最终学术答辩的 2012-2013 年间，一直无私给予本人支持、并提出建设性意见和建议的清华大学美术学院刘巨德教授、包林教授、张敢教授、李静杰教授，以及中国艺术研究院的王端廷老师，本书的结论部分正是在他们关于图像跨文化"转译"、"本土化"和"全球化"等相关问题的意见和建议下，最终得以完成的。

最后，感谢我的家人和父母，没有他们持续不断、毫无怨言的在精神和物质上的支持，我不可能潜心学术，尤其是我的先生孙博博士，多年如一日在各个方面都给予我无限的包容、理解和支持。我还要感谢我的孩子，是他们给了我源源不断的前进的动力，因为他们的存在，我更加由衷的希望我的研究能够为人类的文化传承添砖加瓦，由衷希望我的祖国有一个更加美好的明天。

2017.9 北京

补　记

　　冬去燕归，谨以此书献给董老师——我的爷爷董志杰（1930-2014），他少时参军抗战，又倾一生之力交付乡村教育。爷爷走的那年，我的女儿出世，我也成了董老师。愿爷爷在天之灵再无忧虑生欢喜。

戊戌清明于燕园红楼

2018.4 补记